AF753797

LA CONQUISTA DE AMÉRICA

COLECCIÓN · EL TIEMPO HABITADO

Rafael Castro Rodríguez

La conquista de América

Una historia de violencia entre civilizaciones

ERASMUS
2025

COLECCIÓN · EL TIEMPO HABITADO

HISTORIA Y ARQUEOLOGÍA

ERASMUS EDICIONES

Primera edición: marzo de 2025

© Rafael Castro Rodríguez, 2025

© de esta edición: Editorial Almuzara S.L., 2025

Dirección editorial: Raúl López López

Corrección: Carmen Acuña Bueno

Revisión: Antonio Reguera

Diseño de cubierta: estudiodavinci

Ilustración de cubierta: Escena de la conquista de América. Murales del palacio de Cortés. Diego Rivera, 1930.

Maquetación: JesMart

Imprime y encuaderna: Liberdúplex

www.erasmuslibros.com editorialalmuzara.com

pedidos@almuzaralibros.com info@almuzaralibros.com

Parque Logístico de Córdoba. Ctra. Palma del Río, km 4 C/8, Nave 12, no 3.
14005 – Córdoba

ISBN: 978-84-10199-39-2

Depósito legal: CO-48-2025

Reservados todos los derechos. No está permitida la reproducción total o parcial de este libro, ni su tratamiento informático, ni la transmisión de ninguna forma o por cualquier medio, ya sea mecánico, electrónico, por fotocopia, por registro u otros métodos, sin el permiso previo y por escrito de los titulares del copyright.

Hecho e impreso en España Made and printed in Spain

A mis padres (porque ellos me regalaron todo, porque sin ellos no sería quien soy).

A mi familia.

A mis amigos.

A Laura y Nicolás (siempre ellos).

ÍNDICE

PRÓLOGO

Se agradece. Se agradece sobremanera tener en las manos una obra, a través de la cual nos adentramos en el violento ambiente del siglo XVI en América para conocer de primera mano, los intereses, las pasiones, el ideal de unos hombres –también de algunas mujeres– que quisieron dominar un continente y cuyas huellas aún perduran en el imaginario de América latina.

Pero, en mi opinión, el valor agregado de este segundo ensayo del historiador Rafael Castro Rodríguez es que no maquilla, no tergiversa, no falsifica los hechos. No los adecúa, pues, a la realidad de nuestro relativamente confortable siglo XXI. No trata de justificar la conducta de aquellos conquistadores acorde al prisma de los derechos humanos de nuestra época. Ni condena, ni juzga, en definitiva, con ojos del sigo XXI, lo que ocurrió en el choque tremendo entre dos civilizaciones, dos continentes, dos cosmovisiones, dos formas de entender nuestro rol, como seres humanos, en el mundo.

¿Y por qué nos atraen, por qué nos fascinan estos episodios de violencia? Porque, finalmente, entendemos a través del documentado y meticuloso trazo de la investigación que Castro Rodríguez lleva a cabo, que los Pizarro, Ursúa, Sotomayor o Lope de Aguirre eran soldados, aventureros, hombres de su tiempo, forjados en la adversidad y con una visión bastante clara de su existencia y de su destino.

Hombres duros quienes, enarbolando la bandera del honor, la patria, la lealtad y la honra –pero también la traición, el interés, y el egoísmo– se embarcaron en empresas de inciertos beneficios en las que el factor común eran el peligro y la inseguridad. Cruzaron el océano Atlántico buscando fortuna e intentaron forjar una hacienda. Pero no solo con riquezas y status sino también, sobre todo, reconocimiento social y público. En caso de triunfar en sus respectivas jornadas, quedarían atrás las humillaciones, los señalamientos, la pobreza como condición social. Aspirar a permear la hierática estructura socio-económica de clases sociales, emanada de la edad media castellana, era el objetivo a alcanzar.

Ser hidalgo, heredar un escudo, un apellido, un linaje. Esa era la ansiada meta. Y, finalmente, trascender, pasar a la historia. Que sus paisanos hablaran con orgullo de ellos –de sus hazañas, de sus proezas– en aquellas comarcas extremeñas o navarras que habían dejado atrás.

Todo esto lo refleja muy bien la pluma cuidadosa y objetiva del autor, Rafael Castro quien, apoyado en un notable abanico de investigación bibliográfica, nos va llevando desde las pasiones de los conquistadores –como olvidar el importantísimo rol que va a jugar la mulata Inés en la jornada sangrienta de Pedro de Ursúa y Lope de Aguirre– hasta las estrategias de campañas militares, pasando por una atenta observación de maneras, hábitos y modus vivendi.

Este costumbrismo antropológico se ve completado por un tema que es toral en toda la obra: la esclavitud y la condición del indígena y del africano en su sometimiento al europeo. Y es aquí donde el lector disfrutará de una muy cuidada selección de apéndices que Castro Rodríguez presenta con maestría.

¿Puede *La conquista de América. Una historia de violencia entre civilizaciones* arrojar luz sobre la culpabilidad del conquistador o sobre la inocencia del indígena subyugado? ¿Es acaso esta obra una brújula para navegar por las procelosas aguas de términos tan manidos como el genocidio, la imposición religiosa o el mestizaje forzado?

Será el juicio del autor, acorde a las fuentes presentadas, quien tenga la última palabra. Lo que sí es cierto es que esta obra nos ayudará a entender, con menos prejuicios y más clarividencia, que se puede luchar por reivindicar la memoria de centenares de miles de indígenas y africanos que sufrieron sistemas de semi esclavitud como fue la encomienda y, a la vez, admirar el arrojo, la fuerza de voluntad y la visión de unos hombres que con todo por ganar y nada que perder, se lanzaron a la conquista de un continente abrupto y hostil.

En estos tiempos en los que el relato y la narrativa tratan de explicar, con más errores que aciertos, nuestra compleja realidad económica, social, política e ideológica, démonos tiempo para saborear, con mimo y pausa, una obra que, a todas luces, arroja un rayo de esperanza hacia el camino de la objetividad y el análisis histórico contrastado.

Es tiempo, pues, de *La conquista de América. Una historia de violencia entre civilizaciones* sin prejuicios, sin tergiversaciones, sin mentiras ni manipulaciones. Solo la estrategia de Francisco Pizarro y el carisma de Atahualpa. Frente a frente. A 500 años vista. Un reto y un deleite. A disfrutar.

Oscar Tendero García

Doctor en Historia y Geografía por la Universidad Complutense de Madrid, y catedrático de la Universidad Anáhuac en Puebla (México)

PRIMERA PARTE

1

UN MUNDO VIOLENTO (PEQUEÑA INTRODUCCIÓN AL CAOS)

«Violencia». Esa es la palabra central de este libro. Violencia es aquello que podríamos definir como el empleo arbitrario de la fuerza contra otro individuo, entendiéndose que este último no lo acepta de buen grado: insultar, amenazar, chantajear, pegar o agredir en sus múltiples formas, matar, torturar o esclavizar a otras personas.

Hemos titulado a este texto *Un mundo violento.* Lo que ustedes van a leer se va a centrar en un espacio-tiempo muy definido. Se circunscribe a un espacio geográfico y temporal concreto, es decir, al siglo XVI y a lo que hoy en día es Centroamérica y Sudamérica, lo que antaño se llamó Tierra Firme, el Nuevo Reino de Granada y el virreinato del Perú. Sin embargo, el mundo violento al que nos referimos se podría extrapolar a todas las épocas y a todos, o casi todos los rincones del planeta.

La violencia es algo, siempre lo ha sido, inherente a la especie humana. La violencia es tan antigua como la humanidad. Los hombres y mujeres de este planeta siempre han sido violentos, desde su nacimiento, hasta hoy mismo. Rollo May, en su libro *Fuentes para la violencia,* defendía que todo individuo parece esconder un secreto amor por ella, que la violencia es consustancial al ser humano, que nunca podrá ser erradicada. Afirmaba que la agresión es un componente inevitable de los humanos, que el poder y su limitación generan violencia, y que la falta de comunicación y el agotamiento del lenguaje generan y auspician enemigos a los que agredir.

Hoy en día no hay más que poner la televisión y ver en directo la violencia humana en muchas partes del planeta. Para quien tenga mucha suerte, esta será la violencia de su vida, la que vea por televisión, pero muchos la vivirán en sus propias carnes, en sus propias casas.

Violencia. La violencia forma parte de la vida de nuestra especie y de muchas otras. Desde que somos lo que somos, nos hemos matado entre nosotros, nos hemos comido unos a otros, nos hemos hecho la guerra y nos hemos esclavizado y torturado.

El gran depredador para los humanos es el propio humano y eso ha sido y será así siempre, me temo, con derechos humanos –que atenúen esa violencia en muchas partes del globo– o sin ellos. Hay que recordar que el siglo XX ha sido uno de los más violentos de todos los tiempos. Los muertos por sus guerras, en consonancia a los avances tecnológicos armamentísticos, han sido los más numerosos de la historia.

¿Qué es lo que ha movido a la especie humana hasta llegar hasta donde nos encontramos hoy en día? ¿Ha sido la violencia? No, no creemos que haya sido ella, aunque muchas veces hemos pensado que la historia de la especie humana es la historia de sus guerras. No, si la violencia forma parte de nuestra vida también la forma la otra cara de la moneda: el amor, la cooperación, las personas que se asocian entre ellas, que trabajan, construyen y viven juntas, seres humanos que entierran a sus muertos y comercian en paz, que construyen alianzas y redes sociales. La violencia, la guerra y la muerte entonces no dejarían de ser efectos secundarios, aunque siempre presentes en nuestras vidas.

Efectivamente, matarnos entre nosotros ha sido algo que hemos hecho casi desde el principio de nuestra existencia. La primera noticia que tenemos de prácticas caníbales en Europa es precisamente en España, y fue protagonizada por el *Homo antecessor*. Según el profesor Bermúdez de Castro y su equipo, director del yacimiento burgalés de la sierra de Atapuerca, en el estrato Aurora del nivel TD6 del yacimiento de la Gran Dolina, fechado en el Pleistoceno Inferior, entre 0,78 y 0,86 millones de años[1], se encontraron más de 100 restos fósiles que pertenecían a un mínimo de nueve individuos. Estos restos probaban un canibalismo gastronómico o dietético, es decir, un canibalismo que entrañaba un consumo regular de individuos de grupos o bandos diferentes, no un canibalismo de supervivencia, ya que no parece en este caso que se comieran a los propios individuos del grupo.

Este canibalismo pudo entrañar un consumo a lo largo de cierto tiempo –quizá decenas o cientos de años– o un consumo puntual de un cierto número de individuos. Los científicos trazaron dos hipótesis para este caso. La primera fue que se trataba de la caza de niños, jóvenes o adolescentes de otros grupos y que tenía un radio de acción de unos 250/300 km^2 desde el campamento base, con un límite del área explotada de unos 10 km^2. Los descuartizaron, buscaron su médula ósea. La segunda hipótesis, en cambio, se basaría en una caza en un momento puntual.

Sabemos que hubo masacres en el Paleolítico. De algunas de ellas se tiene constancia, pero sobre todo estas masacres se dieron más en el Neolítico. No obstante, podemos afirmar que la violencia interpersonal fue baja, debido a la poca densidad de población y a que los grupos podían evitarse fácilmente. Estas masacres no se podrían definir como guerras en el sentido en que las entendemos hoy, sino más bien como enfrentamientos por territorios, debido a las grandes migraciones de animales, a los escasos recursos fruto de la presión demográfica o por rencillas dentro de los clanes –disputas familiares– o con otros clanes.

Tenemos pruebas de asesinatos en masa por ejemplo en yacimientos de hace 13.000 años, como el de Jebel Sahaba, en Sudán. También hay constancia de masacres en el yacimiento keniano de Nataruk, hace 10.000 años. En ambos casos hablamos

---

1 Bermúdez De Castro, J.M., Carbonell, E., Gómez, A., Mateos A., Martiñón-Torres, M., Muela, A., Rodríguez, J., Sarmiento, S., Varela, S.

de sociedades de cazadores-recolectores donde fueron asesinados hombres, mujeres y niños.

También tenemos noticias de las masacres de Potocani, en Croacia, hace 6.200 años, donde se asesinó indiscriminadamente a 41 personas o en Polonia, en el yacimiento de Koszyce, donde hace 5.000 años se mató a 15 personas.

Los estudios sobre el origen de las guerras se han dividido tradicionalmente –durante los años 90 y primera década del nuevo siglo– en dos facciones, aunque hoy en día esta división está muy matizada. Por una parte están los autores que creen que la violencia en la Historia sólo aumentó después de la revolución agrícola y el surgimiento de los estados y por otra los que piensan que la guerra ha estado omnipresente en la Historia.

Según la teoría de la historiadora Anne Lehoërff, en su libro *Par les armes, le jour où l'homme invente la guerre*[2], la guerra, como una organización compleja que una sociedad integra en su funcionamiento, se establecería en la Edad de Bronce para Europa, hace unos 4.000 o 5.000 años. La primera espada que aparece en Europa –y estas espadas no se utilizarían para cazar, sino para matar otros humanos– data de 3.700 años.

La prehistoria ya fue una fase violenta de nuestra historia, pero esta violencia no haría sino continuar. Algunos autores afirman que la violencia interpersonal ha ido decreciendo a lo largo de los siglos o milenios, pero es una afirmación muy cuestionada por muchos otros científicos.

La Historia Antigua es una época ultraviolenta. Las grandes civilizaciones que se formaron, como la de los mesopotámicos (sumerios, acadios, asirios, babilónicos), egipcios, griegos o romanos, además de las civilizaciones americanas como la olmeca en el golfo de México o la chavín en los Andes centrales, usaron esa extrema violencia para sus fines.

---

2 París, Berlín, 2018.

Figura 1. *Auto de fe presidido por Santo Domingo de Guzmán* de Pedro Berruguete, 1495. Museo del Prado, Madrid.

En una investigación publicada en la revista *Nature human behaviour*[3], centrada en Oriente Próximo, se analiza la violencia a largo plazo basándose en los traumatismos y heridas de más de 3500 individuos procedentes de esqueletos excavados en toda esta área en el periodo clásico (12000-400 a.C.). Aunque parece que todos estos datos no se pueden extrapolar a otras zonas del planeta en aquellas fechas, sí resultan muy interesantes.

Según este estudio, durante el periodo del Calcolítico o Edad del cobre (4500-3000 a.C.)[4] la violencia interpersonal adquirió su punto álgido. Este periodo se caracterizó por un clima más seco, por el surgimiento de los primeros proto-estados, –lo que ellos llaman estados de baja capacidad, insuficientes aún para resolver conflictos– y las primeras ciudades. Muchas personas huyeron del campo hacia estos primeros asentamientos, que pronto se convirtieron en ciudades donde las elites surgidas compitieron por el control de los recursos. El hacinamiento, así como la desigualdad, aumentaron, al mismo tiempo que el número de las espadas y armas de metal entre las poblaciones. Las disputas se convirtieron en guerras.

Durante la Edad de bronce temprana (EBT) (3300-2000) y media (EBM) (2000-1500)[5], aun siendo un periodo en el que hay más armas de bronce entre la gente dedicada a la guerra, disminuyó la violencia interpersonal de forma constante. Pudo ser causante de ello el desarrollo de esas ciudades-estados, más maduros que en la anterior etapa, que se convierten en imperios. Surgen los sistemas legales centralizados, los festivales religiosos, se establece un fuerte control militar centralizado, y los seguidores pasan a ser ciudadanos. En la transición de la EBT a la EBM la población aumentó –al igual que las sequías prolongadas–, floreció un comercio de larga distancia –sobre todo a finales de

3 Joerg Baten, Giacomo Benati, y Arkadiusz Soltysiak. 9/10/2023.

4 Seguiremos aquí la periodización de estos autores.

5 A partir de ahora las llamaremos EBT y EBM.

la EBM–, lo que hizo empobrecer a los agricultores y crecer a los comerciantes-empresarios, y los soldados se profesionalizaron a la par que creció el número de mercenarios. Todo ello redujo la violencia interpersonal dentro de los estados, pero se desvió hacia el extranjero, hacia otros estados y sociedades.

Más tarde, durante la Edad del bronce tardío (1500-1200 a.C.) y la Edad de Hierro (1200-400 a.C.) la violencia volvió a aumentar debido, quizá, a las grandes crisis económicas y a la expansión de los imperios que convulsionan la región. Asistimos a lo que estos autores llaman fenómenos de colapso y a la recuperación de las capacidades de los estados para reducir conflictos sólo de forma gradual. Las sociedades entraron en crisis, se produjo una sequía de 300 años, las migraciones aumentaron, en fin, asistimos a una crisis económica a la que se añaden las armas de hierro y la guerra con caballos, lo que revoluciona la guerra y cambia las sociedades. Mucha gente participa en las guerras de una manera u otra, siendo soldados o víctimas de su violencia.

Como decimos, en la Edad Antigua aparecen estas ciudades-estado con la monarquía como forma de gobierno más usual, que después pasarían a ser imperios, pero también se caracteriza este periodo por el inicio de la escritura y la aparición de las primeras leyes. Es cuando aparece el código de Hammurabi (1795-1750 a.C.), en Babilonia, aquel en el que se pedía un ojo por un ojo y un diente por un diente. Los conflictos serán resueltos en su mayoría mediante guerras, pero también es en esta Edad cuando se rubrica el primer tratado de paz conocido, el de Qadesh, entre los hititas y los egipcios de Ramsés II[6]. La filosofía antigua occidental asumía la posibilidad de la violencia como ejercicio de la vida política. Para Heráclito de Éfeso (540-480 a.C.) la violencia sería el «padre y rey de todo[7]».

6 Según fuentes entre el 1278 y 1269 a. de C.

7 Efeso, H. *Fragmentos para la guerra y los contrarios*. Parte 3. Fr. 53. Citado en Aparicio-Ordás González García, L.A., p. 2.

En la Edad Antigua predominan las religiones politeístas, pero será ahora cuando surgen el judaísmo y la religión persa. El Dios de los judíos, Yahvé, un Dios que estará en continua evolución, no era precisamente un Dios misericordioso, sino más bien un Dios vengativo y violento. Hemos extraído algunos pasajes del Antiguo Testamento[8] que hablan por sí solos. Lo que parece claro es que si los padres de la Iglesia quisieron dar interpretaciones más benignas a estos pasajes –y como estos hay decenas en la Biblia, sobre todo en el Antiguo Testamento– no parece que los fieles, desde aquellos lejanos tiempos[9], y también en toda la Edad Media y en la Edad Moderna, los interpretaran de otra forma que no fuera literalmente.

Viendo pues Moisés que el pueblo estaba despojado de toda protección divina [...] (Moisés) poniéndose a la puerta del campamento dijo: el que sea del Señor júntese conmigo. Reuniéronsele luego todos los hijos de Leví a los cuales dijo: esto dice el Señor Dios de Israel: ponga cada cual la espada a su lado. Pasad y traspasad por medio del campamento de una a otra puerta y cada uno mate aunque sea al hermano, y al amigo, y al vecino. Ejecutaron los levitas la orden de Moisés y perecieron aquel día como unos 23.000 hombres y Moisés les dijo: hoy habéis consagrado vuestras manos al Señor, matando cada uno «con santo celo» aún al propio hijo y al hermano, por lo que seréis benditos[10].

Muertos así todos los que fueron persiguiendo a Israel camino del desierto y pasados a cuchillo en el mismo sitio, volvieron los hijos de Israel y asolaron la ciudad. Los que perecieron en esta jornada

---

8 La Torá, los libros de las leyes, los cinco primeros libros del Antiguo Testamento o Pentateuco, los libros de Moisés: Génesis, Éxodo, Levítico, Números, Deuteronomio.

9 El Génesis, según fuentes, parece que data entre los siglos XIII y XII antes de Cristo.

10 *La Sagrada Biblia*. Éxodo 32, 26-28.

entre hombres y mujeres fueron 12.000, vecinos todos de la ciudad de Hai[11].

Otro pasaje. Los medianitas habían hecho prevaricar al pueblo de Israel, enviando mujeres a su campamento, así que Moisés envió a 12.000 hombres a la guerra, 1.000 hombres de cada tribu. Estos hombres del ejército de Moisés:

Mataron a todos los varones y a sus reyes, se apoderaron de sus mujeres y niños, ciudades, aldeas y castillos, todo lo devoró el fuego [...] y enojado Moisés contra los jefes del ejército y los tribunos y centuriones que venían de la guerra dijo: ¿cómo es que habéis dejado con vida a las mujeres? [...] Matad, pues, a todos cuantos varones hubiere, aún a los niños y degollad a las mujeres que han conocido varón, reservaos solamente a las niñas y a las doncellas[12].

Como vemos, ningún problema en matar a hombres, niños y mujeres que no fueran vírgenes.

En el siguiente pasaje vamos a ver cómo se debían comportar los judíos si alguien, fuera quien fuera, quería hacer que pensases un momento y vieras la posibilidad de cambiar a Dios por otros Dioses. Como dijimos antes lo normal era el politeísmo, que fuera sólo un Dios y encima soltero era algo raro. ¿Qué pensarían sobre esto los mexicas o los incas cuando llegaron a comprender la Biblia que les enseñaban aquellos cristianos?

Si llega un falso profeta *no escucharás las palabras de aquel profeta o forjador de sueños [...]. Seguid al Señor Dios vuestro, y TEMEDLE y guardad sus mandamientos y oíd su voz [...]. Aquel profeta o forjador de sueños será castigado de muerte [...]. Pero es más, si un hermano tuyo, o hijo o hija, mujer o amigo te quisiere*

11 *La Sagrada Biblia*. Josué, 24-25.

12 Por tanto, Moisés manda reservar como esclavas a las mujeres solteras. *La Sagrada Biblia*. Números 31, 7-18.

persuadir y te dice en secreto de servir a dioses ajenos que no conoces tú ni tus padres, dioses de las naciones que te rodean, vecinas o lejanas, de un cabo del mundo al otro, [...] al punto le matarás [...] muera cubierto de piedras[13].

A Dios había que temerlo. Los demás profetas eran *forjadores de sueños*, qué bonita definición.

Un texto más del Nuevo Testamento –esta parte de la Biblia ya no es tan violenta como el Antiguo Testamento– en el que se pueden encontrar pasajes como el siguiente, que, la verdad, debían confundir un poco a quien los leyera. Estas son las nuevas enseñanzas de Jesucristo:

No tenéis que pensar que yo he venido a traer la paz a la Tierra: no he venido a traer la paz sino la guerra[14]*. Pues he venido a separar al hijo de su padre, y a la hija de su madre, y a la nuera de su suegra y los enemigos del hombre serán las personas de su misma casa. Quien ama al padre o a la madre más que a Mí, no merece ser mío; y quien ama al hijo o a la hija más que a Mí, tampoco merece ser mío; y quien no carga con su cruz y me sigue, no es digno de Mí*[15].

O estos. Si no estás con Dios, estás contra Él y caerás en el Infierno y en el fuego eterno. No es poca cosa, no.

Quien no está por Mí, está contra Mí: y quien no recoge conmigo, desparrama[16].

El que creyere y se bautizare, se salvará: pero el que no creyere será condenado[17].

---

13 Parece que esto último es previa denuncia y sentencia. *La Sagrada Biblia.* Deuteronomio 13, 1-10.

14 Para conquistar la paz espiritual hay que pelear con el mundo y las pasiones.

15 *La Sagrada Biblia.* Mateo 10, 34-38.

16 *La Sagrada Biblia.* Lucas 11, 23.

17 *La Sagrada Biblia.* Marcos 16,16.

Será en la Edad Antigua cuando también se generalice otra forma de violencia: la esclavitud. Casi todos los pueblos de Europa contaron con esclavos. La esclavitud es poco más o menos tan antigua como la propia especie humana. Probablemente, estos esclavos nacieron en lo que se llamó la Revolución Neolítica[18]. Si el sedentarismo se instituyó como la forma de vida común, diferentes problemas como sequías o el agotamiento de las tierras pudo llevar a las tribus a moverse de sus asentamientos y a pelear por las mejores tierras con otras tribus. Lucharían contra los nuevos invasores con las armas que tuvieran por la defensa de sus límites.

Los vencidos de aquellos conflictos quedarían como esclavos, lo que solucionaba el problema de tener prisioneros. Es más, se empezarían a buscar estos esclavos para mano de obra de la agricultura o la ganadería, aunque la forma que más proliferó fue la esclavitud doméstica[19].

Podríamos definir la esclavitud como un sistema económico que se caracteriza por la presencia en los medios de producción de fuerzas de trabajo que no están retribuidas si no es en la manutención del esclavo. Un sistema que tuvo su mejor expresión en el Imperio Romano. Fueron los campesinos libres los que hicieron la mayor parte de los trabajos, pero con la llegada de las culturas de Grecia y Roma, los esclavos pasarían a ser la parte central del sistema.

Para Platón (427-347 a.C.) la esclavitud era una institución social, era un mal necesario. Para Aristóteles (384-322 a.C.) el hombre era libre pero también podía ser esclavo por naturaleza. Defendía la esclavitud natural para el que había nacido así con la potencia del esclavo.

Será con el Imperio Romano cuando la esclavitud se multiplique por la escasez de mano de obra. En el momento de máxi-

---

18 García Fuentes, L., p.1.

19 *Ibid.* p.1.

mo poder de Roma habría alrededor de dos a tres millones de esclavos. Su comercio, la trata de seres humanos, se incrementó notablemente.

A partir del siglo III la esclavitud empezó a cambiar, fueron los colonos libres los que desplazaron a los esclavos en el trabajo de los latifundios. Disminuyeron las guerras de conquista y con ellas también cayeron en su número los esclavos. Durante la Edad Media la vida se ruralizó, decrecieron los mercados urbanos y el comercio internacional mientras que la agricultura se tornó, a grandes rasgos, en explotaciones de subsistencia. Al ruralizarse las sociedades ya no se necesitaba la figura del esclavo, por lo que pasaron a ser pocos y sobre todo empleados en servicios domésticos. Se pasaría así a una mano de obra semiservil que abandonó parte de su libertad a cambio de la protección de un señor. Estamos ante el modelo feudal.

El tráfico de esclavos eslavos decaería en la Europa del interior, donde no había una economía de mercado desarrollada, pero se mantendría sobre todo en el comercio del Báltico al mar Negro y en el Islam, que se proveería de mano de obra esclava, sobre todo cristiana. Con las Cruzadas renacerían los mercados internacionales y también la trata de esclavos. Génova, Florencia, Venecia o Cataluña encabezarían una trata de esclavos con el Mediterráneo oriental, donde nacieron en la Baja Edad Media técnicas de producción azucarera y una agricultura esclavista que después se desarrollarían con la conquista de América. Los reinos musulmanes en la Península Ibérica, entre los siglos VIII y X, importaron muchos esclavos, aunque no tantos como el Egipto de la Baja Edad Media, que llegó a importar unos 10.000 esclavos al año[20].

Llegamos así a la Baja Edad Media y a la Era de los Descubrimientos, donde encontraremos dos actores principales. El primero, Portugal, que se expandió desde el siglo XV. Costeando

---

20 *Ibid.* p.1.

África se hizo con el comercio del oro, de los esclavos y después, por la ruta del Cabo de Buena Esperanza –doblado por Bartolomé Días en 1487/88– llegó al Pacífico y se hizo con el comercio de las especias en las Indias Orientales. Más tarde, sus competidores peninsulares, Castilla, intentarán pelearles esos mercados africanos y descubrirán y conquistarán un Nuevo Mundo.

La situación en Castilla cuando Colón descubre el Nuevo Mundo era muy convulsa. La mentalidad de aquellos hombres que conquistaron aquellas lejanas tierras no podía ser otra que violenta. Esa violencia era lo que siempre habían vivido. Los reinos peninsulares llevaban casi ocho siglos de guerras contra el islam y también entre cristianos cuando tocaba. Al finalizar el siglo XV la Reconquista estaba en su fase final, se abría paso la conquista del último reducto musulmán de la Península, el Reino de Granada, pero también se había vivido una guerra civil hacía poco tiempo (1475-1479) entre las dos aspirantes al trono de Castilla: Juana e Isabel. Aquello se había convertido en una guerra de alianzas con otros reinos. Por un lado, Isabel y la Corona de Aragón de Fernando, contra Juana y el Reino de Portugal de Alfonso V, estos últimos apoyados por Francia. En aquella guerra estaba en juego el trono de Castilla, pero también quién se haría con el dominio de los mares.

Los castellanos estaban por tanto acostumbrados a las guerras dentro y fuera de sus fronteras porque a principios del siglo XV también se había iniciado la conquista de las Canarias, lo que había significado un banco de pruebas perfecto para lo que vendría después y en el que se ensayarían las nuevas técnicas de navegación, de combate –que copiarían los grandes conquistadores como Cortés o Pizarro– y comerciales, que después se emularían también en las Indias. Nos pararemos en Canarias y veremos su conquista con algo más de profundidad.

Cuando Cristóbal Colón descubrió las Indias todavía no había terminado la conquista de las Canarias. En 1492 estaban todas las islas bajo dominio castellano excepto La Palma que se terminaría de conquistar entre 1492-93 y Tenerife, cuya anexión se produjo entre 1494 y 1501 (o 1506, depende de las fuentes).

La conquista de las islas había empezado mucho antes, en 1402. Tuvo dos fases. La primera fue la etapa llamada señorial, que llegó hasta 1477. Aquí la conquista se llevó a cabo por la baja y mediana nobleza, por mercaderes e incluso por esclavistas, que conquistaron las islas menores.

En 1402 los normandos Jean IV de Bethencourt y su lugarteniente Lasalle entraron en la isla de Lanzarote. Buscaban un producto, la orchilla, para la industria textil que poseían. En Lanzarote, conquistada en 1403, establecieron la base desde la que se preparó el ataque a Fuerteventura, que caería en 1405. Bethencourt lo intentaría después en Gran Canaria, pero se encontró con mucha resistencia de los nativos, así que cambió su objetivo a la pequeña isla del Hierro, que consiguió colonizar con normandos. La gran mayoría de los nativos serían vendidos como esclavos.

Bethencourt abandonó las Canarias en 1412. Se las dejó a su pariente Macoit de Bethencourt, que vendió sus derechos a los Condes de Niebla en 1418. Entre 1445 y 1458 pasaron a manos de los Peraza, cuyo único éxito consistió en la colonización de la Gomera. Fracasaron en los ataques a las islas grandes de La Palma y Gran Canaria, isla esta última donde los portugueses de Silva Meneses, apoyados por Enrique el Navegante, edificaron en 1459 una torre, la de Gando, que por un acuerdo posterior entre los reyes de Castilla y Portugal pasó de nuevo a los Peraza en 1461 o 1463, manteniendo, eso sí, a un portugués de gobernador.

Portugal iría renunciando a las islas progresivamente entre 1454 y 1479 debido al reconocimiento por parte de Castilla de los derechos portugueses sobre sus posesiones en África. A lo largo del siglo XV las Canarias quedarían bajo dominio castellano, y las Azores, Madeira y Cabo Verde bajo dominio portugués. Todo lo que estaba por debajo de la línea al sur del Cabo Bojador –lo que era Guinea– estaba bajo jurisdicción portuguesa, a quien se le ocurriera traspasar esa línea sin el permiso del rey portugués se arriesgaba a ser hecho prisionero y a morir bajo terribles torturas.

Por las bulas *Romanus Pontifex* de 1455 la Santa Sede, como único poder supranacional aceptado por toda la Cristiandad, otorgaba la posesión a Portugal de todas las tierras descubiertas al Sur del Cabo Bojador. Al año siguiente, la bula *Inter Caetera* consolidaba la primera bula y establecía la intención de los portugueses de llegar a la India rodeando África.

Traspasar la línea del Cabo Bojador sólo estaba al alcance de marinos peninsulares, ya fueran portugueses, o los castellanos de Palos o el Puerto de Santa María[21]. No se sabe cuándo empezaron las expediciones castellanas a Guinea, pero ya en 1476 Fernando apostaba por una armada fuerte de 30 naves para hostigar el comercio portugués. Nadie podía ir allí sin el permiso de los reyes, pero sabemos que por lo menos una vez se contravinieron las órdenes porque tres carabelas salieron y se hicieron con unos 100 esclavos para vender después. Las acciones castellanas eran muy perturbadoras para los portugueses, aunque cuando los Reyes Católicos se enteraron de aquella expedición se sintieron muy molestos.

En 1476 se aprestaron las 30 naves al mando de Charles Valera. Se constituía así el primer esfuerzo privado con una dirección oficial, aunque la expedición resultó un fracaso.

La Mina de Oro era una fuente de riqueza para Portugal y Castilla quería sacar tajada de aquella colonia aprovechando la guerra contra Portugal. Aparte de las empresas privadas, los Reyes Católicos organizaban cada verano una flota para ir allí[22]. En 1478 se enviaron a Mina de Oro 35 velas, en una empresa muy preparada. Aquella expedición no era militar sino económica, en teoría, porque enviándose donde se enviaba ya de por sí era una

21 Menéndez Pidal, R. *Historia de España. La España de los Reyes Católicos (1474-1516)*. Vol. I, p. 298.

22 *Ibid.* p. 303.

empresa hostil. El plan era ir a Canarias, recoger orchilla (ya la mencionó antes, es un liquen costero que se usa para colorear como las cañadillas (que si es una concha), revisar esto, creo que el nombre es cauri), que era una concha que se utilizaba como moneda en la costa africana y rescatar –comerciar– oro y esclavos. Sin embargo, la empresa volvería a fracasar y al regreso la flota sería capturada.

Todas aquellas expediciones cesarían con el tratado de Alcaçovas, por el que Juana y Alfonso V de Portugal reconocían a Isabel como reina de Castilla. Los Reyes Católicos renunciaban al trono portugués a cambio del monopolio luso en el Atlántico (Guinea, Elmina, Madeira, Azores, Flores, Cabo verde), excepto las Canarias.

En 1464 los Peraza fracasaron en su entrada a Tenerife. En 1474 acabó su presencia en Gran Canaria. Los colonos que rendían vasallaje a los Peraza se sublevaron en Lanzarote solicitando depender directamente de la Monarquía de los Reyes Católicos.

En 1477 Isabel reconoció el señorío sobre de las islas menores del archipiélago, pero reclamó para la Corona de Castilla los derechos de conquista de las islas mayores: Gran canaria, La Palma y Tenerife.

Entramos en la fase Real de la conquista, financiada ya por la Corona de los Reyes Católicos, que abarcaría desde 1478 hasta el final de la anexión de todas las islas. Allí, como en América, conquistadores y mercaderes pactaron entre ellos y con la Corona sus aportaciones económicas y los derechos derivados de ellas en botín y tierras.

Esta fase ya contó con más efectivos de soldados de la monarquía, y se dio más peso a la evangelización de los indígenas. Una de las cosas que se buscaban en las islas eran esclavos para vender, pero el aumento de la evangelización de los indígenas conllevó que se hicieran menos esclavos, lo que propició el acercamiento de algunos nativos a los castellanos y trajo algunas alianzas[23], al igual que sucedió en América, donde, y sólo por poner un ejemplo, Cortés mantuvo una alianza hasta el final de la conquista con Tlaxcala, sin cuya alianza no habría sido posible la derrota de los mexicas.

Sin embargo, en general, los guanches opusieron resistencia. Estaban en superioridad numérica, aunque contaban con un armamento claramente inferior al de los castellanos –como en las Indias–. Su modus operandi se basaba principalmente en emboscadas o una «guerra de guerrillas», al estilo que veremos después también en América en el caso de los negros cimarrones sublevados frente a los españoles.

Frente a espadas y lanzas de acero castellanas, frente a balas de arcabuces o cañones castellanos, armas de madera y piedras. Podría estimarse esta superioridad de los guerreros guanches en un castellano por dos guanches o en dos castellanos por cada tres indígenas[24], por ello, los castellanos utilizaron diferentes tácticas, a veces no muy éticas, pero eficaces. Se recurrió a asedios, sitios por hambre o negociaciones como un ardid para capturarlos después –esto nos recuerda a Pedro de Ursúa, por ejemplo– y a ataques directos al líder enemigo para hacer que el ejército contrario se dispersara –como Cortés en Otumba, o Pizarro en Cajamarca–.

En 1478 llegó a Gran Canaria Juan Rejón bajo la soberanía de los Reyes Católicos. Llegaron 630 hombres en seis carabelas y dos fustas[25] que tendrían que combatir a los 2.000 guerreros guanches del rey Doramas. Sin embargo, los guanches cometieron el error de combatir en campo abierto y fueron derrotados por los castellanos. Pese al Tratado del Alcaçovas-Toledo (1479-1480) los portugueses no dejaron de intentar el desembarco en la isla con siete carabelas, que fueron repelidas por Rejón.

23 Como la de Fernando Guanarteme en Gran Canaria o en Tenerife.
24 García De Gabiola, J., p. 160.
25 *Ibid.* p. 168.

La conquista final de la isla la consumó Pedro de Vera, que había llegado en 1480. Vera atacó al líder guanche Doramas directamente para intentar que con su muerte su ejército se dispersara, algo que imitaría en América Francisco Pizarro, como veremos después. Otra similitud con la conquista americana serían las alianzas con los nativos. El líder guanche Thenesor fue bautizado como Fernando de Guanarteme y enviado a España para después volver y ayudar a los castellanos. Gran Canaria cayó en 1483.

Vera sería su gobernador hasta 1488, año en que se produjo la rebelión de los gomeros. Vera viajó allí para apoyar a los Peraza contra los amotinados. Prometió el perdón real si todos se presentaban en una misa por el descanso eterno de Hernán de Peraza, pero cuando llegaron esclavizó y torturó a todos los hombres mayores de 15 años, incluido empalamientos y mutilaciones de pies y manos[26]. Cuando aquello llegó a oídos de los Reyes Católicos le depusieron inmediatamente y llamaron a Antonio Hernández de Lugo para continuar con la conquista de La Palma, que se rindió entre 1492 y 1493.

Lugo llegó a Tenerife en 1494, año del Tratado de Tordesillas entre Castilla y Portugal. En Tenerife le esperaban entre 1.500 y 3.500 guerreros[27] guanches, aunque parece que los españoles no se enfrentarían a más de 1.600 porque el líder guanche, Bencomo, sólo tenía la alianza de cuatro de los nueve reinos de la isla.

En 1496 caerían la mayoría de los reinos, aunque quedaron algunos nativos en armas al sur de la isla y en las montañas de

26 *Ibid.* p. 157.

27 Entre el 5% y el 10% de la población. En Gran Canaria habría unos 2.000 guerreros –un 5% de la población–, en Lanzarote lucharon los castellanos contra grupos de 24, 50 y 11 guerreros –habría unos 900 habitantes–, en Fuerteventura, con la misma población, se citan 42 y 47 guerreros y en el Hierro, que contaba con unos 1.000 habitantes, pelearon frente a 112 guerreros. García de Gabiola, J., p. 174.

Ichasajua. Para acabar con ellos se contrató a un flamenco experto en artillería y espingardas, Jorge Grimón. Después de cinco años de guerra de guerrillas, en 1501 o 1506 Lugo dio con el líder rebelde, Archajuaga de Adeje, mediante un ardid similar al que se usó en la Palma, atraer a los guanches a una conferencia. Se vistió a un soldado de obispo que convocó a los 200 soldados rebeldes a un corral. Fiados de un hombre de Dios, fueron después capturados y vendidos como esclavos[28].

La conquista de las Indias por los castellanos –o españoles– fue muy violenta. ¿Cómo no iba a serlo? No podría haberse realizado de otro modo. Ni los españoles ni nadie –incluyendo los grandes imperios americanos– sabían actuar de otra forma. Nadie habría pensado que una conquista de un territorio se podría hacer de otra manera. Sin embargo, en Castilla pronto surgieron voces para intentar defender a aquellos indios. Esto se debe considerar como un hecho diferencial con el resto de los europeos, lo veremos detenidamente en un próximo capítulo.

En la primera fase de la conquista, en las Antillas, la población indígena casi fue exterminada, aunque los españoles no pensaron en el exterminio de los indios. No, los españoles estaban allí para conquistar nuevas tierras y explotar su riqueza, indios incluidos, no para exterminar a nadie. Más bien lo que se pretendía era que aquellos indios trabajasen para ellos, que fueran sus esclavos. Un indio muerto no servía para nada.

La gran catástrofe demográfica de los indígenas de las Antillas, que no se puede obviar, se debió a diferentes causas. Se debió sobre todo al exceso de trabajo al que fueron sometidos los indios por los españoles y a las enfermedades. No obstante, parece que no hay datos para saber si estas enfermedades fueron determinantes antes de 1518, año en que se dio la primera gran epidemia de viruela. Quizá en aquellas dos primeras décadas también influyeron la tuberculosis y la fiebre tifoidea, a lo que se

28 García de Gabiola, J., p. 177.

sumaría la caída de la natalidad y la aniquilación también de la agricultura tradicional indígena.

Pero los españoles no eran los únicos que querían hacer de aquellos indios esclavos. La esclavitud estaba ya instalada en las Indias. Los grandes imperios americanos tenían esclavos, baste para aclararlo el claro ejemplo de Bernal Díaz del Castillo:

> *[...] Fuimos al Tatelulco, [...] y cuando llegamos a la gran plaza, que se dice el Tatelulco, como no habíamos visto tal cosa, quedamos admirados de la multitud de gente, y mercaderías que en ella había, y del gran concierto y regimiento, que en todo tenían: y los Principales que iban con nosotros, nos lo iban mostrando [...]. Comencemos por los mercaderes de oro, y plata, y piedras ricas, y plumas, y mantas, y cosas labradas, y otras mercaderías, esclavos, y esclavas; digo, que traían tantos a vender a aquella gran plaza, como traen los Portugueses los negros de Guinea, y traíanlos atados en unas varas largas, como collares a los pescuezos, porque no se les huyesen, y otros dejaban sueltos*[29].

Después, en una segunda fase de la conquista los españoles se adentraron en el continente. Es la fase de la conquista de los grandes imperios de los mexicas y los incas. Los españoles tuvieron la excusa perfecta para esclavizar a los indios en dos prácticas de estos, consideradas salvajes y diabólicas: el canibalismo y los sacrificios humanos. Con la evangelización de aquellos indios por una *guerra justa* se erradicarían aquellas prácticas demoníacas. Sin embargo, los españoles cristianos también tenían algunas prácticas que bien podrían considerar los indígenas como salvajes y diabólicas, si supieran quién era el Diablo: torturaban, cercenaban miembros a sus esclavos, empalaban de vez en cuando y metían a los que ellos consideraban herejes en hogueras. ¿Quién era el salvaje? ¿Aquellas hogueras no eran una especie de sacrificio al Dios cristiano?

29 Díaz del Castillo, B., p. 256.

Y es que hay que tener en cuenta que cuando los españoles comienzan la primera fase de la conquista de las Indias nos encontramos con dos cuestiones básicas en la Castilla del momento, que los castellanos que para allá fueron tendrían muy presente. La creación de la Inquisición y la expulsión de los judíos de la Península. Aquello, sumado a la conquista de Granada, debía dar el resultado de la unidad religiosa en Castilla y Aragón.

El 31 de marzo de 1492, en Granada, los Reyes Católicos ordenaban la salida de los judíos de Burgos y de su obispado, así como de todos sus reinos. Saldrían de España unos 100.000 judíos[30] porque eran *malos cristianos* que judaizaban y apostataban de la fe católica y subvertían y sustraían de ella a los fieles. Por eso, se había ordenado antes que salieran de todas las ciudades y villas de Andalucía, donde los Reyes creían que hacían más daño, pero viendo que el problema no mejoraba habían decidido echarlos de sus reinos:

> *Acordamos de mandar salir a todos los dichos judíos y judías de nuestros reinos y que jamás tornen ni vuelvan a ellos [...]. Que hasta el fin del mes julio primero que viene* –por tanto se les da cuatro meses para que salgan de los reinos– *de este presente año salgan de todos los dichos nuestros reinos y señoríos con sus hijos e hijas, criados y criadas y familiares judíos, así grandes como pequeños, de cualquier edad que sean, y no sean osados de tornar a ellos ni estar en ellos ni en parte alguna dellos de vivienda ni de paso ni en otra manera alguna, so pena que si no lo hiciesen y cumpliesen así y fueren hallados estar en los dichos nuestros reinos y señoríos y venir a ellos en cualquier manera incurran en pena de muerte y confiscación de todos sus bienes para la nuestra cámara y fisco, en las cuales penas incurran por ese mismo hecho y derecho sin otro proceso, sentencia ni declaración*[31].

---

30 Un 1.5% de la población, que en aquel tiempo era de 5 millones en Castilla y un poco más de un millón en Aragón. Blasco Martínez, A., p. 23.

31 Blasco Martínez, A., p. 31.

Pena de muerte para quien incumpliera la ley. Imaginamos el drama de todas aquellas personas. Otra forma de violencia. Pero había más.

La Inquisición se había creado en Castilla en el año 1478 por el papa Sixto IV, y en sus primeras décadas de existencia tendría la fase más represiva de su historia. La Inquisición había empezado mucho antes en Europa y en la Corona de Aragón, donde había sido creada en 1233. La Iglesia había comenzado a utilizar las hogueras contra los herejes antes, en 1184, y las torturas en materia de fe en 1199[32]. El primer auto de fe que se dio en Castilla se produjo en 1481[33], en Sevilla, aunque se puede considerar que el verdadero inicio de la Inquisición en Castilla fue en 1483 con el nombramiento de Fray Tomás de Torquemada como inquisidor general para las coronas de Castilla y Aragón. La Inquisición se convertía así en la única institución con capacidad de acción en ambas coronas.

Aquellos primeros años, entre 1480 y 1530, actuaría sobre todo contra los judíos conversos. Se producirían con relativa frecuencia muertes en la hoguera. Esa represión intensa contra los judaizantes tendría un mínimo de 60.000 procesados. La hoguera era el máximo castigo, aunque bien es cierto que tampoco se puede considerar a la Inquisición como un tribunal sediento de sangre, imagen que se encargaron bien de difundir los enemigos de la Monarquía española. Los veinte primeros años de su historia fueron, como decimos, los más terribles, aunque a lo largo de su historia no siguió esa senda y la Inquisición no se convirtió en una máquina de muerte[34].

---

32 García Cárcel, R., p. 6.

33 *Ibid.* p. 11.

34 De 1530 a 1614-20 hubo una gran actividad contra protestantes y moriscos, después esta actividad se dirigió algo más contra los judíos portugueses –apoyados por el Conde Duque de Olivares, ya que financiaban las guerras de la Monarquía en detrimento de los genoveses–. En el siglo XVIII la herejía ya no sería un problema, sino que la Inquisición se

En las siguientes páginas vamos a ver la violencia de los conquistadores españoles contra los indios, contra los esclavos negros y también contra otros españoles. Vamos, contra todos. Quien se había jugado el pescuezo para llegar hasta allí intentaría conseguir sus objetivos por encima de quien se le pusiera por delante, fuera quien fuera. La leyenda negra intentaría hacer ver al mundo lo malos y perversos que eran los españoles, así que no nos resistimos, en este punto, a escribir un pequeño texto de aquellos que fueron los primeros en propagar esa leyenda negra –los holandeses, seguidos de ingleses, franceses y también algunos españoles– y que eran una de las culturas más avanzadas de Europa, si no la que más. Casi un siglo después de que Colón llegara a América, Felipe II había puesto precio a la cabeza de Guillermo de Orange debido a la rebelión de los neerlandeses en las Provincias Unidas. En 1584 un católico llamado Balthasar Gerard le pegó dos tiros. Fue apresado:

Se decretó que la mano derecha de Gerard debería ser quemada con un hierro al rojo vivo, que su carne debería ser arrancada de sus huesos con tenazas en seis lugares diferentes, que debería ser descuartizado y destripado vivo, que su corazón debería ser desgarrado, arrancado de su pecho y arrojado en su cara, y que, finalmente, le debían quitar la cabeza[35].

Y esto era obra de la civilización más avanzada del momento.

centró más bien en problemas ideológicos y culturales. Si tomamos las cifras de los 19 tribunales el porcentaje de las ejecuciones (relajaciones en persona) entre 1540 y 1700 fue inferior al 2%. En los siglos XVI y XVII fueron ejecutadas menos de tres personas al año en la totalidad de los territorios de la Monarquía, desde Sicilia al Perú. Aquello fue menos que cualquier tribunal provincial de justicia español o europeo. Kamen, H. *La Inquisición española*, p. 197.

35 Motley, J.L. *The Rise of the Dutch Republic*, 1555, p. 84.

Las primeras imágenes de los indios que pudieron ver los europeos fueron pintadas por artistas que no habían viajado a las Indias y que se basaban en las descripciones de los conquistadores y los cronistas. Podemos afirmar que la mayoría de estas imágenes de los indios, hasta mediados del siglo XVI aproximadamente, eran inventadas, recreadas a partir de los valores, los prejuicios y las percepciones del Viejo Mundo[36], imágenes típicas del imaginario religioso europeo como los martirios de los santos o los médicos medievales frente a mesas donde había pacientes muertos.

Colón fue el primero en difundir la imagen de los indios caníbales de las Antillas, al igual que Vespucio difundió la de los indios tupinambá de Brasil. Ya en 1504 en los textos de Vespucio se podía leer cómo un compañero suyo fue asesinado por aquellos indios y después asado y comido.

Según el diario de Colón este escuchó por primera vez a los indios taínos la palabra «caníbal». Era el 23 de noviembre de 1493. Los indios dijeron que a aquellos caníbales les tenían miedo porque les comían. También había otros hombres con un sólo ojo en la frente[37] y otros con hocicos de perro que comían hombres. Si les cogían, les degollaban, bebían su carne y les cortaban los genitales. Colon no habló nunca de monstruos, sino de gente de gran belleza, pero los caribes caníbales terminaron adquiriendo en Europa la forma de cinocéfalos[38], seres de los que

36 Sáenz-López Pérez, S. *Las primeras imágenes occidentales de los indígenas americanos: entra la tradición medieval y lo inicios de la antropología moderna*. Universidad Complutense de Madrid. Anales de Historia del Arte. 2011. Volumen extraordinario 463-481, p. 466.

37 Sáenz-López Pérez, S., p. 468.

38 La RAE los define como mamíferos cuadrumanos que se crían en África, de unos 70 cm. de largo, con cabeza redonda, hocico semejante al del perro dogo, cara rodeada de vello blanquecino, manos negras, lomo pardo verdoso, gris el resto del cuerpo, cola larga y callosidades isquiáticas.

ya había hablado –también de cíclopes– Marco Polo (1254-1324) o Jean de Mandeville (m. 1372).

La primera representación de los nativos americanos la encontramos en la edición alemana de *Mundus Novus*, llamada *Van den nygen insulen und landen so ytzundt kortliken sindt dorch den konigk van Portugal* (Magdeburgo, Jacob Winter, 1506). Los indios aparecen cubriéndose sus vergüenzas, aunque como repitió bastantes veces Vespucio los indios iban completamente desnudos. Estaríamos ante la tradición bíblica de Adán y Eva.

Cuando los españoles llegaron a América se encontraron con dos grandes civilizaciones: mexicas e incas. Aquellas civilizaciones también tenían dominados al resto de los pueblos de su entorno, que no vivían precisamente en un idílico paraíso. Veremos ahora aquellas prácticas que a los españoles les parecieron bárbaras y salvajes, violentas, en fin, aunque queremos en este punto dejar bien claro que no pretendemos decir que estas sociedades sólo fueran el reflejo de estas prácticas. Mexicas e incas tenían una cultura refinada con muchos aspectos positivos para la época.

Los mexicas llegaron al lago de Texcoco procedentes de la ciudad de Aztlán. Desde mediados del siglo XV la alianza entre las ciudades de Tenochtitlán[39], Texcoco y Tacuba había dominado a la ciudad más importante, Azcapotzalco. Tacuba mantenía una posición secundaria, Texcoco era respetada, pero en cuestiones militares quienes dominaban a los demás eran los tenochca.

Dentro de Tenochtitlán las leyes eran permisivas para la clase alta, pero eran muy duras con el pueblo llano. Robar maíz podía llevarte a la muerte. Duras leyes, al igual que ocurría en Europa, donde la gran mayoría de los campesinos estaban supeditados a unas leyes que beneficiaban a la nobleza y al clero.

---

39 Que en su época de esplendor tendría alrededor de 150.000 habitantes. Mira Caballos. E., p. 148.

Cuando llegaron los españoles a América se quedaron horrorizados con las prácticas antropófagas de algunos pueblos, lo que les sirvió de excusa perfecta para poder esclavizar a aquellos bárbaros. Ahora, en la futura Nueva España, volvían a sorprenderse de aquellas tradiciones bárbaras como el canibalismo y los sacrificios humanos de igual forma que los mexicas se sorprendieron con ciertas prácticas españolas como las torturas, las amputaciones y el terrible castigo de quemar a gente en hogueras. Cortes usó la hoguera y el empalamiento, aunque este último en menor medida, para causar terror en aquellos indios. ¿Acaso no eran igual de bárbaros los españoles y los indios?

Sólo Tlaxcala –y algunos pueblos al norte como los chichimecas– resistían a Tenochtitlán. Los primeros se encontraban cercados. Tlaxcala era una fuente de cautivos para los sacrificios en los templos mexicas.

Aquel era el precio que Tlaxcala debía pagar por su libertad. Pero los sacrificios no sólo se producían en el gran templo tenochca, también los practicaban sus enemigos, en muchas partes de lo que después se llamaría Nueva España se producían banquetes antropófagos:

Tenían en todos los pueblos, de madera gruesa hechas a manera de casas, como jaula, y en ellas metían a engordar muchos indios e indias y muchachos, y en estado gordo los sacrificaban y comían, y demás desto, las guerras que se daban unas provincias y pueblos a otros, y los que cautivaban y perdían los sacrificaban y comían[40].

Los que fueron aliados de los españoles, Tlaxcala, también llevaban a cabo aquellas prácticas:

Y diré como hallamos en este pueblo de Tlascala casas de madera hechas de redes, y llenas de indios e indias que tenían dentro

40 Díaz del Castillo, B., p. 875.

encarcelados y a cebo, hasta que estuviesen gordos para comer y sacrificar: las cuales cárceles les quebramos y deshicimos, para que se fuesen los presos que en ellas estaban, y los tristes indios no osaban de ir a cabo ninguno, sino estarse allí con nosotros, y así escaparon las vidas [...] y comúnmente en todas estas tierras las tenían[41].

La antropofagia sólo se llevaba a cabo con cautivos. Sabemos que en el cerco de Tenochtitlán por las tropas de Cortes y sus aliados los tenochcas pasaron hambre[42]. Los sacrificios eran sistemáticos con los prisioneros que se conseguían en las llamadas *Guerras Floridas*, que eran enfrentamientos pactados que minimizaban muertos y heridos. Eran guerras menos sangrientas que las europeas, que no buscaban el aniquilamiento del enemigo. Los tenochcas apresaban un número más o menos de prisioneros preestablecido para ofrecérselos a Huitzilopochti, el Dios de la Guerra. Los pueblos de Tlaxcala, Cholula y Huejotzingo debían dejar a ciertos individuos a los mexicas, con los que se suspendían las hostilidades.

Los templos mexicas, a la vista de los españoles, eran asquerosos y mugrientos mataderos.

Como subimos a lo alto del gran Cu, en una placeta que arriba se hacía, adonde tenían un espacio, como andamios, y en ellos puestas unas grandes piedras, adonde ponían los tristes indios para sacrificar, allí había un gran bulto, como de dragón, y otras malas figuras, y mucha sangre derramada de aquel día[43].

Y estaban allí unos braseros con incienso, que es su copal, y con tres corazones de indios de aquel día sacrificados, y se quemaban, y con el humo y copal le habían hecho aquel sacrificio: y estaban todas las paredes de aquel adoratorio tan bañadas y

41 *Ibid.* p. 205.
42 Mira Caballos, E., p. 151.
43 Díaz del Castillo, B., p. 258.

negras de costras de sangre, y asimismo el suelo, que todo hedía muy malamente[44].

Junto al templo mayor encontraron un osario que tenía 136.000 cabezas de prisioneros sacrificados[45].

Acuérdome, que tenían en una plaza, adonde estaban unos adoratorios, puestos tantos rimeros[46] *de calaveras de muertos, que se podían bien contar, según el concierto con que estaban puestas, que me parece que eran más de cien mil, y digo otra vez sobre cien mil: y en otra parte de la plaza estaban otros tantos rimeros de zancarrones, y huesos de muertos que no se podían contar, y tenían en unas vigas muchas cabezas colgadas de una parte a otra, y estaban guardando aquellos huesos y calaveras tres Papas, que según entendimos, tenían cargo dellos; de lo cual tuvimos que mirar más después que entramos más la tierra adentro, y en todos los pueblos estaban de aquella manera, y también en lo de Tlascala*[47].

Inmolaban al año varios cientos de personas, sobre todo prisioneros. Aquellos sacrificios eran una escenificación del poderío mexica. Cada reo era procesado por varios sacerdotes, que lo colocaban boca arriba en las grandes piedras y con un cuchillo de obsidiana o sílex se les abría el pecho y se les sacaba el corazón todavía en estado palpitante. El cuerpo sin vida caía por la escalinata en cuya base unos carniceros –consagrados– lo despedazaban. El capitán que había apresado al reo recibía la cabeza y el resto del cuerpo era estofado con pimientos, tomates y plantas aromáticas[48].

---

44 Díaz del Castillo, B., p. 260.
45 Mira Caballos, E., p. 151.
46 Montón de cosas puestas unas sobre otras (DRAE).
47 Díaz Del Castillo, B., p. 156.
48 Mira Caballos, E., p. 151.

Según Marvin Harris esta antropofagia podía servir de complemento vitamínico en un país donde no había grandes animales domésticos.

Porque muy pocos quedamos vivos, y los que murieron fueron sacrificados, y con sus corazones y sangre ofrecidos a los ídolos mexicanos, que se decían Tezcatepuca y Huichilobos [...] Mataban cada un año, solamente en México y ciertos pueblos que están en la laguna, sus vecinos, según hallo por cuenta dello hicieron religiosos franciscos [...] hallaron sobre dos mil y quinientas personas, chicas y grandes. Pues en otras provincias a esta cuenta muchos más serían; y tenían otras maldades de sacrificios, y por ser de tantas maneras, no los acabaré de escribir todas por extenso[49].

Sin embargo, también podían desollarlos, quemarlos o asaetearlos antes de extraerles el corazón[50].

Más al sur, en lo que hoy es Ecuador, Perú y Bolivia se encontraba la civilización incaica. Los incas que se encontraron los españoles no practicaban la antropofagia. Se pueden leer algunos textos en los que se afirma que el Inca Atahualpa utilizaba el canibalismo como una forma de castigo para aquellos enemigos con los que se había sentido traicionado, en ocasiones especiales, pero no está probado. Juan de Betanzos (1551-1557), en su *Suma y narración de los incas,* afirma que en la guerra civil inca los cañares se aliaron con Huáscar, el hermano y enemigo de Atahualpa, y este se enfadó y los mandó conquistar. Apresó a algunos en la ciudad de Carangue, en el norte de Quito. Tres jefes cañares

49 Díaz del Castillo, B., p. 874.
50 Mira Caballos, E., p. 151.

fueron asesinados, les sacaron los corazones e hicieron que los demás comieran pedazos crudos de ellos.

Y, esto hecho, mandó Atahualpa que luego viniesen allí cierto número de indios quillaycingas[51], *para que en presencia de los indios cañares comiesen los cuerpos y carnes de los tres señores ya muertos; [...] hicieron un gran fuego y, luego, tomaron los cuerpos muertos e hiciéronlos pedazos y pusiéronlos en sus asadores y trujeron allí un tinajón pequeño, lleno de ají y sal y agua, y con unas escobas de paja, como la carne se iba asando, le daban con aquellas escobas, mojándolas en aquel ají y sal, ya dicho. Y siendo ya toda la carne ya asada, fueles allí traído mucho maíz tostado y cocido, con el cual, siendo asentados en el suelo estos quillaycingas todos juntos en rueda, en presencia de los cañares todos, comieron a sus tres señores*[52].

No se daba canibalismo entre los incas, pero cuando se preguntaba a los indios del valle algunos contestaban que

los indios de los Andes comían carne humana y así mesmo oyeron decir que los chiriguanaes y chunchos[53].

Decían que los indios del oriente de la cordillera de los Andes, en el Antisuyo, eran caníbales. A Cieza de León le contaron que antiguamente había mucho descontrol en el Perú, y que en algunos pueblos los indios tomaban a sus madres y a sus hijas[54], pero se había dado en tiempos que se perdían en la lejanía, míticos. Sin embargo, se pensaba que los indios de las tierras bajas sí eran caníbales, gente de las selvas.

51 Etnia de la frontera entre el Ecuador y Colombia
52 Citado en Nowack K., p. 35
53 Nowack K., p. 39.
54 *Ibid.* p. 41.

El propio Inca Garcilaso afirmaba actos de extrema barbarie entre ciertos pueblos de los Andes, aunque dejaba claro que eran en tiempos muy antiguos y que los Incas no tenían aquellas costumbres. Garcilaso hablaba de dos edades, una primera edad o antigua gentilidad y una segunda edad, que era la de los Incas propiamente dicha. En aquella primera edad los indios eran gente muy simple y tenían muchos dioses, adoraban casi a cualquier cosa, pero aquel politeísmo –decía Garcilaso– no debía extrañar a los españoles puesto que las grandes civilizaciones europeas como Grecia o Roma también había sido politeístas.

El padre Blas Valera hablaba de pueblos andinos contemporáneos a los incas y a los españoles, a los que no había llegado la cultura de los unos ni de los otros. Sabemos que es un texto largo, aunque hemos querido ponerlo íntegro. Si esto que cuentan Garcilaso y el padre Blas Valera es cierto, si no es muy exagerado, la extrema violencia de la especie humana en ciertas comunidades antiguas no tenía límite, y los propios incas se horrorizarían con aquellas prácticas de la gente de su entorno.

Conforme a la vileza y bajeza de sus dioses eran también la crueldad y barbaridad de los sacrificios de aquella antigua idolatría, pues sin las demás cosas comunes, como animales y mieses, sacrificaban hombres y mujeres de todas edades, de los que cautivaban en las guerras que unos a otros se hacían. Y en algunas naciones fue tan inhumana esta crueldad, que excedió a la de las fieras, porque llegó a no contentarse con sacrificar los enemigos cautivos, sino sus propios hijos en tales o tales necesidades.

La manera de este sacrificio de hombres y mujeres, muchachos y niños, era que vivos les abrían por los pechos y sacaban el corazón con los pulmones, y con la sangre de ellos, antes que se enfriase, rociaban el ídolo que tal sacrificio mandaba hacer, y luego, en los mismos pulmones y corazón, miraban sus agüeros para ver si el sacrificio había sido acepto o no, y, que lo hubiese sido o no, quemaban, en ofrenda para el ídolo, el corazón y los pulmones hasta consumirlos, y comían al indio sacrificado con grandísimo gusto y sabor y no menos fiesta y regocijo, aunque fuese su propio hijo.

El Padre Blas Valera, según que en muchas partes de sus papeles rotos parece, llevaba la misma intención que nosotros en muchas cosas de las que escribía, que era dividir los tiempos, las edades y las provincias para que se entendieran mejor las costumbres que cada nación tenía, y así, en uno de sus cuadernos destrozados dice lo que sigue, y habla de presente, porque entre aquellas gentes se usa hoy aquella inhumanidad:

«Los que viven en los Antis comen carne humana, son más fieros que tigres, no tienen dios ni ley, ni saben qué cosa es virtud; tampoco tienen ídolos ni semejanza de ellos; adoran al Demonio cuando se les representa en figura de algún animal o de alguna serpiente y les habla. Si cautivan alguno en la guerra o de cualquiera otra suerte, sabiendo que es hombre plebeyo y bajo lo hacen cuartos y se los dan a sus amigos y criados para que se los coman o los vendan en la carnicería. Pero si es hombre noble, se juntan los más principales con sus mujeres e hijos, y como ministros del Diablo le desnudan, y vivo le atan a un palo, y, con cuchillos y navajas de pedernal le cortan a pedazos, no desmembrándole, sino quitándole la carne de las partes donde hay más cantidad de ella, de las pantorrillas, muslos y asentaderas y molledos de los brazos, y con la sangre se rocían los varones y las mujeres e hijos, y entre todos comen la carne muy aprisa sin dejarla bien cocer ni asar ni aún mascar; trágansela a bocados, de manera que el pobre paciente se ve vivo comido de otros y enterrado en sus vientres.

Las mujeres (más crueles que los varones) untan los pezones de sus pechos con la sangre del desdichado para que sus hijuelos la mamen y beban en la leche. Todo esto hacen en lugar de sacrificio con gran regocijo y alegría, hasta que el hombre acaba de morir. Entonces acaban de comer sus carnes con todo lo de dentro, ya no por vía de fiesta ni deleite, como hasta allí, sino por cosa de grandísima deidad, porque de allí adelante las tienen en suma veneración, y así las comen por cosa sagrada. Si al tiempo que atormentaban al triste hizo alguna señal de sentimiento con el rostro o con el cuerpo o dio algún gemido o suspiro, hacen pedazos sus huesos después de haberle comido las carnes, asadura y tripas, y con mucho menosprecio los echan en el campo o en el río. Pero si en los tormentos se mostró fuerte, constante y feroz, habiéndole comido las carnes con todo lo interior, secan los huesos con sus nervios al sol y los ponen en lo alto de los cerros y los tienen y adoran por dioses y les ofrecen sacrificios.

Estos son los ídolos de aquellas fieras, porque no llegó el Imperio de los Incas a ellos ni hasta ahora ha llegado el de los españoles, y así están hoy día. Esta generación de hombres tan terribles y crueles salió de la región mexicana y pobló la de Panamá y la del Darién y todas aquellas grandes montañas que van hasta el Nuevo Reino de Granada, y por la otra parte hasta Santa Marta».

Todo esto es del Padre Blas Valera, el cual, contando diabluras y con mayor encarecimiento, nos ayuda a decir lo que entonces había en aquella primera edad y al presente hay. Otros indios hubo no tan crueles en sus sacrificios, que aunque en ellos mezclaban sangre humana no era con muerte de alguno, sino sacada por sangría de brazos o piernas, según la solemnidad del sacrificio, y para los más solemnes la sacaban del nacimiento de las narices a la junta de las cejas, y esta sangría fue ordinaria entre los indios del Perú, aun después de los Incas, así para sus sacrificios (particularmente uno, como adelante diremos) como para sus enfermedades cuando eran con mucho dolor de cabeza. Otros sacrificios tuvieron los indios todos en común, que los que arriba hemos dicho se usaban en unas provincias y naciones y en otras no, más los que usaron en general fueron de animales, como carneros, ovejas, corderos, conejos, perdices y otras aves, sebo y la yerba que tanto estiman llamada coca, el maíz y otras semillas y legumbres y madera olorosa y cosas semejantes, según las tenían de cosecha y según que cada nación entendía que sería sacrificio más agradable a sus dioses conforme a la naturaleza de ellos [...][55].

55 Garcilaso de la Vega, I. *Comentarios reales I*, p. 29-30.

Como hemos visto, en el Perú hubo sacrificios desde tiempos muy tempranos. Desde que los incas se hicieron con el poder estos sacrificios cobraron importancia en las sociedades conquistadas para que se integraran más fácilmente en su sistema. Para esta cultura, la ofrenda de víctimas era la muestra máxima de veneración a los dioses, pero también tenía otros fines, entre otros infundir terror a sus enemigos[56]. Los sacrificios servían para alimentar a los dioses, para solicitarles algo, para recompensar beneficios otorgados previamente y por supuesto, para evitar o superar las crisis del Imperio, ya fueran sociales o naturales, como por ejemplo la llegada de un nuevo Inca tras la muerte del anterior, cuyo deceso conllevaba que mucha gente acompañara al Inca en su viaje al otro mundo.

Las ofrendas evitaban la ira de las *huacas* o dioses[57]. Algunas huacas de los territorios conquistados se llevaban al Cuzco[58], quedaban «cautivas», lo que reducía el riesgo de futuras sublevaciones. Con ello, los incas integraban a las sociedades conquistadas. Incorporaban en su sistema a las huacas más destacadas, aquellas que tenían fama. Estas huacas también eran oráculos, y a aquellos que predecían cosas al Inca y después acertaban, eran recompensados por el señor.

Los sacrificios que los Incas realizaban tenían un nombre: *la capacocha* o *capac hucha*, nombre que también se utilizaba para las ofrendas que se hacían a las huacas. Estos sacrificios eran de hombres y mujeres, pero sobre todo de niños que tenían entre cuatro y diez años y de doncellas adolescentes. La ofrenda de adultos era más común para acompañar al gran Inca en su muerte. Con él irían algunas de sus mujeres, parientes, criados y oficiales, además de doncellas y niños.

---

56 Mira Caballos, E. *Francisco Pizarro*, p. 24.

57 También se llamaba así a lo que era sagrado: imágenes, lugares, piedras o personas como el propio Inca o las personas sacrificadas.

58 Algunas huacas no se llevaban a Cuzco, sólo en ciertas ocasiones que fueran importantes.

Estos últimos –doncellas y niños–, debían ser bellos, no tener marcas en la piel como lunares y no tener defectos físicos. Muchas de aquellas personas eran donadas por las familias a cambio de ciertos privilegios y un estatus social y político.

También eran sacrificadas jóvenes niñas que provenían de los *acllahuasi*, que eran lugares donde vivían en castidad y hacían ciertas labores para el Inca, para los sacerdotes y para el culto. Algunas de ellas eran destinadas para los sacrificios ordinarios y otras para los extraordinarios, que veremos después. Nadie podía negarse a dar a su hija para aquello, y la familia obtendría privilegios, especialmente si eran inmoladas.

El sitio más importante donde se ofrecía la capacocha era el Templo del Sol o *Coricancha*. Para consagrar el recinto fueron enterrados y sacrificados muchos niños y niñas, que salían de los pueblos del Imperio, uno o dos por localidad. Solían ser hijos de curacas o caciques. Partían aquellos niños de las cuatro partes del Tahuantinsuyu: Chinchaysuyu, Antisuyu, Contisuyu y Collasuyu. Iban al Cuzco en procesión donde eran visitados por el Sapa Inca y su séquito. El Inca les tocaba y así les trasmitía su sacralidad, hecho lo cual partían después para sus destinos finales.

Según el autor Hernández Príncipe se celebraba una fiesta de la capacocha cada cuatro años con cuatro individuos de cada suyu de 10 o 12 años. Se llevaba a los niños y niñas a los lugares sagrados, muchos de los cuales se encontraban en *apus* o cumbres de montañas, a gran altitud. Se les daba comida y bebida, eran adormecidos con chicha y se les enterraba, junto a las ofrendas, en unas oquedades al efecto, donde morían. El sacrificado era un privilegiado, pues gozaría de un lugar destacado junto a los dioses. La muerte no era una tragedia sino una pérdida natural ya que en el momento de morir el individuo revivía en un nuevo nacimiento[59].

---

59 Silvia Quevedo K. y Eliana Durán, S., p. 200.

Los sacrificios que se hacían anualmente eran a los dioses Viracocha, Inti o Illapa, pero sobre todo al dios Sol. Según Guamán Poma de Ayala se ofrecían 500 niños en diciembre y 500 en junio[60]. También se daban ocasiones de sacrificios que eran especiales, extraordinarios, debido a las guerras, al inicio o a la finalización de alguna obra o a la muerte del Inca. Cuando Huayna Capac murió se sacrificaron más de 1.000 individuos de todas las edades. Con la muerte de Pachacatec Inca Yupanqui se sacrificaron 1.000 niños de 5 o 6 años y hombres y mujeres. En las ceremonias de investidura de los reinados, ahogaban y enterraban a 200 niños de cuatro a diez años[61]. Ahí es nada.

60 Limón Olvera, S., p. 26.
61 *Ibid.* p. 27-28.

2

EMPEZANDO POR UN FINAL. PEDRO DE URSÚA Y LOPE DE AGUIRRE

Pedro de Ursúa, así se llamaba uno de los protagonistas principales de esta historia. Muchos de los que lean esto no sabrán quién era. Otros le conocerán sobre todo por su aventura en el Dorado con Lope de Aguirre. Ursúa el *caballero*[1], en palabras de Julio Caro Baroja. Ursúa, un ejemplo de caballero del Renacimiento, el guerrero, el gran diplomático. Veamos cómo le presenta en su relación Francisco Vázquez[2]:

Fue el Gobernador Pedro de Ursúa de nación navarro. Era caballero y señor de la Casa de Ursúa, hombre de gran habilidad y experiencia en los descubrimientos y entradas de indios. Descubrió y pobló el Nuevo Reino de Granada, la ciudad de Pamplona, anduvo en la conquista de los muços y los pobló y anduvo por capitán en la jornada de tairona y en otras partes del dicho Nuevo Reino y en el Nombre de Dios y Panamá, le encargó el Marqués de Cañete la guerra contra los negros cimarrones que hacían gran daño en aquella tierra, la cual hizo con tan buena maña y solicitud que destruyó y prendió y mató a muchos de los dichos negros y a los demás dejó tan escarmentados y medrosos que por muchos días no osaban hacer más daño.

---

1 Caro Baroja, J., p. 123.

2 Soldado de la expedición, junto a Pedrarias de Almesto.

Todas estas campañas se explicarán en capítulos posteriores. Tiempo al tiempo. Sigamos.

> *Y acabada esta guerra pasó a Perú en fin del año de mil y quinientos y cincuenta y ocho años y habiendo entendido el dicho Marqués de Cañete su valor y habilidad le encargó la jornada del Dorado con otras muchas provincias y tierras comarcanas de que se tenía gran noticia en los reinos del Perú, así por las grandes cosas que dijo haber visto el capitán Orellana y los que con él vinieron desde el Perú por este río del Marañón abajo donde decían que estaban las dichas provincias, como por lo que dijeron ciertos indios brasiles que desde su tierra subieron por este río arriba descubriendo y conquistando hasta que llegaron al Perú al tiempo que estaba en él de Presidente Lagasca*[3].

Después de sus campañas en el Nuevo Reino de Granada y en Panamá su fama había subido como la espuma, aunque no así sus dineros. Los frailes se iban de los monasterios para irse con él, los clérigos de aquellos pueblos le daban sus haciendas:

> *que uno le dio seis mil y otro tres mil y otro por venirle a buscar gastó cuatro o cinco mil pesos y le venía haciendo gente por los caminos*[4] y se venían con él casados con sus mujeres e hijos y vendían lo poco o mucho que tenían[5].

Ursúa se embarcó en aquella jornada porque llevaba obsesionado con el Dorado un buen tiempo, desde que había salido de aquellos montes del Baztán, pero muchas de las personas que fueron con él no serían de fiar. Y entre todas ellas destacó Lope de Aguirre, el *Tirano*, el *Loco*, el *Cruel*, o como llegó a firmar la

3 Vázquez, F., p. 1 y 2.
4 Es decir, reclutando gente.
5 Almesto, P., p. 57.

carta el propio Lope en la que se responsabilizaban de la muerte de Ursúa, el *Traidor*[6].

Aguirre fue una de las primeras personas que murieron por la causa de la independencia de América de la Corona española, pero no fue el único que luchó por ella. Hubo muchos otros que pensaban que se habían jugado el cuello en la conquista del Perú para que ahora llegaran allí unos cuantos chupatintas a robarles lo que era suyo. Aguirre no se escondió y en cartas a Felipe II le dijo lo que le tenía que decir, en un estilo socarrón. El vasco no se fiaba ni un pelo del rey y de sus ministros *porque ya de hecho hemos alcanzado en estos reinos cuán cruel eres, y quebrantador de fe y palabras; y tenemos en estas tierras tus perdones por de menos crédito que los libros de Martín Lutero*[7].

Sabía que no había marcha atrás. Aquellos Austrias no se andaban con faroles, así que no le quedaba otra que una huida hacia delante. Un órdago a la grande.

Por cierto, tengo que van pocos reyes al infierno, porque sois pocos; que si muchos fuérades, ninguno pudiera ir al cielo, porque creo allí seríades peores que Luzbel, según tenéis sed y hambre y ambición de hartaros de sangre humana; mas no me maravillo ni hago caso de vosotros, pues os llamáis siempre menores de edad. Y así, rey y señor, te juro y hago voto solemne a Dios de que yo y mis doscientos arcabuceros marañones, conquistadores, hijosdalgo, de no te dejar ministro tuyo, porque ya sé hasta dónde llega tu clemencia[8].

Debía ir a sangre y fuego. Y lo intentó. Aguirre no hablaba por a hablar. En la jornada del Dorado y los Omaguas[9] capita-

6 Ispizua, S., p. 215.

7 *Ibid.* p. 300.

8 *Ibid.* p. 301.

9 Este era el territorio ocupado por los indios omaguas, en el cauce medio del Amazonas, del que ya habían hablado Orellana y Gonzalo Pizarro en su jor-

neada por el gobernador Pedro de Ursúa, que no vamos a contar aquí porque es de sobra conocida y existe una abundantísima bibliografía sobre ella, el vasco Aguirre y sus marañones, como él los llamaba, empezaron aquella empresa independentista y de extrema violencia. El primero que cayó, quién si no, Don Pedro de Ursúa.

Fue este mal gobernador tan perverso, ambicioso y miserable, que no lo pudimos sufrir; y así, por ser imposible relatar sus maldades, y por tenerme por parte en mi caso, como me ternán, excelente Rey y Señor, no diré cosa más de que le matamos; muerte, cierto, bien breve.

Breve porque entraron en su tienda y lo ensartaron sin compasión. Miren ustedes cómo lo relata Pedrarias de Almesto, amigo de Ursúa, que estaba allí mismo –o eso decía él–. Pedrarias tuvo suerte porque por dos veces en aquella jornada estuvo a punto de morir a manos de Aguirre y se salvó por los pelos. No pasó lo mismo con el navarro, que acabó bajo tierra antes de tiempo entre otros por el Tirano.

Y al cabo destos tres días procuraron de poner en efecto los traidores su gran maldad y traición y, una noche, estando el gobernador sentado en una hamaca, entraron de golpe por la puerta y llegaron donde estaba Pedro de Orsúa y diciendo:

–Beso las manos a vuestra merced.

Respondió el gobernador:

nada de la Canela –se puede leer en la relación que escribió Fray Gaspar de Carvajal– y también otros indios brasiles que habían llegado al Perú. Aquellas riquezas de los Omaguas se asociarían con el Dorado. La expedición a Omagua se compuso de 300 españoles, muchos esclavos y esclavas negros y muchos criados y criadas indígenas. Serían en total unas 1000 almas, que contaban con unos 300 caballos, 300 arcabuces, 40 ballestas y mucha munición de plomo, pólvora, azufre y otros pertrechos de guerra. Del Campo, L., p. 339.

– *¿Qué es esto,* ¿a tal hora por acá, caballeros?
Y un Juan Alonso de la Bandera respondió:
–Agora lo veréis, y dióle una estocada por los pechos.
Y el gobernador diciendo:
– ¿Qué traición es esta?
Acudió el don Fernando y dióle una puñalada y luego acudieron los demás, que eran un Martín Pérez de Sarrondo y un Miguel Serrano y un Villena y otro que se decía Miranda, que era mulato y un Alonso de Montoya, que este había sido en otros dos motines y se los había perdonado el gobernador. Estos fueron los que entraron dentro a matarle.

Los que quedaron guardando las puertas fueron Lope de Aguirre y Lorenzo Zalduendo y un Juan de Vargas y otros cuatro o cinco que me dijeron que habían sido en ello porque yo, cuando entraron a matar al gobernador, estaba hablando con él; y lo mismo me hicieran a mí si no fuera por uno dellos, que era Villena, que me defendió, y así me sacaron preso y desarmado. Y como acabaron de matar al gobernador salieron diciendo: «¡Viva el rey!, caballeros, que muerto es el tirano[10]».

Su asesino, Juan Alonso de la Bandera, diría después:

Por Dios, que tenía los cueros blandos, que se le entraba la espada como quien la mete por una masa[11].

Ya decía Almesto que la gente del Perú tenía más dobleces que la que en otras partes vivía[12]. En fin, sigamos con Aguirre, que continuaba con su información al *excelente* rey de lo que después pasó:

---

10 Almesto, P., p. 73-74. Los doce conjurados le dieron unas 40 estocadas.
11 *Ibid.* p. 77.
12 *Ibid.* p. 61.

Y luego a un mancebo, caballero de Sevilla, que se llamaba Don Fernando de Guzmán, lo alzamos por nuestro rey y lo juramos por tal, como tu Real persona verá por las firmas de todos los que nos hallamos allí, que quedan en la isla Margarita en estas Indias; y a mí me nombraron por su maestre de campo; y porque no consentí en sus insultos y maldades, me quisieron matar, y yo maté al nuevo rey y al capitán de su guardia, y a su teniente general, y a cuatro capitanes, y a su mayordomo, y a su capellán, clérigo de misa, y a una mujer de la liga contra mí, y a un comendador de Rodas, y a un almirante y dos alférez, y otros cinco o seis aliados suyos, y con intención de llevar la guerra adelante y morir en ella, por las muchas crueldades que estos vuestros oidores usan con nosotros; nombré de nuevo capitanes y sargento mayor, y me quisieron matar, y yo los ahorqué a todos *[...] Lope de Aguirre, el Peregrino*[13].

Ursúa no era como Aguirre, no. Al vasco todo aquello se le había ido de las manos hacía tiempo. En la relación de Pedrarias de Almesto hemos podido contar 55 muertes en las que estuvo implicado Aguirre. No, Ursúa no era como Aguirre, pocos lo eran, aunque en aquellos tiempos como veremos más adelante las crueldades estaban a la orden del día. Sin embargo, tampoco se puede decir que Ursúa era un angelito.

Era mancebo de treinta y cinco años cuando le mataron. De mediana estatura y de complexión delicada. Tenía los miembros bien proporcionados al tamaño de su persona. Tenía el rostro alegre y hermoso. La barba taheña[14]*, bien puesta y poblada. Era gentil hombre, aunque mediano. Tenía buena plática y conversación. Mostrábase afable y compañero con sus soldados. Preciábase de andar pulido y aseado y éralo él de su condición. Tenía mucha grada en todas sus cosas, especialmente en sus palabras, con las cuales era tan*

13 Ispizua, S., p. 305.
14 Roja.

persuasivo que con ellas traía a su voluntad a los que comunicaba. Trataba bien y comedidamente a sus soldados, mostrándose en castigarlos más benigno que áspero y cruel [...][15].

Sin embargo, de repente, cuando llegó al Perú, apareció Inés en su vida. Una mulata que se decía era la más bella del Perú y que trastocó los corazones de ciertos hombres, incluidos cuatro de los que quitaron la vida a Ursúa, y que enamoró a éste parece que obsesivamente. Ursúa no sabía si llevarla a la jornada o no por la experiencia que se tenía de llevar mujeres a aquellas entradas, ya se sabía que las mujeres podían crear problemas entre hombres ávidos de hembras. Quedó claro que habría sido mejor no llevarla, como dijo Pedrarias de Almesto, *para su ánima como para el cuerpo, que lo pagó*[16].

Según Juan de Castellanos[17], Don Pedro cambió en aquella jornada del Dorado. Según Francisco Vázquez se volvió más desconfiado y melancólico. Muchos decían que por aquella mujer, otros, que estaba enfermo[18]. El caso es que se llevó a Inés a la expedición –no sólo él, también iba en aquella aventura la pobre hija de Aguirre y otras mujeres– y ella se convirtió en una excusa más para cortarle el pescuezo al gobernador. Como efecto colateral, que diríamos hoy, también se rebanó el cuello de la dama[19]. Ursúa estaba desatendiendo lo importante, al inicio de

15 Aguilar Y Córdoba, Diego. *El Marañón*, Libro I, capítulo 26, f. 121 a 124. (1578). Ms. nº 216 de la Biblioteca de la Universidad de Oviedo. Citado en VIÑES, H., p.399.

16 Almesto, P., p. 58.

17 Soldado que se pasó después a canónigo.

18 Según la tesis de Luis del Campo, Ursúa estaba enfermo de paludismo crónico. Del Campo, L., p. 328.

19 Inés fue asesinada por Antón Llamoso en mayo de 1561, que después huyó y sería ejecutado en la Pamplona colombiana. Fue descuartizado y sus cuartos fueron exhibidos por los caminos. Aguirre se quitó de en medio a Inés quizá porque su hermosura pudiera embelesar a algún otro marañón y supusiera un peligro para él, quizá para no crear más peleas entre los hombres.

la jornada estaba, en palabras de Almesto, *tan embelesado que cuando trataban con él no daba respuesta a propósito, sino fuera de camino*[20]. Se dedicaba a vanos amoríos cuando lo que debía hacer era velar por el buen fin de los marañones.

> *Lo primero dio en ser codicioso y parecíalo mucho, aunque en casos donde era menester era largo en dar y mucho más en prometer. Especialmente cuando tenía necesidad de alguna persona, hacíale grandes ofertas y caricias y en alcanzando lo que quería no cumplía nada de lo prometido. Y aunque este vicio es común en los capitanes de Indias en él era natural [...] decía algunas veces medio burlando que lo que él daba era prestado y lo que a él le prestaban era dado y, diciendo esto burlando, se aprovechaba de ello de veras [...] Fue algo ingrato con sus amigos y con los que le habían acudido y servido. Usaba con los enfermos de poca caridad [...] Guardaba los enojos por mucho tiempo [...] que no estaba en su juicio. De donde se infiere que estos vicios fueron adquiridos en la compañía de su amiga con quien iba tan embebecido y de quien se mostraba tan enamorado*[21].

Por aquella linda mulata, por estar enfermo, por desatender lo que no tenía que desatender, por meterse en la selva con muchos hombres a los que poco les importaba nada más que sí mismos, y sobre todo por tener la mala fortuna de coincidir con un tipo como Lope de Aguirre, Ursúa perdió la vida[22]. Bueno, él y muchos otros, porque aquella expedición fue una verdadera carnicería.

Suponemos que aquellos que no sepan la historia de esta dramática jornada querrán saber cómo terminó el propio Lope. *¿Cómo creen? Pues sí, como casi todos.*

---

20 Almesto, P., p.67.

21 Citado en Viñes, H., p. 399

22 Sería enterrado por orden de Inés de Atienza, que haciendo frente a los insultos de muchos consiguió que unos negros cavaran un hoyo profundo donde depositaron los cuerpos de Ursúa y su teniente.

Aguirre y los suyos salieron del rio Orinoco, pasaron a la isla Margarita, de allí se dirigieron a Burburata y por último a Barquicimeto, donde había gente del rey esperando para prenderles. Después de muchas vicisitudes, terminaron acorralados en una casa cercada de tapias, donde Aguirre se hizo fuerte. Rodeados de soldados que no les dejaban hacerse con comida, el gobernador Pablo Collado dejaba por allí papeles para que supiesen los rebeldes que si se rendían antes de entablar batalla serían perdonados. La gente que acompañaba al vasco Aguirre, viendo que iban a morir, desertaron de las filas del tirano y empezaron a escabullirse de allí como podían. Aguirre, que se veía solo, pensaba que sería muerto por sus propios compañeros, algo que no era para nada descabellado teniendo en cuenta lo que él mismo había hecho con los demás[23].

Su intención era salir de allí como fuera y coger el primer barco que pudiera para desaparecer con su hija en dirección a Francia, según Pedrarias. Como ya no se fiaba de nadie empezó a desarmar a la gente del fuerte, que le suplicaban que no lo hiciera porque, si no tenían armas ¿con qué se iban a defender?

– Pues mátenme y tomen todas sus armas, que bien veo que tengo que vivir poco, les decía Aguirre[24]. Al final no quedaron allí ni veinte hombres, rodeados, como decimos, por las fuerzas del rey.

– Hija, yo te quiero matar. Por eso, encomiéndate a Dios.

---

23 Como dijimos antes sólo en la relación de Pedrarias de Almesto hemos contado 55 personas que mueren por orden de Aguirre. Un ejemplo de su relación: *En este tiempo que estuvimos en este pueblo haciendo la jarcia y velas y más telas tardamos diez días; y un día Lope de Aguirre comenzó a decir que tenía grandes bascas en el estómago y que debía de haber algún motín contra él. Hacía aquellos embustes, que no porque a él le dolía nada. Y una mañana madrugó y colgó de la proa de un navío a un flamenco y no tuvo qué decir por qué lo mataba y decía: –«Este, siendo flamenco, no podía dejar de ser luterano», y reían esto muchos por gracia* (Almesto, P., p. 94).

24 Almesto, P., p. 110.

– ¡Oh padre mío, por amor de Dios![25]

Aguirre quiso dispararla con un arcabuz, pero ella, valiente, se lo quitó, así que el Loco empezó a apuñalarla, matándola allí mismo.

Entró en el fuerte la gente del rey, porque sabían que Aguirre estaba solo con su hija muerta. Entonces pudieron observar una imagen digna de una tragedia clásica. Aguirre estaba sentado en un camastro de cañas[26] con la hija muerta a sus pies. No procuró defenderse, sino que dijo:

– Señores, no me matéis[27].

¿Después de matar a su propia hija qué podía esperarle sino la muerte? Le tiraron dos arcabuzazos, pero Aguirre al primero que le tiraron dijo:

– Ese no es bueno[28].

Así que le dieron otro y lo mataron. Después le cortaron la cabeza y se la llevaron por la posta al gobernador Pablo Collado[29].

ꟹ ꟹ ꟹ*

Como pueden ver ustedes, hemos empezado esta historia por el final de Ursúa. Era la noche del dos de enero de 1561 cuando murió, después de llevar algo menos de dos décadas en las Indias.

Retrocedamos. Vayámonos a Navarra, al valle del Baztán, donde había nacido Don Pedro[30] en el seno de una familia que tenía acceso a honras y mercedes en el antiguo Reino de Navarra.

---

25 *Ibid.*

26 En el texto de Pedrarias de Almesto se dice que estaba sentado en una barbacoa.

27 Almesto, P., p. 111.

28 *Ibid.*

29 *Ibid.*

30 Zudaire Huarte, E., p. 149.

Figura 2. Canibalismo en el Nuevo Mundo. Ilustración de canibalismo en la edición de *Mundus Novus* impresa en alemán en Augsburgo en 1505.

Su padre fue Tristán de Ursúa, del Baztán. Había nacido sobre 1488 y regía el palacio de los Ursúa, en Arizcun. Tristán casó con Leonor Díez de Aux y Armendáriz[31], con la que tuvo tres hijos. El hermano mayor de Pedro se llamó Miguel. El pequeño, Tristán[32]. Por eso, quizá, pasó Pedro a las Indias, por ser el segundogénito de los niños. Miguel quedó como el señor de las posesiones de la Casa en Navarra.

Cuando Pedro nació Navarra llevaba poco tiempo formando parte de la Monarquía de Carlos V. Había sido conquistada en 1512 por Fernando el Católico en lucha contra la Francia de Luis XII. He aquí otra guerra, contemporánea a la conquista de

31 Para ello necesitaban una dispensa papal que les librara del impedimento de consanguinidad, bula que fue redactada el 29 de agosto de 1514. Armendáriz era una villa perteneciente a la sexta merindad o baja Navarra, situada en la vertiente norte de los Pirineos o ultrapuertos, que hoy pertenece a Francia.

32 Zudaire Huarte, E., p. 151.

América, de la que no habíamos hablado. Una guerra más para curtir los corazones e insuflar más violencia en los castellanos. Detengámonos, aunque sólo sea un poco, en ella.

La Francia de Luis XII estaba presionando en Italia. Lo hacía en la zona del Milanesado y en Venecia, algo que el papa Julio II deseaba evitar como fuera. Una manera de hacerlo era abrir un nuevo frente en Francia que alejara a esta de Italia o que bajara su presión allí, por lo que empezaron los contactos entre Julio II y Fernando el Católico.

Fernando se alió con la Inglaterra de Enrique VIII. Fijaron su campo de operaciones en Guyena y acumularon efectivos en Guipúzcoa. Las tropas deberían salir hacia tierras galas desde Fuenterrabía, pero esa operación corría peligro si Navarra rompía su neutralidad y apoyaba a Francia.

Ahí es cuando empezó la intervención de Fernando en Navarra. Los reyes de Navarra, en aquel momento Catalina y Juan III de Albret, se decidieron por la alianza con Francia y establecieron un tratado secreto con Luis XII en julio de 1512.

Fernando, enterado de aquello, dio publicidad a aquel tratado, y utilizó genialmente la baza de la propaganda para aparecer ante la opinión pública como libertador de Navarra contra un príncipe cismático. Y es que Luis XII había montado el conciliábulo de Pisa y había fomentado la rebelión de la iglesia francesa contra el papa, por eso había caído bajo el anatema de cismático.

Fernando dejó claro que sólo permanecería en Navarra hasta que terminase la operación conjunta con Inglaterra. Sin embargo, a la vez le pedía al papa la bula de la excomunión de todos los del reino de Navarra y el señorío de Bearne que fuesen o estuviesen en ayuda del rey de Francia[33].

Los ingleses no conseguían organizarse bien en Vizcaya y Fernando concentraba lo mejor de sus tropas en Salvatierra, bajo

33 Menéndez Pidal, R. *La España de los Reyes Católicos (1474-1516).* Vol. II., p. 723.

el mando del segundo Duque de Alba. Contaba este con 15.000 o 16.000 infantes[34] que cruzaron la frontera en julio de 1512 y se plantaron con muy poca resistencia ante los muros de Pamplona. El Duque de Alba les conminó a rendirse si no querían que entraran a sangre y fuego, como se hacía con los cismáticos. Pamplona y el resto de las ciudades se rindieron en unas dos semanas, la gente prefería un gobierno bajo los reyes de Castilla en paz que no la anarquía reinante bajo la casa de Albret.

Luis XII enviaría tres ejércitos más para recuperar Navarra, uno de ellos bajo el mando del propio Albret. Alba y sus huestes se encerraron entre los muros de Pamplona dejando el reino a merced de los franceses. Resistieron el asedio un mes hasta que llegaron las tropas del Duque de Nájera, enviadas por el rey católico, que obligaron a los franceses a abandonar el sitio y marchar a Francia en noviembre de 1512[35]. En las Cortes de Burgos de 1515 formalizó Fernando la anexión a Castilla[36] de Navarra, en contra de los reyes navarros, declarados cismáticos[37].

Pues bien, la familia de los Ursúa formó parte del partido llamado los beamonteses. Cuando llegó la conquista de Navarra por los reyes de Castilla el otro partido, los agramonteses, fueron protegidos por los reyes de Francia y los beamonteses por Fernando el Católico y sus sucesores. Los Ursúa siempre estuvieron del lado de Castilla, en contra del partido francés, promoviendo la unidad de los reinos de los Reyes Católicos. Tristán de Ursúa

34 *Ibid.*

35 Los franceses intentarían reconquistar navarra tres veces más siempre en alguna crisis de la Monarquía castellana: una con el regente Cisneros, otra al poco tiempo de morir Fernando y otra con la revuelta de las Comunidades de Castilla, resultando todas fallidas.

36 A Castilla y no a Aragón, curioso. Aunque el padre de Fernando, Juan II de Aragón, había luchado mucho por su incorporación a la Corona de Aragón.

37 Menéndez Pidal, R. *La España de los Reyes Católicos (1474-1516).* Vol. II., p. 725.

fue el principal apoyo de Fernando el Católico en el valle del Baztán y sus alrededores. Él y los suyos participaron activamente en la sumisión de Navarra a Fernando el Católico[38]. La última fortaleza en contra de Fernando, Maya, fue atacada por el señor de Ursúa, entre otros.

Pedro de Ursúa pasó a las Indias por diversas causas. Sin contar la ya referida de ser el segundo de la familia, también entraron en juego la tradición, la sed de aventuras y suponemos que las noticias de oro de las Indias. Perú acababa de ser conquistada y las noticias de su oro actuaban como un imán en España, dejando yermas de brazos muchas tierras, lo que propició que las autoridades tuvieran que poner un control a la emigración[39].

Como muchos otros –un siglo después caería en la misma tentación un mítico corsario como Walter Raleight– Ursúa quedó prendado por las noticias fantásticas que llegaban del Dorado, lo que al fin y al cabo le costaría la vida.

No queda muy claro cuándo había nacido Pedro. Según Zudaire Huarte había nacido en 1520, por lo que habría llegado a Indias con 24 años, pero según Hortensia Viñes[40] nació en 1525, así que llegaría a las Indias con 18 años. Era, y esto sí está claro, un declarado realista, defensor de la Monarquía de Carlos V y su hijo Felipe II.

Ursúa salió en dirección a las Indias en 1543. Pasó por Cartagena, Santo Domingo y Nombre de Dios, hasta llegar con sus cartas de recomendación al Callao en agosto de ese año[41], pero rápidamente se fue a Cartagena para reunirse con su primo[42]

38 Caro Baroja, J., p. 125.

39 Del Campo, L., p. 55.

40 Viñes, H., p. 393.

41 Del Campo, L., p. 61. Según Zudaire, Huarte salió en la flota de abril de 1544 y llegaría en octubre de 1544 o en enero de 1545. Zudaire Huarte, E., p. 153.

42 Según los datos de Luis del Campo, Miguel de Armendáriz era el quinto hijo de Juan, hermano de su madre Leonor, que tuvo otros ocho herma-

Miguel Díez de Armendáriz, que le había pedido por carta que estuviera junto a él. Armendáriz había sido nombrado en Valladolid, el 22 de marzo de 1544, juez de residencia para Santa Marta, Nuevo Reino de Granada, Cartagena, Popayán y Río San Juan. En todos aquellos territorios debía introducir las Leyes Nuevas[43], que veremos más adelante.

Realmente Armendáriz no tenía ningún interés en salir de España[44], pero tuvo que aceptar su nombramiento como magistrado en los juicios de residencia de Montalvo de Lugo, Sebastián de Belalcázar, Pascual de Andagoya y Pedro de Heredia, así como a sus tenientes, oficiales y justicias, para suspenderles de oficio si procedía. Si fueran degradados, pasarían presos a España y arrastrarían en su desgracia a sus oficiales y a todos los que les habían apoyado.

Armendáriz se fue a Cartagena, donde se instaló antes de octubre de 1544. Tenía 37 años[45]. A nadie hasta ese momento se le había proveído como juez de residencia de tantas regiones, por lo tanto, gozaba de toda la confianza del Consejo de Indias, único tribunal de apelación a sus sentencias.

El juez se rodeó de capitanes que guardaran sus espaldas, entre ellos Ursúa, que con 19 años conocía el manejo de todas las armas. Convocó al cabildo de Cartagena para exigirle obediencia, y empezó el juicio de residencia del adelantado Pedro de Heredia.

En Cartagena, Armendáriz fue visitado por vecinos de Santa Marta y el Nuevo Reino de Granada. En las reuniones que mantuvieron le informaron que se sentían agraviados por las trope-

---

nos. Por tanto, sería primo de Pedro de Ursúa, siempre llamado así en los documentos oficiales por Miguel. Del Campo, L., p. 38. Julio Caro Baroja también piensa que no era su tío, sino su primo, y que había nacido en 1507. Caro Baroja, J., p. 127 y p. 138.

43 Ispizua, S., p. 147.

44 Del Campo, L., p. 64.

45 Del Campo, L., p. 67.

lías de Alonso Luis de Lugo y sus tenientes, insistiéndole mucho en que debía reparar todas aquellas injusticias que se habían hecho con ellos.

Alonso Luis era quien había gobernado Santa Marta. Esta villa había sido fundada por Rodrigo de Bástidas en 1525, después había sido gobernada por García de Lerma y más tarde por el adelantado tinerfeño Pedro Fernández de Lugo, quien se rodeó de una tropa de unos 1000 hombres entre los que destacaban su propio hijo Alonso Luis y Gonzalo Jiménez de Quesada. Alonso se fue a España con las arcas repletas de oro mientras Quesada en 1536 remontaba el río Magdalena y fundaba el Nuevo Reino de Granada. Después, Alonso volvió para recuperar los reinos que le pertenecían por herencia, actuando como un tirano y un déspota con los indios desde 1543, y mandando a la horca a todo aquel que protestaba[46].

Alonso Luis, con la llegada de Armendáriz, sabía lo que se le iba a venir encima, así que aceleró su regreso a España dejando en la gobernación a su deudo el teniente Montalvo de Lugo.

Alonso se rodeó de soldados para su viaje, pero en La Habana sería apresado. No tardaría mucho en salir de la cárcel, sería liberado poco más tarde a base de soltar oro a todo aquel que podía retenerle[47].

Como decimos, en Cartagena los vecinos apremiaban Armendáriz a ir a la gobernación de Montalvo de Lugo a hacer justicia y a residenciar a todos aquellos oficiales. Le dijeron que si el juez no podía ir personalmente sí podía enviar a alguien en su nombre, como su primo Ursúa. Armendáriz dudaba. Su primo era joven e inexperto, pero además para ejercer el cargo de juez de residencia y poder gobernar aquellos territorios había

46 Del Campo, L., p. 75.

47 Sería detenido después en España teniendo por cárcel *a veces su posada y otras todo Madrid* (Del Campo, L., p. 79). Después fue nombrado capitán general de 2000 o 3000 hombres de caballería en Córcega y en Milán, donde murió.

que tomar posesión ante los cabildos y contar con su beneplácito. No solían los jueces enviar a nadie a estos menesteres tan importantes y no podían los enviados administrar justicia[48]. Por tanto, Armendáriz, al enviar a su primo, actuaba de forma ilegal.

Al fin, Ursúa fue nombrado teniente general de su primo. Si no tenía experiencia, esta la suplía con valor y talento, aunque eso no lo sabía nadie por el momento. Le utilizaron, aunque él era consciente de ello y deseaba aquel reto. Estaba ávido de aventuras, aunque comprendía que esta misión iba a ser muy peligrosa porque iría contra gente armada y más numerosa que ellos, personas que gozaban de grandes privilegios y no querrían que se acabasen. Y por si fuera poco estaba el viaje en sí, un camino a través de selvas repletas de animales y nativos peligrosos, enfermedades, y muchas veces hambre.

Desde Cartagena debía llegar a Santa Fe de Bogotá[49]. El capitán de la expedición sería Ursúa, pero extraoficialmente quizá fuera el capitán Suárez Rendón[50]. También iban con el navarro el tesorero Pedro Briceño, el contador Juan Ortiz de Zárate y el obispo electo fray Martín de Calatayud.

Salieron en enero de 1545, por mar, y entraron con cuatro bergantines por el río Magdalena, en aguas infestadas de caimanes y de indios muy belicosos en sus márgenes. Después, debido al menor caudal del río tuvieron que seguir por tierra en dirección a Vélez[51]. Ahora además de peligrosos nativos se tendrían que encontrar a otros españoles más peligrosos aún. Los expedicionarios se preguntaron cómo podrían entrar en Vélez para no ser recibidos de forma violenta. Sabían que el único que legalmente podía ser recibido era el juez Armendáriz, que a sus tenientes no tenían por qué recibirles. Podían ser, como dice

48 Del Campo, L., p. 85.

49 Fundada por Gonzalo Jiménez de Quesada el 6 de agosto de 1538, Santa Fe era la capital y centro neurálgico del Nuevo Reino de Granada.

50 Del Campo, L., p. 86.

51 Había sido fundada en 1539.

Aguado, maltratados por Montalvo de Lugo, e incluso podían legalmente no recibir después al juez[52].

Entre todos decidieron que el obispo y los otros capitanes se quedaran rezagados y que fueran por delante Ursúa, Suárez Rendón, Briceño y algunos otros. El plan era que dieran a entender a todos que el juez quedaba atrás y que enviaba a su *sobrino* por delante para que fuera proveyendo lo necesario.

Los pueblos eran los que inclinaban la balanza a un lado o a otro de los gobernantes. Como dice Luis del Campo *resultaba preferible tolerar la autoridad enriquecida y harta, que la incierta venidera, generalmente flaca y hambrienta*[53]. Sin embargo, Alonso Luis de Lugo había traspasado ya, como diríamos hoy, muchas líneas rojas, y el pueblo en las tres urbes más importantes del Nuevo Reino de Granada no veía mal un nuevo representante y gobernador del rey.

Cerca de Vélez sufrieron un ataque de indios en el que murieron cinco esclavos negros y tuvieron varios heridos por dardos. El grupo de Ursúa se adelantó, entró en la villa y convocaron al cabildo. Presentó el navarro sus credenciales y estas fueron aceptadas entre otras cosas porque comprobaron que venía después el grueso de la expedición con muchos frailes jerónimos y un obispo, cosa nunca vista por aquellos lares.

Ursúa se había percatado que el éxito radicaba en la rapidez así que pasó a toda prisa a Tunja, donde también fueron bien recibidos. Estuvieron allí sólo dos días con la intención de pasar a Santa Fe de Bogotá lo más rápidamente posible para que nadie se les adelantara y avisaran a Montalvo o al capitán Luis Lanchero, que allí residían.

Iban a meterse en la boca del lobo, pero si conseguían la transferencia de poder en Bogotá tendrían en sus manos la go-

52 Del Campo, L., p. 89.
53 Del Campo, L., p. 89.

bernación del Nuevo Reino de Granada, se la usurparían a Alonso Luis de Lugo y a su teniente Montalvo de Lugo.

En el camino hacia Bogotá la comitiva se encontró con unos españoles comandados por el capitán Pedroso, que habían salido de la ciudad. Ursúa los persuadió para que se unieran a ellos. Montalvo se preparaba para salir en una expedición en busca del Dorado. Ursúa y Pedroso convinieron que este último y los suyos se adelantaran y no dejaran salir a Montalvo de la ciudad, aunque nadie debía saber que los de Ursúa venían por detrás. Debía ser Montalvo el que trasfiriera los poderes al teniente de Armendáriz. Pedroso y los suyos entraron en la ciudad y retuvieron a Montalvo, por lo que la comitiva del navarro entró de día, sin esconderse[54].

Según Juan de Castellanos, Ursúa dijo:

> *¿Quién es de vuestras mercedes el señor capitán Luis de Lanchero?*
> *Y él respondió: Señor, así me llamo, mande vuestra merced en que yo sirva;*
> *y el Ursúa, después de conocido, se le llegó disimuladamente y quitóle la vara de mando*[55].

Un jovenzuelo quitándole la vara de mando a un *baquiano*[56], a todo un veterano de Indias. Lanchero no se iba a dejar doblegar tan fácilmente, y anotaría este día esperando venganza.

---

54 Dirá después Montalvo por carta al emperador Carlos V que Ursúa entró de noche a tomarle las varas y que había puesto pena de muerte a quien le avisase. Replicará Armendáriz que si los hubiesen visto no habrían entrado y que su primo pudo realizar la tarea encomendada porque entró en las tres ciudades de Tunja, Vélez y Santa Fe *de improviso*. Del Campo, L., p. 91.

55 *Historia del Nuevo Reino de Granada*. Tomo I. Citado en Del Campo, L., p. 95.

56 Veterano aclimatado a la tierra, todo lo contrario de un *chapetón*, un recién llegado, que muchas veces tendría muy pocas posibilidades de sobrevivir.

Montalvo respondió que ellos no tenían por qué obedecer a nadie que no fuera el juez Armendáriz, pero no fue respaldado por todo el cabildo. Muchos otros temieron que después se presentase el juez y aceptaron lo que Ursúa les pedía.

El navarro arremetió contra Montalvo, le quitó la vara, lo prendió, secuestró sus bienes y le envió preso a Cartagena, donde se encontraba el juez[57]. Lanchero fue encadenado y puesto a tormento en Santa Fe, aunque consiguió escapar de la horca.

En mayo de 1545 Ursúa se hizo con la gobernación como teniente de Armendáriz del Nuevo Reino de Granada. Se apropió de la casa de Montalvo, una morada nueva, todavía sin estrenar, y desde allí empezó a dirigir la gobernación.

Al llegar Ursúa en Bogotá existían dos facciones. Una era la de Alonso Luis de Lugo y otra la de los Quesada, llamados los *caquecios,* porque entraron en el reino con Federman atravesando el territorio de los indios llamados así. Una noche la casa de Ursúa ardió y este tuvo que salvarse arrojándose por la ventana. Así se hacían las cosas allí. Decían que tenía a todos alterados dando y quitando indios a su antojo. Como represalia Ursúa encerró a algunos caquecios, aunque no promovió averiguaciones sobre el incendio. Parece que Ursúa fue un hombre equilibrado a la hora de gobernar, que no pretendía atesorar muchas riquezas[58].

Por otra parte, también se dio cuenta de que había mucha gente en contra de las Leyes Nuevas –hablaremos de ellas más

57 Esta es la versión de Aguado. Otros cronistas afirman que Montalvo y Lanchero fueron presos. Citado en Del Campo, L., p. 95.

58 Claro está que Ursúa, como todos, quería oro. Después de que le prendieran fuego a la casa se dedicó a expoliar sepulcros de los nativos, como hacían allí muchos. Se había hecho a través de su primo con un tercio de la encomienda de Montalvo, algo que estaba prohibido por las Leyes Nuevas. El Consejo de Indias estableció que las encomiendas estaban prohibidas y que los tributos de aquellos indios debían pasar al Rey. Ursúa obedeció, pero se hizo con otras encomiendas.

detenidamente en capítulos posteriores– y que no podían ejecutarse a rajatabla, algo que parece que sí había hecho su primo en Cartagena[59]. Como Belalcázar en Popayán, y en contra de lo que le aconsejaba su primo, Ursúa admitió las súplicas de los interesados y nombró procurador para que pasara a la corte a defenderlos.

En el Perú se estaba librando una guerra civil por aquellas leyes entre los partidarios del virrey Blasco Núñez y Gonzalo Pizarro. Ursúa creyó que era mejor contemporizar con las Nuevas Leyes hasta que llegara allí su primo. También en el Nuevo Reino de Granada las cosas estaban tensas. Según fray Martín de Calatayud *a dos dedos de resbalar en los inconvenientes del Perú con la noticia de las Nuevas Leyes*[60].

El navarro quería salir de allí. Tanta burocracia le aburría, necesitaba acción. Los sucesos del Perú no hacían más que salpicarle y eso le motivaba. El virrey Blasco Núñez había pedido a través de un capitán de Belalcázar que Ursúa le enviara refuerzos. Ursúa hizo pregonar el socorro de las fuerzas realistas contra Gonzalo Pizarro. Acudieron a su llamada muchos capitanes y hombres principales del reino, que se pusieron bajo el mando de Melchor Valdés. Sesenta soldados se dirigieron al campo realista aunque no llegaron a tiempo de sacar las espadas porque cuando estaban cerca de allí se enteraron del resultado de la batalla de Añaquito –10 de enero de 1546– en la que el virrey había perdido la cabeza. Valdés y sus hombres regresaron. Ursúa debió pedir a su primo más hombres para ir él mismo a la guerra, pero este le contestó que se quedara allí hasta que él llegara. Allí permanecería todo el año de 1546.

Mientras, Armendáriz concluyó el juicio de residencia de Pedro de Heredia en Cartagena y se retiró a Santa Marta, donde recibió a La Gasca en su propia casa. Había sido enviado este

59 Del Campo, L., p. 123.
60 Del Campo, L., p. 101.

desde España a resolver las cosas del Perú. Por el momento iba sólo, sin ningún ejército que le respaldara.

Armendáriz partió hacia Bogotá en julio de 1546. Escribirá después que la tierra estaba alterada, aunque su primo había conseguido sujetarla. Debía guardarse de establecer allí las Leyes Nuevas. Le amenazaban con terminar como el virrey, sin cabeza, y también con que Montalvo levantaría gente contra él. Tenía en su casa, día y noche, una guarda de 18 españoles[61].

Inició la residencia de Montalvo de Lugo y los tenientes y oficiales de Alonso Luis de Lugo. Fue muy estricto en el caso del incendio de la casa de Ursúa. A Luis Lanchero se le daría tormento por ello.

La Gasca le pidió a Armendáriz cuatro piezas de artillería y que no dejara salir a la gente del reino si no era hacia santa Marta y Nombre de Dios. Debía reclutar soldados y mantenerlos entrenados para juntarlos con algunos que le enviaba él. Más tarde le ordenaría que diera soldados a Belalcázar[62] y después que este y Armendáriz fueran con su gente a Quito *sin hacer daño a la tierra*. Irían sólo los que quisieran hacerlo voluntariamente, así La Gasca sabría quien estaba con él y quien no[63].

Ursúa salió con 250 hombres en ayuda de La Gasca pero poco después se les ordenó que volvieran y se licenciaran las tropas. Luego se le volvió a pedir ayuda a Armendáriz, pero a veinte de diciembre el juez no sabía en qué tenía que ayudar a La Gasca, así que Ursúa volvió a salir con cien hombres a esperar órdenes a cien leguas de Quito. El navarro, comportándose más como un baquiano que como un *chapetón*[64], había solicitado mercedes por adelantado. ¿Por qué? Porque había intuido que el ejército de Pizarro se desharía rápidamente y él no entraría

61 Del Campo, L., p. 119.

62 Este había sido prisionero de Gonzalo Pizarro y le había dejado libre con la condición de que no se sublevara contra él.

63 Del Campo, L., p. 127.

64 Ver nota 116.

en combate[65].De diciembre de 1547 a abril de 1548 Ursúa y sus hombres formarían parte de las fuerzas reservistas de La Gasca, pero sin entrar en batalla.

Hasta aquí hemos hablado de muchas personas y acontecimientos que suponemos no serán muy conocidos para los lectores. Las Leyes Nuevas. El virrey Blasco Núñez. Gonzalo Pizarro. La Gasca. ¿Quiénes eran? ¿Qué estaba pasando? Debemos retroceder un poco más en el tiempo. Viajaremos un poco más al Sur, al Perú, y a la llegada allí de los hombres barbudos.

65 Del Campo, L., p. 128.

3

CAJAMARCA. PIZARRO CONTRA ATAHUALPA. LA CONQUISTA DE UN IMPERIO

Los primitivos habitantes del Cuzco se dividieron en dos clanes o *ayllus*[1]. Lo más probable es que se efectuara una división entre el bajo y alto Cuzco, y que estos últimos fueran los que se expandieran más que sus vecinos. A principios del siglo XV gobernaba Viracocha Inca. Estaba en guerra contra los chancas, sus vecinos, y también sufría pugnas internas por el poder.

La época histórica del Perú comienza con Pachacútec Inca Yupanqui (1438-1471), que fue el Inca –el hijo del Sol– que consiguió derrotar a los chancas, sus grandes enemigos, alcanzando el poder supremo representado en la *mascapaicha* o borla que llevaba sobre la frente.

Pachacútec empezó la expansión de una forma bastante cruel. Decretaba el destierro de pueblos enteros conquistados –llamados *mitimaes*– para así evitar rebeliones. También, los curacas o caciques de las regiones conquistadas debían dejar en el Cuzco a sus hijos, con lo que el Inca se aseguraba la fidelidad de aquellos pueblos. Pachacútec fue el principal ordenador del Cuzco hasta que llegó su sucesor, Túpac Yupanqui (1471-1493), que consolidó el poder inca llegando hasta Quito y Chile, donde fue frenado por los araucanos. Huayna Cápac (1493-1525) ter-

1 Formación comunitaria endógena basada en lazos de sangre cuyo líder era el curaca y que tenían un ídolo como deidad llamada *huaca*, protectora de la comunidad.

minó la conquista del Norte, llegando al golfo de Guayaquil y a la isla de Puná. Para él, aquellas conquistas eran justas, y las explicaba como un modo de apartar a aquellos pueblos bárbaros de las fronteras de prácticas denigrantes, como el canibalismo o el incesto.

Entonces surgieron en el Tahuantinsuyu[2] revueltas regionales, acompañadas de agitaciones en la capital entre distintas facciones nobiliarias, llamadas Hurin y Hanan Cuzco. Así mismo, empezó la rivalidad entre quiteños y cuzqueños por la creciente importancia de Quito y el abandono de la capital del Inca, aunque en teoría debía tener residencia fija en el Cuzco.

La muerte de Huayna Cápac dejó abierta la guerra civil entre los dos hermanos de padre. Por un lado, el cuzqueño Huáscar, apoyado por los nobles de Hanan Cuzco, que fue quien heredó la borla. Por otro, Atahualpa, de Quito. Huáscar era un cortesano, sin casi ninguna formación militar. Por el contrario, Atahualpa tenía más conocimientos militares que su hermano, era el líder del ejército de la frontera Norte. Atahualpa quedaba en Quito como gobernador, subordinado a su hermano, esperando su momento. El de Quito aguantó en paz hasta que tuvo las fuerzas suficientes para plantarle cara a Huáscar y empezó la contienda, en la que salió vencedor. Pudo contar con cuatro generales expertos para ello: Quizquiz, Rumiñahui, Ucumari y Calcuchímac. Se disponía a ser entronizado como Inca en Cuzco[3], cuando tuvo noticias de los españoles.

En la guerra civil de los incas hubo, como en todas las guerras, atrocidades por ambos bandos. Las prácticas aterrorizantes como forma de conseguir grandes territorios eran algo normal en Europa y en América. Los incas basaron su poder en estas

2 El Tahuantinsuyu constaba de cuatro partes: el Chinchasuyu al noroeste de Cuzco, el Antisuyu al Norte, el Contisuyu al Sur y el Collasuyu al Este y al oeste.

3 En el momento de la conquista debía tener unos 100.000 habitantes. V.V.A.A. *Gran Historia Universal. Vol. XIV.*, p. 162.

prácticas violentas, lo que al final precipitó su caída. Asesinaron a muchas personas de las poblaciones conquistadas del Tahuantinsuyu, sacrificaron a muchas víctimas y bebieron chicha en sus cráneos.

En el bando español, la forma de hacer la guerra en las Indias en la década de 1530 era la misma que se había hecho en las Canarias y la que se había ejecutado desde 1493 en La Española. La superioridad militar técnica, táctica y estratégica de los castellanos era manifiesta. Los indígenas se oponían a los españoles con piedras, garrotes, dardos, lanzas y tiraderas, frente a arcabuces, lombardas, caballos, espadas, lanzas y rodelas.

La caballería estaba posicionada en el eje central de la hueste[4]. Era lo más importante, ya que los indígenas no poseían defensa para ella. Después, las prácticas aterrorizantes cobraban relevancia. Era una guerra psicológica. Por último, también era primordial la captura del jefe local, algo que ya se había dado en las Canarias y en La Española con la captura del cacique Canoabo, quien fue apresado, torturado y ejecutado para facilitar el sometimiento de su pueblo.

Los españoles usaron estas tácticas debido sobre todo a su gran inferioridad numérica en aquellas lejanas tierras. Eran estratagemas generalizadas desde la antigüedad. Quemaron indios, los decapitaron, los cercenaron y los agarrotaron cuando se pensó que era necesario, aunque no se quiso nunca su exterminio. Por ejemplo, tras la batalla de Cajamarca muchos hombres presionaron a Pizarro para que ejecutara a los prisioneros, pero según López de Jerez, Pizarro se negó a tal barbarie[5]. Los españoles oscilaron entre el horror y la compasión, y utilizaron el terror extremo a cuentagotas. Aquellos conquistadores –y los indios– vivían en un mundo violento, y todos se comportaban de acuerdo a su

4 Es mejor hablar de hueste o mesnada, no de soldados, porque su remuneración era sólo en especie.

5 Citado en Mira Caballos, E. *Francisco Pizarro*, p, 51.

época. Tenemos ejemplos en ambos bandos. Núñez de Balboa ya había utilizado estas prácticas aterrorizantes dos décadas antes. En Cuarecua –en el Darién– aperreó y asesinó a unos cuarenta nativos. En Caribana ahorcó a otros cuarenta jefes locales y esclavizó a muchos. Su mastín, llamado *Leoncillo,* hijo de otro perro mítico llamado *Becerrillo,* cobraba sueldo de capitán. Cuando se le enviaba a por los fugados si el indio se quedaba inmóvil entonces lo agarraba por la muñeca y mansamente lo devolvía de vuelta sin hacerle daño, pero si se resistía lo hacía pedazos[6]. En el bando inca, uno de los generales de Atahualpa, Rumiñahui, no dudó en sepultar vivas a decenas de mujeres cuando rieron al oír de la boca del general que pronto caerían en los brazos de los españoles. Podríamos escribir un libro entero de estas prácticas crueles por ambos bandos.

En 1522 Pedrarias Dávila, gobernador y capitán general de Castilla del Oro, envió a Pascual de Andagoya a lo que se denominó la *ruta del Levante.* Andagoya navegó dirección suroeste hacia el golfo de San Miguel, en territorio chochama, donde pudo obtener noticias de un vasto territorio llamado «Birú» o «Pirú». Allí le informaron que aquellas tierras eran muy ricas en oro, pero muy peligrosas. Después de aquello, enfermó y regresó a Panamá. Pedrarias le ofreció ir en una nueva expedición, pero Andagoya reclinó la propuesta por motivos de salud.

Después de la muerte del que se disponía a emprender aquella nueva expedición, un soldado llamado Basurto, accedieron a emprenderla Francisco Pizarro, Diego de Almagro y Hernando de Luque.

Francisco Pizarro nació, depende de las fuentes que se consulten, entre 1478 y 1483, siendo la fecha más probable esta última. Tuvo tres hermanos por parte de padre: Hernando, Gonzalo y Juan, más otro hermano por parte de madre, que se llamaba Francisco Martín de Alcántara.

---

6 Mira Caballos, E. *Francisco Pizarro*, p, 307.

Para algunos historiadores llegó a América como paje en la flota de Nicolás de Ovando de 1502, aunque para otros cruzó el Atlántico en el cuarto viaje de Colón. Lo que sí parece claro es que estaba en La Española en 1504[7]. En febrero de 1510 Pizarro zarpó en la expedición de Alonso de Ojeda para poblar las tierras de Urabá. Allí tendría Francisco su primera experiencia militar contra unos indios muy belicosos. Después de muchas vicisitudes, Ojeda volvió a La Española a por refuerzos y dejó como primer capitán en el fuerte de San Sebastián a Pizarro, con la orden de retirarse con dos bergantines si no llegaban esos ansiados refuerzos en cincuenta días. Ojeda nunca volvería. Pizarro y sus hombres emprendieron la retirada. Uno de los dos navíos naufragó, el otro recaló en la bahía de Cartagena para hacer aguada, con la mala fortuna que se encontraron con la pequeña escuadra de Martín Fernández de Enciso, a la sazón socio de Ojeda. Mala fortuna, digo, primero porque Enciso les obligó a volver al fuerte y segundo porque Pizarro pasó a ser un subordinado más de este.

Cuando regresaron al fuerte se lo encontraron arrasado, aunque lo reconstruyeron y fundaron en noviembre de 1510 la villa de Santa María La Antigua. En aquel asentamiento se encontraba también un hombre que había embarcado como polizón en el barco de Enciso, llamado Vasco Núñez de Balboa, quien no tardaría en hacerse con el mando en una revuelta y en enviar a Enciso de vuelta a España.

En 1513 Pizarro andaba con Balboa en la jornada del descubrimiento de la Mar del Sur –el Pacífico–. Más tarde, entre 1515 y 1517, participó en campañas esclavistas con Gaspar de Espinosa. Posteriormente, en 1517 y 1518, estuvo con Juan de Tavira en el Río Grande del Darién, campaña que fue un fracaso, pero en la que Pizarro volvió a asumir la capitanía a la muerte de Tavira. Por último, en 1518 asumió el mando de la empresa de Pedrarias

7 Mira Caballos en su libro de Pizarro cree que pudo llegar a la isla en 1504 con Alonso de Ojeda, no con Cristóbal Colón.

en Abrayme. Toda esta experiencia en América, como dijo él mismo, le ofrecía la posibilidad de atrapar al Inca[8].

No se ha podido probar la experiencia militar de Pizarro en Europa, aunque como hidalgo tuviera conocimientos básicos de combate. No se puede descartar su participación en las guerras de Italia, aunque sí se puede afirmar que no estuvo en la anexión de Navarra a Castilla, porque cuando estuvo allí su padre, entre 1512 y 1522, él ya estaba en las Indias. Cuando comenzó la expedición de su vida Pizarro era un guerrero experimentado, era lo que se llamaba un *baquiano*. Es decir, un veterano aclimatado a la tierra que tenía veinte de años de experiencia.

Desde 1521 Pizarro ya es un gran encomendero y hacendado, asociado en la explotación minera junto a Diego Almagro y el maestrescuela Hernando de Luque. Era una asociación que daba buenos rendimientos económicos, gozaba de un repartimiento de indios y era dueño junto a Diego de Almagro de un hato de vacas. Tenían dineros sí, pero aquellos dos hombres no habían ido a las Indias a criar bovinos, sino a conquistar la gloria y a hacerse ricos.

Francisco Pizarro creó con Almagro, Pedrarias y Luque la empresa de Levante, una compañía cuya finalidad era promover una expedición al sur[9]. Luque era testaferro del licenciado Gaspar de Espinosa, que parece pudo invertir unos 200.000 pesos[10]. En mayo de 1524 se llegó a un primer acuerdo, y a un segundo concierto en marzo de 1526, que ratificaba el anterior. El beneficio debía ser igualitario para todos los socios[11]. La suma de lo aportado la convertía en la sociedad más poderosa de Panamá, aunque es importante decir que los únicos que se jugaban la vida eran Pizarro, que quedaba como capitán, y en menor medida

8 Mira Caballos, E. *Francisco Pizarro*, p. 31.
9 Primero había que ir al Levante, de ahí el nombre.
10 Mira Caballos, E. *Francisco Pizarro*, p. 89.
11 Algo más de la Edad Media que de la Edad Moderna.

Almagro, que quedaba en una segunda línea como organizador y aprovisionador, en un papel auxiliar. Luque se convertiría en el defensor de los intereses comunes[12] y Pedrarias[13] no sería más que un socio capitalista.

El 14 de noviembre de 1524, después del permiso de Pedrarias, salió Pizarro de Panamá junto a 112 hombres y varios nativos nicaragüenses. Almagro quedaba allí recopilando provisiones y buscando refuerzos, preparando también un segundo navío con el que seguiría a Pizarro.

La idea inicial había sido dirigirse a Chochama para ir a la bahía de las Piñas y al río Birú. Tocaron la Isla de las Perlas, después la Bahía de las Piñas y más tarde el Puerto del Hambre, llamado así porque los indios desaparecieron llevándose toda la comida. Las grandes lluvias tropicales les hicieron padecer muchos sufrimientos: las vestiduras se les pudrieron, nubes de mosquitos fueron sus compañeros de viaje y la mala alimentación –en el Puerto del Hambre cada hombre sólo pudo comer dos mazorcas al día– les debilitó. Murieron varias decenas de hombres, y una tercera parte de la expedición murió a causa de la política de tierra quemada indígena.

Un soldado llamado Gil de Montenegro fue enviado por Pizarro a las islas de las Perlas en busca de comida, pero volvió a los 47 días, cuando ya habían muerto 27 hombres debido a la inanición y a los ataques de los indios. Sin embargo, aquella comida les hizo continuar. En marzo de 1525 decidieron seguir la travesía. En el poblado de las Piedras fueron atacados, sufriendo cinco bajas y diez heridos. Quemaron el poblado, por lo que a

12 Será, a la postre, una persona muy importante. Será el que concilie los intereses de todos, realizará una gran labor con los dos gobernadores de Castilla del Oro. Será un hombre leal que llegó a ser Obispo de Túmbez y defensor de los indios.

13 Después vendería su participación a Almagro por 1.000 pesos de oro. Mira Caballos, E. *Francisco Pizarro*, p. 89.

partir de ese momento se le llamó Puerto Quemado[14]. Después se pusieron a salvo cerca de Panamá, en un pueblo costero de Chochama, que se encontraba cerca de la isla de las Perlas, y enviaron a Nicolás de Ribera con el barco a Panamá para que intentara conseguir refuerzos.

Almagro había partido tiempo después de Panamá con un navío y 64 hombres de refresco. Buscó a Pizarro, pero no consiguieron verse. Se cruzaron. En las costas colombianas Almagro y los suyos también pasaron muchas miserias y enfermedades. En lucha contra los indios Almagro perdió un ojo. Después, como Pizarro, también dio la orden de regresar. Tuvieron la fortuna de encontrarse en la playa de Chochama, en el golfo de San Miguel, donde planearon un segundo viaje. Fue allí donde Pizarro convenció a Almagro para que se uniera a Ribera en la búsqueda de nuevos refuerzos. La campaña había resultado un fracaso, en aquella expedición había muerto una tercera parte de la gente, 35 personas[15].

Viendo el fracaso de la expedición el gobernador Pedrarias exigió el regreso de toda la tropa para utilizarla en una entrada a Nicaragua. Se negaba a conceder un nuevo permiso para otra campaña, pero al final fue convencido por Luque para que lo hiciera. La recluta de los hombres fue difícil, aunque la gestión de Luque daría los frutos deseados. Ahora Almagro también sería jefe de la expedición junto a Pizarro, lo que no sentó muy bien a este. El 10 de marzo de 1526 se firmó el contrato formal entre los tres socios y se puso en marcha la segunda expedición, que contaba con dos naves, tres canoas y unos 160 hombres[16].

La nueva hueste llegó de nuevo a Puerto Quemado, pero tuvieron que salir de allí por los ataques de los indios. Después

14 Mira Caballos, E. *Francisco Pizarro*, p. 93.

15 Mira Caballos, E. *Francisco Pizarro*, p. 95.

16 V.V.A.A. *Gran Historia Universal. Vol. XV*, p.175. Salieron 110 hombres que se unieron a los 50 que quedaron en Chochama con Pizarro. Mira Caballos, E. *Francisco Pizarro*, p. 95.

de pasar por varias islas llegaron a un pueblo donde consiguieron unos 15.000 pesos de oro. Sin embargo, las escaramuzas con los indígenas no cesaban y reinaba el pesimismo. Llegaron al río San Juan, donde pasaron otra vez hambre y penurias. El terreno era pantanoso y los manglares hacían que avanzar fuera una dura tarea, lo que llevó a Pizarro a dividir la expedición. Envió a Almagro a Panamá para reclutar más gente y al piloto Bartolomé Ruiz para que siguiera explorando la costa hacia el sur. Pizarro con el resto de los hombres se internaría río arriba.

Ruiz llegó hasta la bahía de San Mateo. Exploró la isla del Gallo, la isla Gorgona y llegó hasta el cabo de San Francisco. En el islote de San Felipe, en la costa de Atacamez, pudo observar una embarcación con vela latina. Aquel fue el primer contacto con la civilización incaica. A los setenta días regresó junto a Pizarro portando dos muchachos, tres mujeres, oro, plata y también algunas telas. Aquellos indios llevaban manufacturas incas para cambiarlas por coral. También regresó Almagro acompañado de cuarenta hombres con más víveres del nuevo gobernador Pedro de los Ríos, aunque este no confiaba demasiado en la empresa[17].

Partieron todos a la bahía de San Mateo, pero de nuevo les acosó el hambre y las enfermedades, lo que causó algunas muertes. Los expedicionarios no confiaban en la empresa, la hostilidad de algunos soldados hacia Pizarro y el pesimismo hicieron acto de presencia, lo que unido a la resistencia de los indios complicó todo aún más. Hubo una tentativa de forzar el regreso y de nuevo decidieron que Almagro regresara a Panamá en busca de hombres y de provisiones. Esta vez iría con los enfermos y algunos disidentes. Los demás, con Pizarro, se dirigirían a la isla del Gallo, lugar seguro pero que no contaba con mucha comida. Llegaron en mayo de 1527. Pizarro tenía la firme idea de no regresar a Panamá, como quería bastante gente de la tropa. Quedaba allí rodeado de 80 hombres descontentos.

---

17 Ballesteros, M., Bravo, C. y López, Lorenzo E., p. 8.

Almagro llevaba una carta de Pizarro al nuevo gobernador Pedro de los Ríos informándole de la existencia de un reino muy rico y que necesitaba unos cien hombres y una docena de caballos[18] pero también, sin saberlo, en un ovillo de algodón portaba un informe negativo de la expedición con una coplilla para intentar convencer al nuevo gobernador del fracaso de la expedición. Los hombres querían volver a Panamá.

Pues Señor Gobernador
mírelo bien por entero,
que allá va el recogedor
y acá queda el carnicero.

Cuando Pedro de los Ríos supo todo aquello, envió a Juan Tafur para investigar lo sucedido y llevarse a todos de vuelta a Panamá. El gobernador había embargado el navío de Almagro y mandado a Tafur a recoger el navío de Pizarro, pero Tafur ignoraba que llevaba una carta de Almagro y de Luque en la que decían a Pizarro que no desistiera en la empresa, *aunque hubiera de reventar*[19].

Pizarro bajo ningún concepto quería abandonar la isla hasta que volviera su socio Almagro. Desenvainó la espada y trazó una línea en el suelo que quería ser paralela al Ecuador. Los que traspasaran esa línea estarían con él y gozarían de grandes riquezas en un próximo futuro[20]. Invitaba a todos a hacerlo.

La mayoría de la gente cuando vio los barcos de Tafur quiso volver a Panamá. Hasta ese momento la expedición había sido un desastre, una ruina económica, así que sólo trece personas

18 Mira Caballos, E. *Francisco Pizarro*, p. 97.
19 Ballesteros, M., Bravo, C. y López, Lorenzo E., p. 8.
20 No todos los cronistas afirman este episodio en estos términos. Sí lo hacen así López de Gómara o Cieza de León.

cruzaron esa línea, los llamados Trece de la Fama, que fueron trasladados a la isla Gorgona en agosto[21].

Ruiz volvió con Tafur a Panamá con la misión de intentar convencer al gobernador. Pizarro y sus hombres estuvieron algo más de tres meses en la isla, donde volvieron a pasar muchas penalidades. Tuvieron que subsistir semidesnudos a base de comer cangrejos, alimañas y reptiles[22]. Por fin, cuando estaban al límite, la nave de Bartolomé Ruiz apareció con algunos víveres, pero pocos hombres. El gobernador le dio a Pizarro seis meses para continuar la expedición, pasado ese tiempo debía volver.

En noviembre de 1527 abandonaron la isla Gorgona y guiados por los intérpretes y por Bartolomé Ruiz se dirigieron al sur, al golfo de Guayaquil, donde fueron observados por los indios desde la costa. Por allí Pizarro se entrevistó con un indígena, que le informó de la existencia de la ciudad de Túmbez. Pizarro envió allí a Alonso de Molina, acompañado de un esclavo. Después Pizarro envió a la ciudad una segunda delegación. Al llegar quedaron asombrados de lo que vieron en la ciudad. Los tumbesinos les informaron que dependían de un señor mucho más poderoso. Los españoles tomaron algunas llamas y algunos indios y volvieron a contárselo a Pizarro, exagerando todo bastante. También aquellos indios informaron de todo a Huayna Cápac, que por primera vez tuvo noticia de los españoles, quedando muy impresionado.

Siempre intentando que el trato fuera amistoso con los indios navegaron hasta los 9º al sur del Ecuador, tocando Paita y Huamachueo, lugar en que iniciaron la ruta de regreso a Panamá. Allí llegaron el tres de mayo de 1528 donde fueron, ahora sí, recibidos con honores por el gobernador. En la ciudad no se hablaba de otra cosa que del reino que existía en el sur, muy rico

21 Quedaron doce personas sin contar a Pizarro, a Bartolomé Ruiz y los dos intérpretes. Aunque quizá fueran algunos más.

22 De Peralta y Sosa, J.M, y De Peralta Reglado., p. 166.

en oro[23]. Sin embargo, Pedro de los Ríos no aceptó otra expedición para no despoblar su gobernación y por el riesgo humano y económico que entrañaba, así que los tres socios, que estaban casi arruinados, pensaron que el permiso se lo tendría que dar la Corona directamente.

Pizarro se embarcó a España para firmar la capitulación de la conquista con el emperador Carlos V. Viajaba con oro, plata, telas, llamas y algunos indios. Luque estaba en contra de que Pizarro fuera solo a España, pero Almagro apoyó a Francisco. Luque, que no era una persona ambiciosa, sabía que quien viajara a España saldría beneficiado, por lo que pensó que lo mejor sería que viajaran los dos socios juntos o en su defecto una persona neutral, el licenciado Del Corral, pero Almagro, que tenía sífilis y había perdido un ojo, lo que le hacía estar acomplejado por su aspecto físico, se auto descartó. Ante aquello, Luque comentaría:

Plegue a Dios que no hurtéis la bendición el uno al otro, como Jacob a Esaú, que yo holgaría que a lo menos fuérades entrambos[24].

Al llegar Pizarro a Sevilla, en enero de 1529, fue acusado de tener deudas con el fisco, detenido y enviado a la cárcel de la corte, entre otras cuestiones por la presión que había ejercido Enciso contra él. Sin embargo, el propio Emperador le sacó de su celda a la semana. Pizarro se dirigió a Toledo, pero cuando llegó Carlos V ya no estaba, había salido de España hacia Italia para ceñirse la corona imperial dejando a la Reina como regente. Por eso, las capitulaciones fueron firmadas por Isabel de Portugal el 26 de julio de 1529.

Pizarro volvió al Perú junto a sus cuatro hermanos y 120 hombres que había conseguido enrolar, 30 hombres menos de lo que exigía la capitulación. Llegaron a Castilla del Oro a me-

23 Mira Caballos, E. *Francisco Pizarro*, p. 100.

24 De Peralta y Sosa, J.M. y De Peralta Reglado., p. 167.

diados de 1530. Los baquianos panameños no tenían mucho interés en la expedición, pero Pizarro estaba ansioso por partir. El 27 de diciembre de 1530 se dijo una solemne misa y a primeros de enero de 1531 salió Pizarro con tres barcos y 180 hombres[25]. Almagro quedaba de nuevo en Panamá reclutando tropas y víveres para seguirle después en el otro buque, a las órdenes de Cristóbal de Mena.

Pizarro y sus hombres se dirigieron a la bahía de San Mateo, pasaron por Atacamez y después se establecieron en Coaque[26], donde estuvieron seis meses. Allí se alzó el cacique local y fueron víctimas de una epidemia de bartoneliasis[27]. De los 150 hombres que allí estaban, un 90% se infectó y murieron unos 30 hombres[28]. Por suerte, llegó un navío de un comerciante con alimentos, veinte hombres y varios caballos. De ahí fueron a Puerto Viejo. Después llegó Sebastián de Belálcazar procedente de Ni-

25 V.V.A.A. *Gran Historia Universal. Vol. XV*, p.177. Ballesteros, M., Bravo, C. y López, Lorenzo E., p.10. Las cifras de los efectivos oscilan entre 150 y 250 hombres y entre 30 y 37 caballos. La mayor parte de la historiografía acepta la cifra de 180 hombres, los 120 hombres que vinieron de España y 60 baquianos de Panamá, a los que se fueron sumando refuerzos hasta llegar a los 350 hombres y 67 caballos. Especialmente bien se recibió a los capitanes Hernando de Soto y Sebastián de Belalcázar. Sin embargo, a esa cifra hay que restar las bajas de los desertores (nueve en el valle de Piura) y por las escaramuzas con los indios y las enfermedades (90 bajas por la epidemia de Coaque). Además, 46 personas quedaron en San Miguel de Tangarara, más los que quedaron con Almagro. Por tanto, los que llegaron a Cajamarca fueron 168 hombres –dos tercios de ellos baquianos, un 75% menores de 30 años– más varios cientos de auxiliares indios guatiaos. Eran pocos efectivos. No había oficiales reales, lo que venía bien a Pizarro para asegurarse el control de las finanzas. Mira Caballos, E. *Francisco Pizarro*, p.110-112.

26 Guaques.

27 Debido a la picadura de un insecto, a los hombres les salían verrugas sangrantes. A los afectados se les trataba como si fueran leprosos, por la posibilidad de contagiarse.

28 Mira Caballos, E. *Francisco Pizarro*, p. 113.

caragua con 30 hombres y 12 caballos y arribaron en la isla de Puná, cercana a Túmbez, donde llegaron más refuerzos, el más importante el de los hombres de Hernando de Soto.

El curaca de Túmbez, del partido de Atahualpa, era enemigo del cacique de la isla de Puná, que pertenecía al bando de Huáscar. Pizarro había liberado a 600 hombres de Túmbez por lo que su curaca se apresuró a agradecérselo al trujillano. Le aseguró que le proporcionaría cuatro balsas para que pasaran todos los españoles a Tierra Firme, pero tenía órdenes de Atahualpa de asesinarlos en el trayecto. Sin embargo, los españoles en enteraron de la celada y consiguieron evitar la masacre. Sólo tres hispanos fueron muertos.

Cuando llegaron a Túmbez la ciudad estaba desierta, había sido incendiada. El curaca había huido, temiendo las represalias de los españoles y también las de su señor, a quien había defraudado. Después sería capturado. De Túmbez pasaron a San Miguel de Tangarara[29], a unas seis leguas de la costa, que fue fundada en julio de 1532. La razón de la fundación de la población era sobre todo militar, en la villa se podía dejar a los enfermos y replegarse en caso de necesidad.

Pasaron en San Miguel cuatro meses, donde llegaron más refuerzos y salieron de ella en septiembre de 1532. En la recién fundada villa quedaban los hombres enfermos y varias decenas de soldados al mando de Juan Roldán Dávila. Juan Pizarro se adelantó y tomó la fortaleza del valle del Piura, donde después permaneció diez días la hueste de Pizarro. Allí el gobernador hizo un alarde de la gente: había 177 hombres, de los cueles 67 iban a caballo. Dio la posibilidad de volver a los que quisieran, cosa que hicieron nueve hombres –cinco a caballo–. Quedaban 168 hombres armados hasta los dientes. Los jinetes portaban lanzas,

---

29 Por las prisas en la fundación el sitio elegido no había sido el más adecuado. En 1534 se trasladaron a San Miguel de Piura y en 1580 a San Francisco de Buena Esperanza de Payta.

rodelas y celadas y la infantería espadas y rodelas. Sólo tenían tres arcabuces, cuatro falconetes y algunas ballestas[30].

Desde allí siguieron camino de Cajamarca por la ruta montañosa, un camino más difícil de transitar –con un clima mucho más frío– pero menos previsible. Algunos hombres iban murmurando. Estaban nerviosos, se iban a meter en la boca del lobo con muy poca gente[31]. Mejor habría sido permanecer en los llanos, no por aquellas sierras donde los caballos poco podían hacer. Pizarro lo sabía, pero disimulaba.

En Pavor fueron bien recibidos, aquellos indios eran enemigos de Atahualpa. Allí supieron que a dos jornadas, en una población llamada Cajas[32], había un retén de soldados del Inca. Pizarro se dirigió a Serrán y envió a Soto con algunos soldados a Cajas. La villa estaba arrasada, aunque quedaban algunas provisiones, algunos hombres y varias mujeres dedicadas al sol. Los españoles se darían un festín carnal, ante la indignación de los indios.

Después, transitando por la calzada real, pasaron a las tierras del Gran Chimú, donde gobernaba el curaca de Cinto, que estaba en el bando de Huáscar. Por él supieron de la crueldad y de la peligrosidad de Atahualpa, por él conocieron el verdadero potencial de sus enemigos. A lo largo del camino también habían aparecido mensajeros de Atahualpa, en realidad espías, que, según el cronista Estete, se comportaron como si hubieran estado toda la vida entre españoles[33]. En el valle de Collique se encontraron con cuatro indios de los que llamaban orejones. Se encontraban allí para recoger los tributos de su señor. Avisarían a Atahualpa que los españoles no eran más de 170 hombres[34].

---

30 Mira Caballos, E. *Francisco Pizarro*, p. 117.

31 Cieza De León, P. Capítulo 41.

32 Huancabamba.

33 Estete, M., p. 7R.

34 Cieza De León, p. capítulo 41.

Atahualpa, cuando supo de su presencia, les envió unos regalos: unos vasos de piedra y patos secos rellenos de paja. Aquello quería decir que si continuaban serían despellejados. Pero a Pizarro ya nadie le acobardaba. No hizo caso de las emboscadas ni de los informes negativos y siguió en busca del Inca. También había capturado a varios indios a los que les había sacado por la fuerza la verdad sobre el Inca. Aunque los mensajeros de Atahualpa decían que les esperaban en paz y con poca gente, Pizarro sabía que no era así. Tanto Atahualpa como Pizarro simulaban amistad, pero ambos sabían que todo era mentira. *Sólo uno de los dos podría sobrevivir.* Pizarro se encomendaba a Dios. Según Cieza de León, *así forzaba a sus compañeros, diciendo que confiasen en Dios, sin temer la potencia que decían tenía Atabalica*[35].

Catorce de noviembre de 1532. Francisco Pizarro y sus hombres por fin pueden observar la ciudad de Cajamarca[36]. Ha sido un duro camino, han tenido que atravesar valles y montañas. En estas últimas, donde la fuerza de la caballería española no sería nada útil, no fueron atacados por Atahualpa. Si sus ejércitos hubieran atacado a los españoles, estos habrían perecido sin duda, pero el Inca estaba intrigado. Estaba confiado ante aquel pequeño grupo de locos que se atrevían a desafiar su inmenso poder. Sus planes eran atrapar a los españoles en la ratonera de Cajamarca, hacerse con los caballos e interrogar a aquellos barbudos de dónde venían. A algunos de ellos los sacrificaría –al igual que a su hermano vencido Huáscar–, a otros los castraría y trabajarían como sirvientes de sus mujeres[37].

Fue un gran error. Más tarde se arrepentiría de su decisión.

---

35 Atahualpa. Citado en Mira Caballos, E. *Francisco Pizarro*, p. 39.

36 Cajamarca era un centro manufacturero y de ferias, sobre todo textiles. No era una ciudad militar.

37 Estete, M., p. 7R y 9R.

Figura 3. Lorenz Fries, *Uslegung der Carta Marina* (Estrasburgo, Johannes Grieninger, 1525).

Los hombres de Pizarro acamparon en un llano del camino, con la intención de llegar a Cajamarca el día siguiente. Antes de entrar, Pizarro arengó a sus hombres. La misión que tenían entre manos era sagrada, se trataba de la expansión de la fe cristiana, por lo que contarían con la ayuda de Dios. Según cuenta Jerez, no debían tener temor por la mucha gente que tenía el Inca. Aunque ellos fuesen menos, el socorro de Dios sería suficiente para desbaratarlos

y hacerles llegar a la fe católica, como cada día se ha visto hacer a Nuestro Señor milagros en otras mayores necesidades así lo haría en la presente, pues iban con buena intención de atraer a aquellos infieles al conocimiento de la verdad, sin hacerles mal ni daño, si no a los que quisieren contradecirlo y ponerse en armas[38].

38 Citado en Mira Caballos, E. *Francisco Pizarro*, p. 302.

Pizarro mentalizaba a los hombres antes de los combates, intentando convencerles de que su lucha era justa. Según Fernández de Oviedo nunca mostraba ante los demás signos de cansancio y se solía situar en el frente de batalla. Parece que para él, en esta campaña, lo más importante no era el dinero sino la honra y la fama. No pasaba así con sus hombres, que luchaban por el botín. La evangelización de los territorios era algo primordial, sí, pero sobre todo si había oro o plata de por medio. Si no, la evangelización quedaba como algo secundario. Almagro rápidamente volvió de Chile a Cuzco cuando comprobó que en Chile no había oro. El propio Pizarro le dijo a fray Bernardino de Minaya que él había ido allí a *quitarles el oro a los nativos*, y no le quiso contar sus motivos evangélicos. Como decía Cieza de León, ellos habían ido allí a conseguir oro[39]. Pero no sólo oro, otra de las cosas más preciadas eran las mujeres incas, las vírgenes y las mamaconas[40]. Los españoles usaron a las mujeres sin ninguna vergüenza ni temor de Dios, según Cieza de león[41], como hemos podido ver ya en el episodio de Cajas. Por aquello los españoles serían si cabe más odiados.

El viernes, 15 de noviembre de 1532[42], Pizarro ordenó en formación de combate a toda su gente y a una legua de la ciudad esperó que llegase su retaguardia. La caballería y la infantería se armaron convenientemente y en tres haces, tres escuadras, reto-

---

39 Mira Caballos, E. *Francisco Pizarro*, p. 47.

40 Mujeres que se dedicaban al cuidado de los templos y a servicios textiles y gastronómicos para el Inca.

41 Mira Caballos, E. *Francisco Pizarro*, p. 47. Se quedaron con el harén de Atahualpa tras su asesinato. Pizarro se quedó con una mujer llamada Quispe Cusi (llamada después Inés), de 18 años, regalada por el propio Atahualpa a Pizarro, siguiendo las tradiciones de los incas. Con ella tuvo dos hijos antes de regalarla a un capitán. Después tuvo otros dos hijos con Angelina Yupanqui, a quien también regaló a otro capitán. Más tarde estuvo con una esclava morisca llamada Beatriz. Pero nunca se casó con ellas, siempre consideró a esas mujeres –él y todos los hispanos– inferiores a las mujeres españolas.

42 López de Jerez, F., p. 25.

maron el camino. Entonces pudieron observar el real[43] de Atahualpa, en la falda de una montaña.

El real se encontraba a una legua de Cajamarca. Allí había fuentes termales en las que el Inca solía bañarse. Ocupaba más de una legua del valle, esto es, unos cinco kilómetros y medio. Parecía una ciudad[44]. Al verlo, a los españoles les entró miedo.

Eran tantas las tiendas que parecían, que cierto nos puso harto espanto [...], nos causó a todos los españoles harta confusión y terror, aunque no convenía mostrarse, ni menos volver atrás porque si alguna flaqueza en nosotros sintieran los mismos indios que llevábamos nos mataran[45].

Ya no quedaba otra que seguir. Retroceder era un suicidio y todos lo sabían. El Inca les dejó entrar en la ciudad de Cajamarca, en los aposentos reales, para atacarlos allí.

Y así con animoso semblante [...] entramos en el pueblo de Cajamarca donde solamente había gente popular y algunos de la gente de guerra de Atabalica, que se desmandaban a venir a vernos desde su real[46].

Cuando llegaron a Cajamarca y se la encontraron casi vacía preguntaron a un emisario que por qué de aquello, a lo que les respondieron que era para dejarles sitio y que se pudieran aposentar cómodamente. Pizarro ante aquella respuesta calló, sabía que Atahualpa había decidido atraparlos allí.

Los hombres de Pizarro llegaron a la plaza de la ciudad. Eran 106 infantes –incluyendo a 20 ballesteros– y 62 hombres a ca-

43 El campamento real de Atahualpa.

44 Cieza De León, P. Capítulo 42.

45 Estete, M., p. 7V.

46 Estete, M., p. 7V. Según Cieza de León sólo se encontraron algunas mujeres viejas: Cieza de León, P. Capítulo 43.

ballo[47]. Los indios pensaban que estaban locos por aquel atrevimiento[48], y en verdad que no les faltaba algo de razón. Sabían que al menor paso atrás se interpretaría como debilidad y estarían todos muertos. El gobernador mandó inspeccionar el pueblo para reconocer dónde se encontraba el mejor lugar donde colocar sus fuerzas. A la gente de a caballo la ordenó que no desmontaran, esperando la llegada del Inca, pero este no apareció. Cuando llegaron los exploradores de la ciudad confirmaron a Pizarro que la plaza era el mejor sitio donde esperar a sus enemigos.

Cajamarca era una ciudad de unos 2.000 habitantes por la que pasaban dos ríos que tenían sendos puentes a la entrada de la urbe. La plaza principal era triangular, estaba cercada por muros y casas, y tenía dos puertas que daban a las calles del pueblo. Una parte de la plaza daba al campo y contaba con una fortaleza de piedra a la que se subía por una escalera.

Pizarro y los suyos esperaban a Atahualpa, pero no vieron allí a sus emisarios, así que le mandó mensajeros para avisarle de su llegada. Pizarro envió a Soto, que llevaba a Felipillo[49] como intérprete y estaba acompañado de veinte hombres a caballo, para que se pusiera en contacto con el Inca y reconociera su real. Mientras, el gobernador se subió a la fortaleza para poder observar el campamento del Inca. Observó la gran cantidad de gente que había delante de las tiendas, así que mandó también a su hermano Hernando con otros treinta caballos para que ayudaran a Soto en caso de necesidad, dejándole claro que no consintiera *que se hiciesen voces*[50].

Según la crónica de Estete, Hernando debía conocer la orden que les daba el Inca, si quería que permanecieran en Cajamarca o que fueran al real. Esto es bastante extraño, porque si la hueste

47 Mira Caballos, E. *Francisco Pizarro*, p. 121.

48 Cieza De León, P. Capítulo 43.

49 Estete llama a este intérprete, o lengua, Martín.

50 López De Jerez, F., p. 26. Según Jerez mandó a Hernando con 20 caballos y no 30.

de Pizarro se hubiera metido en el real del Inca, habrían perdido la ventaja que les daba la ciudad. En cualquier caso, Hernando y el propio Estete se dirigieron al real. Cruzaron un puente que había sobre una acequia y aparecieron ante muchos escuadrones de indios armados.

Cuando Hernando Pizarro llegó, Soto se encontraba ya cerca del Inca[51]. Este se hallaba sentado, en una silla baja, *como los turcos y moros acostumbraban a sentarse*[52]. Atahualpa, rodeado de más de 600 hombres, tenía una corona y una borla de lana carmesí, que parecía de seda, de dos manos de grande que le cubría la frente y le llegaba hasta los ojos[53].

Soto hablaba al Inca, pero este no se dignaba a responderle, ni siquiera a mirarle. Miraba al suelo. Por él respondía un cacique que estaba a su lado. Soto le decía que habían llegado a Cajamarca, después llegó Hernando Pizarro:

–Este es un hermano del gobernador, –le dijo Soto al Inca– *háblale, que viene a verte.*

Entonces alzó los ojos el cacique y dijo:

–Mayzabilica, un capitán que tengo en el río de Turicara me envió a decir cómo tratábades mal a los caciques y los echábades en cadenas; y me envió una collera de hierro y dice que él mató tres cristianos y un caballo. Pero yo huelgo de ir mañana a ver al gobernador y ser amigo de los cristianos, porque son buenos[54].

Atahualpa estaba muy bien informado por sus espías de todos los movimientos de los españoles. Según Estete, las embajadas que mandaba el Inca les preguntaban qué era lo que querían mientras contaban el número de efectivos, los caballos y las ar-

51 Cieza de León, P. Capítulo 43.
52 Estete, M., p. 7V.
53 La *mascapaicha.*
54 López de Jerez, F., p.27.

mas. El Inca les había puesto en el camino todas las trabas que pudo, desde hacer que los ríos fueran más crecidos hasta romper tramos de la calzada. Pero sigamos con la entrevista y la respuesta de Hernando según la crónica de Jerez:

–Mayzabilica es un bellaco y a él y a todos los indios de aquel río matara un solo cristiano; ¿Cómo podía él matar cristianos ni caballo, siendo todos ellos unos gallinas? El gobernador ni los cristianos no tratan mal a los caciques si no quieren guerra con él, porque a los buenos que quieren ser sus amigos los trata muy bien y a los que quieren guerra se la hace hasta destruirlos; y cuando tú vieres lo que hacen los cristianos ayudándote en la guerra contra tus enemigos conocerás cómo Mayzabilica te mintió.

Atabalica dijo:

–Un cacique no me ha querido obedecer, mi gente irá con vosotros y haréisle guerra.

Hernando Pizarro respondió:

–Para un cacique por mucha gente que tenga no es menester que vayan tus indios, sino diez cristianos a caballo lo destruirán[55].

Atahualpa rio y les invitó a beber. Los cristianos, que no se fiaban de la bebida que les ofrecían, le dijeron que ayunaban, pero el Inca insistió y tuvieron que aceptar.

Soto, que iba en su caballo, le dijo al Inca que si quería que lo corriese en el patio. El Inca le respondió que sí. Allí, según Estete, escaramuzó un poco con el caballo, que echaba mucha espuma por la boca, y se acercó a un escuadrón de gente que allí estaba. Los indios se echaron hacia atrás cuando vieron venir el caballo de Soto. Aquellos indios que habían demostrado miedo con el equino fueron muertos aquella misma noche por orden de Atahualpa[56].

---

55 López de Jerez, F., p.27.

56 Estete, M., p. 8R. Según Diego de Trujillo asesinó a los 30 hombres que hu-

El Inca le dijo a los españoles que iría a verlos el día siguiente por la mañana. Según Estete, dijo:

–Decid a ese capitán [...] que se aposente en esas casas que están en la plaza, que son comunes a todos, y que no entren en otra ninguna hasta que yo vaya, que yo mandaré lo que se ha de hacer[57].

Todos se volvieron a Cajamarca con el miedo metido en el cuerpo. Eran muy pocos en comparación con el gran ejército de Atahualpa. La villa más cercana que podía darles socorro era la de San Miguel, y estaba a más de 80 leguas.

Mientras, en la ciudad, comenzó a llover y a granizar[58]. Pizarro mandó a sus hombres a los aposentos de un palacio y al capitán de artillería con los falconetes a la fortaleza.

Entonces, vino un indio a decir a los españoles que podían acomodarse donde quisiesen menos en la fortaleza. Pizarro le respondió que no había problema y que había enviado a su hermano para que hablara con su señor. Obviamente, Pizarro no hizo caso al emisario. Anocheciendo, volvieron Hernando Pizarro y Soto con sus hombres. Hernando le contó al gobernador cómo habían llegado hasta el Inca, cómo este tenía una presencia de un gran príncipe, y que estaba rodeado de mucha gente. Allí los indios habían certificado que los caballos no comían hombres. Había, según Cieza de León, unos 400 indios por cada español[59], según él serían unos 170.000[60] soldados, cifra que parece a todas luces exagerada si la comparamos con los 30.000 soldados que

yeron. Sin embargo, el Inca Garcilaso niega el episodio del caballo y también las posteriores ejecuciones. Mira Caballos, E. *Francisco Pizarro*, p. 338.

57 Estete, M., p. 7V.

58 López de Jerez, F., p.26.

59 Cieza de León, P. Capítulo 43.

60 Cieza de León, P. Capítulo 44.

pensaba que se alojaban en el real López de Jerez[61], y que creemos la más acertada.

Aquella noche Pizarro mandó hacer guardas. No era descabellado que el Inca les atacara valiéndose de la oscuridad. Escucharon misa y entablaron consejo para decidir lo que hacer al día siguiente. Hubo ánimo y regocijo, dice Estete, pero también sostuvo que sólo unos pocos consiguieron dormir. Desde allí veían los fuegos de las hogueras en el real del Inca. Parecía un cielo estrellado.

Era una visión terrorífica[62].

A la mañana siguiente vino un nuevo mensajero de Atahualpa:

–Mi señor te envía decir que quiere venir a verte –les dijo– y traer su gente armada, pues tú enviaste la tuya ayer armada[63].

Después vino otro indio y les comunicó que no irían armados pero que acomodasen una casa para su señor. Pizarro le contestó que así lo harían. El gobernador había dado órdenes para que todo el mundo estuviera bien armado y pertrechado. Los caballos debían estar ensillados y enfrenados y todos los hombres listos para salir de las posadas donde se encontraban, con las riendas y las lanzas en las manos. Se ubicaron en los galpones que había en cada una de las tres calles que daban a la plaza principal, a la que irían a la señal convenida a las órdenes del general Hernando Pizarro y los capitanes Soto, Mena y Belalcázar[64].

---

61 López de Jerez, F., p.28. El ejército del Inca debía contar con unos 30000 hombres, una milicia adiestrada y bien disciplinada. En primera línea disponía de unos 5000 hombres al mando de Rumiñahui, que portaban entre otras armas lazos para derribar a los caballos. Detrás había honderos, con sus rodelas. Después venían hombres con porras, hachas de mano y lanzas, y en retaguardia los piqueros (Mira Caballos, E. *Francisco Pizarro*, p. 120.)

62 Estete, M., p. 8R.

63 López de Jerez, F., p.28.

64 Cieza de León, P. Capítulo 45.

Pizarro puso a sus mejores tiradores encima de los edificios de la plaza y mandó al capitán de artillería Pedro de Candía tener los cañones preparados, apuntando en dirección a la plaza. Estaban en un lugar alto de aquella, encima del templo del Sol, desde donde los incas veían los juegos o se hacían sacrificios.

Pizarro quedaba en su aposento junto a otros veinte hombres a pie con el fin de apresar al Inca. La orden era apresarle vivo[65]. Los demás debían permanecer en las casas sin salir, aunque vieran entrar a los indios en la plaza. No podrían salir hasta que oyesen la artillería. El ambiente, allí metidos, escuchando cómo entraban indios y más indios en la plaza debió ser de máxima tensión. En las atalayas, donde había espías, estos debían comunicar si pensaban que los indios venían en son de guerra, de *ruin arte*. Pizarro daría la señal para salir a la voz de Santiago.

Pizarro y su capitán general, su hermano Hernando, alentaban a la gente. Debían hacer de sus corazones fortalezas, no tenían otra. Aunque cada español tendría que luchar con 500 indios, nadie vendría a socorrerles, excepto Dios[66].

La orden era que cuando se recibiera la señal debían salir a la plaza a sangre y fuego, evitando en lo posible que los caballos se estorbaran entre ellos.

Y entonces empezó el movimiento en el real del Inca. Desde las seis de la mañana a las cuatro de la tarde los incas estuvieron aderezando sus escuadrones y poniéndolos en orden:

> *Que ningún hombre de más de 50.000 que tenía de guerra estaba sin una patena en la frente, muy acicalada, de cobre o de oro o de plata, las cuales daban tan gran resplandor que ponía espanto y terror verlo*[67].

65 López de Jerez, F., p.28.
66 López de Jerez, F., p. 29.
67 Nueva cifra de 50.000 soldados. Estete, M., p. 8R.

Según Jerez, estuvo llegando la gente del Inca desde por la mañana hasta por la tarde. Estete afirma que se empezaron a mover a las cuatro de la tarde y comenzaron a llegar a la ciudad sobre las cinco. Cieza de León cuenta que primero salieron 12.000 hombres seguidos de otros 5.000 que tenían ayllos[68] para prender con ellos a los caballos y que los demás serían alrededor de 70.000 soldados –cifra muy exagerada, repetimos– con más de 30.000 hombres de servicio, sin contar a las mujeres[69]. Cuando la vanguardia se asentó en la plaza todavía seguía saliendo gente del real.

Llegaban a la plaza en escuadrones: entró primero un escuadrón limpiando el suelo por el que iba a pasar el Inca, y después unos 300 hombres con arcos, flechas y banderas, que cantaban una música *nada graciosa* con grandes tambores y bocinas. Una música más bien espantosa, que les parecía a los españoles algo infernal. Posteriormente entró otro grupo de unos 1.000 hombres *con picas sin hierros, tostadas las puntas* y más tarde un tercer escuadrón que traía hombres armados de martillos[70].

Pizarro había mandado a un soldado para que requiriese la presencia de Atahualpa, porque se hacía de noche y el Inca no llegaba. El soldado, llamado Hernando Aldana, se presentó ante la tienda del Inca y le conminó a salir. Atahualpa intentó quitarle la espada, pero Aldana no se dejó. Después le diría a Pizarro que el Inca venía con mal arte y gran soberbia[71]. Le dijo a Pizarro que los incas llevaban armas escondidas debajo de duras hojas de palma que llevaban bajo las camisetas[72]. Escondían allí piedras y hondas, ayllos, y también porras de metal con púas largas y agudas[73], le parecía a Aldana que con ruines intenciones.

68 Armas boleadoras.

69 Cieza De León, P. Capítulo 44.

70 Esta es la versión de Estete, M., p. 8R.

71 Cieza De León, P. Capítulo 44.

72 Para Jerez, jubones de fuerte algodón; para Cieza de León, de lana.

73 Cieza De León, P. Capítulo 44.

Al final de la comitiva entraron dos hamacas y dos literas con nobles principales, muchos indios con armaduras, patenas y coronas de oro y plata[74]. Por último, Atahualpa, que llegó en una litera formada por plumas de papagayo de muchos colores, guarnecida por chapas de oro y plata y manejada por ochenta señores que la llevaban sobre los hombros[75].

Habría en la plaza entre 6.000 y 7.000 personas[76]. El Inca iba sentado, con una corona y un gran collar de esmeraldas. No veía a los españoles. Como no los veía salir –confesaría después– pensó que los españoles estaban escondidos de miedo.

–¿Dónde están estos? –Dijo[77]–.

Cieza de León cuenta que el Inca había mandado a Pizarro que atase a los caballos y los perros y que los cristianos se escondieran cuando ellos dos se hablaran para que su gente no tuviese miedo. También mandó que avisaran a los españoles que su gente estaba acostumbrada a llevar armas, los españoles no debían de alterarse por eso[78].

La gente en la plaza se apartó y dejó paso a Atahualpa, que estaba en lo alto, junto a la litera del señor de Chincha[79]. El Inca se puso en pie, mandó callar a la gente y les dijo a los suyos que fueran valientes, que no se les escapase ningún cristiano ni caballo porque estaban escondidos de miedo. Tomó una bandera y la campeó[80]. Mientras, un indio subía a donde se encontraba la artillería de los españoles y hacía señas con una lanza.

Pizarro, viendo toda aquella escena, le dijo al padre fray Vicente Valverde si acompañado de un faraute[81] quería hablar con

74 López de Jerez, F., p. 29.
75 Estete, M., p. 8R.
76 Estete, M., p. 8V. Otros cronistas dan cifras entre 5.000 y 8.000.
77 Estete, M., p. 8V.
78 Cieza De León, P. Capítulo 44.
79 Mira Caballos, E. *Francisco Pizarro*, p. 124.
80 Cieza De León, P. Capítulo 45.
81 Heraldo, mensajero.

el Inca. Este le dijo que sí, así que salió con el *lengua*[82] Martín sosteniendo una cruz y una Biblia en las manos.

Valverde, de la orden de los Predicadores, habló al Inca. Le dijo que deseaba que no hubiese guerra ni discordia, pues el Inca había quedado el día antes ir allí a negociar con el gobernador y en ir solo, sin gente de guerra.

El padre fray Vicente entró por entre la gente hasta donde Atabalica estaba y le dijo por el faraute:

–Yo soy sacerdote de Dios y así mismo vengo a enseñar a vosotros. Lo que yo enseño es lo que Dios nos habló, que está en este libro. Y por tanto, de parte de Dios y de los cristianos te ruego que seas su amigo, porque así lo quiere Dios. Y venirte ha bien dello. Y ve a hablar al gobernador que te está esperando[83].

En Inca no le respondió. Le pidió el libro y Valverde se lo dio cerrado. Atahualpa no acertaba a abrirlo, así que el padre Valverde alargó un brazo para ayudarle, pero el Inca se lo retiró de un manotazo. Al fin lo abrió, pero no pareció sorprenderse por lo que veía. Después, lo arrojó lejos de sí, a unos cinco o seis pasos.

Le dijo a Valverde que no se irían de ahí hasta que le restituyeran lo que le habían robado. El oro, la plata, las piedras, la ropa, las indias y todo lo demás[84].

–Bien sé lo que habéis hecho por ese camino, cómo habéis tratado a mis caciques y tomado la ropa de los bohíos[85].

El religioso respondió:

–Los cristianos no han hecho esto. Que unos indios trujeron ropa sin que él lo supiese, y él la mandó volver.

Atahualpa dijo:

---

82 Intérprete.

83 López de Jerez, F., p. 30.

84 Cieza De León, P. Capítulo 45.

85 Cabañas de América, hechas de madera y ramas, cañas o pajas y sin más respiradero que la puerta (RAE).

–No partiré de aquí hasta que toda me la traigan[86]*. Decidle a esos que vengan acá, que no pasaré de aquí hasta que me den cuenta y me satisfagan y paguen lo que han hecho en la tierra*[87]*.*

El padre Valverde se volvió a ver a Pizarro. Mientras, el Inca apercibía a los suyos que estuviesen preparados. Valverde llegó hasta el gobernador:

–¿No veis lo que pasa? ¿Para qué estáis con comedimientos y requerimientos con este perro lleno de soberbia, que vienen los campos llenos de indios? ¡Salid a él, que yo os absuelvo[88]!

Pizarro se vistió un sayo de armas de algodón, tomó su espada y adarga y salió a sangre y fuego entre los indios con el objetivo de llegar hasta Atahualpa a quien, acompañado sólo de cuatro hombres, consiguió asir del brazo[89].

Pizarro alzó una toalla en señal de ataque[90].

–¡Santiago, a ellos!

Los cañones dispararon hacia la plaza a la señal de Candía, sonaron las trompetas de Juan de Segovia y Pedro de Alconchel y salieron los infantes y los caballos, que hacían sonar sus cascabeles. Se formó un gran estruendo. Los indios, al ver aquello, empezaron a correr para salvar el pellejo. Quizá pensaron que en realidad los españoles sí podían ser dioses. Corrían despavoridos

86 López de Jerez, F., p.30.

87 Estete, M., p. 8V.

88 Seguimos aquí la crónica de Estete, M., p. 8V. Sin embargo, no hay mucho acuerdo en las palabras que pronunció el fraile. Lo que sí parece es que esta actitud no se correspondía con la línea que había llevado la orden dominica desde el inicio de la conquista, como veremos detenidamente en capítulos posteriores.

89 En la versión de Cieza de León quien primero llegó hasta el Inca fue el propio Miguel de Estete, natural de Santo Domingo de la Calzada, acompañado de Alonso de Mesa. Sin embargo, parece que el Inca fue apresado por Pizarro, que amenazaba de muerte a quien hiciese daño a Atahualpa, y que el señor de Chincha fue apresado por sus hermanos Juan y Francisco Martín de Alcántara.

90 Cieza de León, P. Capítulo 45.

atropellándose unos a otros, incluso unos dos mil o tres mil[91] se apretaron tanto unos a otros que tiraron abajo un trozo de valla o de muro. Aquel que podía huía, perseguido por los caballos de los españoles mientras en la plaza los infantes perpetraban una autentica escabechina.

Mientras, Pizarro intentaba proteger al Inca para que los suyos lo mataran[92]. No pasó así con toda la gente de las literas y de las hamacas, los señores principales que acompañaban al Inca, que fueron pasados a cuchillo, incluido el cacique de Cajamarca.

La batalla de Cajamarca según Jerez duró media hora[93]. En total, según Cieza de León, murieron aquel día más de 2.000 indios en la plaza, sin contar la gran cantidad de heridos[94] y todos los prisioneros que hicieron los españoles, incluidas las mujeres y las mamaconas[95]. No hubo bajas entre los españoles.

El gobernador condujo al Inca a su aposento. Le dijo que no tuviera afrenta de lo sucedido porque eran cristianos cuyo señor era el Rey de España. Venían a enseñarles la fe de Dios para que

le conozcáis y salgáis de la bestialidad y vida diabólica en que vivís, que tan pocos como somos sujetamos tanta multitud de gente. Y cuando hubieses visto el error en que habéis vivido, conoceréis el beneficio que recibís en haber venido nosotros a esta tierra por man-

---

91 Estete, M., p. 8V.

92 López de Jerez, F., p. 30.

93 Cristóbal de Mena habla de una duración de dos horas. Otros cronistas hablan de cuatro o cinco horas.

94 Cieza de León, P. Capítulo 45. Según Diego Trujillo unos dos tercios se ahogaron al chocar unos contra otros. Los muertos oscilan según el cronista que escriba entre las 2000 y las 10000 personas. Jerez y Alonso de Herrera dan unas 2000. Gonzalo Fernández de Oviedo 2800, Estete de 2000 a 3000, Antonio de Calancha 5000, el Inca Garcilaso más de 5000, Cristóbal de Mena de 6000 a 7000, Ruiz de Arce 7000, Diego de Trujillo 8000 y Diego de Almagro el Mozo 10000. Sin embargo, parece que 2000 es la cifra más real.

95 Vírgenes.

dado de Su Majestad. Y debes tener a buena ventura que no has sido desbaratado de gente cruel como vosotros sois, que no dais vida a ninguno. Nosotros usamos de piedad con nuestros enemigos vencidos, y no hacemos guerra sino a los que nos la hacen y pudiéndolos destruir, no lo hacemos, antes los perdonamos[96].

Se hacía de noche y no volvían los que habían salido a perseguir a los indios. Mandó Pizarro disparar la artillería y que sonaran las trompetas para que volviesen. Volverían después al real cristiano con más de 3.000 prisioneros.

Esa noche –como todas las demás– Pizarro mandó hacer guardias.

En este punto del relato nos preguntamos: ¿infravaloró Atahualpa a los españoles? Si el propio Inca no lo hizo, sus espías sí pensaron que los españoles eran menos peligrosos de lo que después mostraron. Los incas valoraban el potencial enemigo por su número, no pensaban –como los mexicas– que los españoles eran seres sobrenaturales.

Atahualpa había perdido la batalla decisiva por varios motivos. En su defensa podemos decir que no pudo prever que sus hombres correrían despavoridos a las primeras de cambio, al sonido de las lombardas, trompetas, arcabuces, cascabeles y falconetes. Estaba confiado en su potencial militar, acababa de derrotar a su hermano Huáscar, estaba en la cúspide de su carrera. Sin embargo, sí se le pueden achacar varios errores que le costarían la vida. Primero, dejó la ciudad de Cajamarca vacía. Si hubiera planeado una emboscada dentro de la urbe sus posibilidades de éxito habrían sido mayores. Segundo, se presentó bien a la vista de sus enemigos, en una litera llevada por sus nobles, y tercero, estaba embriagado de chicha, según Juan de Betanzos[97].

96 López de Jerez, F., p. 31.
97 Citado en Mira Caballos, E. *Francisco Pizarro*, p. 121.

Atahualpa sabía que iban a acabar con él así que ordenó a Rumiñahui que atacara Cajamarca. No sabía el Inca que eso ya no era posible, que era algo que ya escapaba a las posibilidades de su general. Pizarro dio la orden de ejecutarlo. No podía correr el riesgo de que Carlos V reconociera en el trono al Inca. Debía morir por el bien público, estaban rodeados de una gran multitud de indios. Seguían en gran peligro.

Sin embargo, no todos estaban de acuerdo con aquella ejecución, Hernando de Soto, por ejemplo. Según él, Rumiñahui no tenía capacidad para atacar Cajamarca, ni Atahualpa podía ser liberado por nadie. Parece que se dialogó sobre si ajusticiarlo o no y que hubo una votación en la que 350 abogaron por su muerte y 50 por su salvación.

Doce fueron los cargos en contra del Inca, siendo los más importantes que se le imputaron traición, regicidio, adulterio y herejía. Regicidio porque poco antes de la batalla de Cajamarca el general Quizquiz había saqueado Cuzco y tomado como prisionero a Huáscar. En su presencia, ejecutó a toda la familia real. Los nuevos incas no tenían reparo en asesinar a sus hermanos y hermanastros, la ejecución de enemigos potenciales era una larga tradición[98]. Además, sabía que si los españoles lo rescataban lo pondrían en el trono.

La decisión de la eliminación de Huáscar partió de Atahualpa, aunque él dijera después que no tenía nada que ver y que la decisión partió de sus generales[99]. La mayoría de los historiadores afirman que fue arrojado al río Andamarca, aunque otros sostienen que previamente fue estrangulado. Pizarro, al enterarse de la muerte de Huáscar protestó ante Atahualpa, pero lo cierto es que era algo que encajaba en sus planes.

---

98 Pachacútec Inca asesinó a su hermano Inca Urco y Huayna Cápac a sus hermanos. Mira Caballos, E. *Francisco Pizarro*, p. 341.

99 Mira Caballos, E. *Francisco Pizarro*, p.128.

A Atahualpa se le ejecutó el 29 de junio de 1533 en la plaza mayor. Lloraba pidiendo compasión, probablemente porque si era enviado a la hoguera no podría ser momificado y disfrutar de la otra vida. Finalmente, no murió en la hoguera como un hereje, sino en el cadalso, porque admitió ser bautizado[100]. Su muerte, si a corto plazo favoreció la conquista, a largo plazo traería alzamientos. Según Cieza, ni Almagro ni los demás capitanes firmaron la sentencia[101]. El Inca había cumplido, había pagado el oro[102] que prometió, por lo que había que enviarlo a España como pedía.

La guerra civil entre los incas sería decisiva para la conquista de su Imperio. La guerra en Perú y en México fue una guerra principalmente entre indios, eso sí, dirigida y planificada por los españoles. Pizarro, como Cortés, utilizó a grupos rivales, favoreciendo a los partidarios de Huáscar frente a los de Atahualpa. Este no era un líder respetado, más bien temido[103]. Por eso diferentes pueblos del norte se aliaron con Pizarro, quien con habilidad supo utilizar a los grupos que se enfrentaban a los quechuas.

Los curacas que participaron en la guerra civil en el bando de Huáscar querían venganza. Creyeron que los españoles les ayudarían en la victoria, pero se equivocaban. En contra de los incas también había otros pueblos que no estaban plenamente asimilados, que habían sido conquistados en la época de Huayna Cápac,

---

100 Algunas hermanas y mujeres del Inca intentaron suicidarse, como era costumbre, a su muerte.

101 Garcilaso o Gómara afirman que todo se hizo de forma legal.

102 Atahualpa le dijo a Pizarro que si le dejaban en libertad para ir a Quito le daría todo el oro que quisiera. El de Trujillo le contestó que aceptaba el trato, pero que primero quería ver el oro. Los dos sabían que todo era mentira, pero ambos jugaban a ganar tiempo. El Inca para que se produjera la ofensiva de los suyos y Pizarro para que llegara Almagro y su hueste. El Inca prometió llenar de oro en 40 días una sala de 28,88 metros cuadrados hasta una altura de 2,35 metros y el doble en plata sin quebrar, y así lo hizo. Después de la ejecución de Atahualpa los españoles se repartieron –oficialmente– 1,3 millones de pesos y más de 50000 marcos de plata. Mira Caballos, E. *Francisco Pizarro*, p.129.

103 Mira Caballos, E. *Francisco Pizarro*, p.22.

como los cañaris, los Chachapoyas y chimúes. La alianza con muchos de ellos (como con los tlaxcaltecas en México) sería inquebrantable. Serían decisivos en la conquista de Quito por Sebastián de Belalcázar y en la contención de alzamiento de Manco Cápac.

Muchos de estos curacas fueron recompensados por los españoles, y sus casas se mantuvieron en el poder durante la época colonial. Si los curacas aceptaban el poder de los españoles no había ningún problema, pero si no aceptaban se castigaba ejemplarmente a una parte de la elite y se dejaba al resto que administrase el territorio. Nunca se dejaba un territorio conquistado sin una autoridad indígena, eso era una práctica que se había llevado a cabo desde las primeras conquistas en Tierra Firme.

Al campesinado indígena al principio de la invasión le daba lo mismo que los que los tuvieran sometidos fueran los incas o los españoles, incluso les pareció esperanzador en un primer momento. Sin embargo, la servidumbre en la que vivían se acentuaría aún más con los españoles.

Pizarro y su hueste dejaron Cajamarca en agosto de 1533, después de ocho meses, y marcharon al Cuzco, lo que significaba un largo camino de 1200 kilómetros. Tupac-Hualpa, hermano menor de Huáscar, fue designado para sucederle. Con ello se intentaba evitar posibles levantamientos de los indios, ya que la guerra continuaba con los quiteños. Pizarro pensaba que sería un Inca títere que le permitiría entrar en Cuzco como libertador, pero tuvo la mala fortuna que murió en Jauja. Se acusó a Calcuchimac, que venía preso, de dar la orden de envenenarlo. Es improbable que fuera así, pero a Pizarro le convenía quitarse de en medio al general. Sería condenado a muerte, sin bautizar, en la hoguera, encomendándose en sus últimos momentos a Pachacámac[104].

Hernando de Soto se había adelantado en el camino con unos cuantos hombres con el fin de entrar primero en Cuzco, pero aquella temeridad le valió ser emboscado por Quizquiz y su ejérci-

---

104 El creador de la tierra.

to. Se libraron de la muerte por la llegada de Almagro y sus hombres y porque entró la noche para salvarlos a todos. Los quiteños ya no atacaban en campo abierto, habían aprendido la lección.

A 40 kilómetros del Cuzco Manco Inca Yupanki, otro hermano de Huáscar, se entrevistó con Pizarro y fue reconocido como Inca. Manco quería entrar en Cuzco antes de que fuera arrasada por Quizquiz, lo que se hizo en noviembre de 1533 sin ninguna resistencia porque el general inca había asesinado a todos los que podían resistir a los españoles. Se encontraron una ciudad semivacía. Aquella noche esperaron el ataque de Quizquiz, pero este nunca se produjo. Entonces, los españoles saquearon la ciudad a su antojo de una forma brutal.

Pizarro controlaba Cuzco, Jauja y San Miguel. Cajamarca había sido arrasada después de que los españoles la abandonaran. Seguían en la lucha los generales Rumiñahui –en Quito– y Quizquiz, que intentó sin éxito unirse a este. Rumiñahui, en un error imperdonable, dejó vía libre a los españoles en Quito, y estos no desaprovecharon la ocasión. Se hicieron con la ciudad y nunca más la abandonaron. Quizquiz terminaría asesinado por los suyos cuando comprobaron que Quito había caído en manos de los españoles. Rumiñahui sería apresado, torturado y ejecutado en la plaza mayor de Quito. El ejército inca había sido vencido.

Antes de la conquista de los españoles se estima que había unos ocho millones de nativos afincados en el Tahuantinsuyu. Tras la conquista y las epidemias que se desataron, en 1530 de viruela y en 1531 de sarampión y peste pulmonar, la población nativa se desplomó. En 1590 quedaban de ellos algo más de un millón. En 60 años su población descendió un 83,75%, lo que era algo sin precedentes en Europa, ni siquiera con la peste negra del siglo XIV[105].

---

105 Mira Caballos, E. *Francisco Pizarro*, p. 202.

4

LA VIOLENCIA SE DESVÍA. PIZARRISTAS CONTRA ALMAGRISTAS O ESCLAVOS Y ENCOMIENDAS: LAS LEYES NUEVAS (20-11-1542)

En 1529 se había firmado la Capitulación de Toledo entre Francisco Pizarro, Diego de Almagro y Fernando Luque. En ella Pizarro salió favorecido. Ya en el documento de la compañía que habían firmado en 1524 se dejaba claro que la cabeza visible era Pizarro, como capitán general. La igualdad de la compañía se refería a la financiación y a los posibles beneficios. Sin embargo, a Pizarro antes de ir a España se le dejó claro lo que debía pedir. Según Cieza de León la gobernación sería para Pizarro, el adelantamiento para Almagro, el obispado para Luque y el alguacilazgo mayor para Bartolomé Ruiz[1].

Pizarro acaparó casi todos los cargos sin hacer ningún caso a lo que se le había pedido. El emperador le concedía en la gobernación de Nueva Castilla los cargos de adelantado, gobernador, capitán general, alguacil mayor y alcaide de cuatro fortalezas, lo que suponía unas rentas anuales superiores al millón y medio de maravedíes. Almagro recibía la alcaldía de Túmbez y unas rentas de algo menos de medio millón de maravedíes y Luque el obispado de Túmbez y el cargo de protector de los indios del Perú. A Bartolomé Ruiz le concedían el cargo de piloto mayor de la Mar del Sur, a los Trece de la Fama se los

1 Mira Caballos, E. *Francisco Pizarro*, p. 104.

nombraba hijosdalgos, y a los que ya lo eran Caballeros de la Espuela Dorada.

Almagro se disgustó mucho cuando se enteró del contenido de esta capitulación. Además, con la llegada de Hernando Pizarro, pasaba de ser el segundo de la empresa a ser el tercero. De momento, Luque consiguió calmarlo, pero tras la conquista empezaron las discusiones y diferencias entre los socios. La cuestión principal radicaba en una ciudad: Cuzco.

En 1534 se firmaron unas nuevas capitulaciones, un texto calcado al de 1529. A Pizarro se le había concedido el territorio de Nueva Castilla, con una extensión de 270 leguas al sur del río San Juan. A Almagro se le concedía desde aquella frontera otras 200 leguas al sur, lo que se llamaría Nueva Toledo. Según Almagro esta división debía realizarse siguiendo las sinuosidades de la costa o por el camino real de una ciudad a otra, por lo que Cuzco entraba dentro de su demarcación. Según Pizarro, la línea divisoria debía hacerse midiendo los grados equinocciales entre ambos puntos, por lo que Cuzco quedaría a 245 leguas. Aquellos cálculos no estaban en lo cierto, Cuzco estaba a poco menos de 300 leguas. En realidad, Almagro tenía razón, aunque otra cosa era quién merecía más la ciudad de Cuzco. La conquista había sido cosa de Pizarro, que además había fundado Lima en 1535[2]. Almagro lo que pretendía era dividir el territorio en lo que se encontraron al llegar, dos reinos con capitales en Quito y Cuzco.

Con el fin de intentar salir de aquella situación, Pizarro convenció a Almagro para que realizara la conquista de los territorios de su demarcación, en Chile y Bolivia. Almagro y su hueste partieron, pero al no encontrar oro volvieron rápido. A la vuelta, se enteraron del alzamiento de Manco-Inca de 1535, con el que intentó llegar a un acuerdo. Las conversaciones no darían sus

2 La ciudad de los Reyes, fundada por Francisco Pizarro el 18 de enero de 1535. Como habían salido el 6 de enero a buscar la ciudad se le dio ese nombre.

frutos, ni tampoco las nuevas peticiones que le hizo a Hernando para que Cuzco entrara dentro de su demarcación.

Manco Inca había sido otro títere para los hispanos. Gobernaba, pero muchas veces era humillado. Aprovechando la salida de Almagro a Chile, promovida también por él, Manco Inca organizó un alzamiento, pero fue hecho prisionero por Juan Pizarro y su hermano Gonzalo. Sin embargo, después supo ganarse la confianza de Hernando Pizarro, recién llegado, y salió de la ciudad con el pretexto de ir a buscar una estatua de oro macizo[3].

Manco Inca en poco tiempo consiguió un ejército de unos 50000 o 60000 hombres, la mitad guerreros, con los que puso sitio a Cuzco en 1536. Allí había unos 200 soldados, la mitad a caballo, 150 de ellos aptos para combatir[4]. A pesar de su gran superioridad numérica, Manco Inca no asestaba el golpe final a la urbe, lo que dio tiempo a que llegara la sexta expedición de ayuda que se envió desde Lima, esta vez capitaneada por Alonso de Alvarado, y a que se presentara Almagro recién llegado de Chile, quien por fin derrotó a Manco-Inca en 1537[5].

Las fuerzas entre los pizarristas y los almagristas estaban igualadas. La noche del día 18 de abril de 1537 los hombres de Almagro entraron en Cuzco por tres sitios diferentes de la ciudad. Aquella noche llovía, Hernando Pizarro y sus hombres estaban

---

3 V.V.A.A. *Gran Historia Universal. Vol. XV*, p.182.

4 Mira Caballos, E. *Francisco Pizarro*, p.147.

5 Hernando, al levantarse el cerco, mandó a 100 hombres –30 de ellos a caballo– a perseguir al Inca. Mataban a las mujeres delante de los hijos y maridos, a quienes cortaban la mano derecha y después los liberaban. Buscaban el terror y la desmoralización del enemigo. Manco se refugió en Vilcabamba, pero tenía más enemigos aparte de los españoles: los cañaris, los yungas, los yanaconas y los quiteños. La división de los indios facilitó la conquista y el fracaso de la rebelión. Manco Inca fue asesinado en 1544-45 por 17 españoles. La pervivencia en Vilcabamba se prolongó hasta la captura del último inca, Túpac Amaru, en 1572. Después se darían más levantamientos, como los de Túpac Amaru o Tomás Catari en el siglo XVIII.

armados, pero los de Almagro rodearon la casa de Hernando y le prendieron fuego al techo, lo que obligó a salir a los que dentro estaban. Hernando y Gonzalo fueron hechos prisioneros y encerrados en una torre. El cabildo fue obligado a recibir a Almagro como gobernador.

Poco después Alonso de Alvarado fue enviado por Pizarro para negociar la liberación de sus dos hermanos, pero no se llegó a un acuerdo. Se produjo una batalla, en la que Alvarado y sus hombres fueron derrotados en el puente de Abancay. Era el 12 de julio. Alvarado y Garcilaso de la Vega, entre otros, fueron hechos prisioneros. A todos los reos se les ofreció cambiarse de bando, y la gran mayoría aceptaron. Como veremos más adelante, en Perú se convirtió en algo habitual.

A Almagro le presionaban para que matara a los dos hermanos de Pizarro, pero él se negaba a hacerlo. Mientras, el de Trujillo urdió un engaño, le dijo a Almagro que renunciaba a Cuzco. Almagro creyó en lo que le decía su antiguo amigo y respondió que le enviaría a Hernando, acompañado del quinto real del oro que había conseguido en Chile, con la condición de que mandara a su hermano a España para que rindiera cuentas ante el Consejo de Indias.

Mientras, algunos traidores conseguían liberar a Alvarado y a Gonzalo. Almagro envió un barco a España para que se informara de todo lo que había pasado, pero el navío fue apresado por los hombres de Pizarro.

Almagro quería solucionar el problema, y aceptó otra embajada para negociar con la mediación de fray Francisco de Bobadilla. Los dos líderes o sus representantes se reunirían en Mala, cerca de Lima, el 13 de noviembre. Ambos se mostraban recelosos del contrario, los dos bandos iban bien armados y preparados para la guerra. Se llegó a un primer acuerdo por el que Hernando quedaría libre y Pizarro dejaría salir el navío mandado por Almagro para que informara al Consejo de Indias. Sin embargo, Almagro sería informado de que se preparaba una celada contra ellos y huyó, al igual que lo hizo Pizarro. Después Bobadilla anunciaría que Cuzco pertenecía a Pizarro y que Almagro debía devolverla.

Hernando, ya libre, no se dirigió a España, sino que se dedicó a planificar su venganza. Lo primero que hizo Francisco Pizarro fue saquear la villa de Almagro y poner al frente de sus ejércitos a su hermano Hernando. Almagro, enfermo, se retiró a Vilcas –a unos 200 kilómetros de Cuzco– y envió a un emisario para que intentara volver a negociar evitando así la confrontación, pero el emisario fue apresado.

El 26 de abril de 1538 tuvo lugar la batalla de Salinas. Las fuerzas del almagrista Rodrigo de Ordoñez fueron derrotadas por Hernando Pizarro. Fue esta una batalla de extrema crueldad. Fueron asesinados más de 200 hombres que se habían rendido previamente, que estaban desnudos y desarmados. Si damos crédito a lo que cuenta Diego de Almagro el Mozo –hijo de Diego de Almagro– a un hombre *lo desollaron y le sacaron el unto, cosa de tan gran crueldad que jamás se vio ni oyó*[6].

Almagro había visto la batalla desde un cerro. Achacoso, llegó a Cuzco, pero al poco tiempo fue capturado. Le metieron en una celda sucia, húmeda y fría que estaba llena de pulgas y ratas. Alguien pidió que al menos le dieran un colchón y una manta, pero estuvieron a punto de matarlo por ello. En aquel lamentable estado pasó tres meses. Según Almagro el Mozo le ataron con una cadena gruesa y casi no le daban de comer, *parecía más furia de infierno que cárcel*, dijo[7].

Los pizarristas saquearon Cuzco y se vengaron de los almagristas a sangre y fuego. Hasta los religiosos fueron torturados para que dijeran dónde escondían los ajuares de oro y plata. A Almagro el Mozo no le reconocieron ninguno de sus derechos[8],

6 Citado en Mira Caballos, E. *Francisco Pizarro*, p.361.

7 Citado en Mira Caballos, E. *Francisco Pizarro*, p.170.

8 Heredero de Nueva Toledo, su cargo de mariscal, sus encomiendas, su hacienda.

andaba vendiendo capas para comer, mientras muchos nativos se arrastraban pidiendo comida y morían de hambre.

Pizarro se había ido a Jauja para no verse implicado en el proceso de su antiguo amigo, quien fue enjuiciado por Hernando sin ninguna garantía. El 8 de julio de 1538 fue ajusticiado y muerto en la cárcel por garrote vil y en plaza pública degollado. Pusieron su cabeza en una picota. Así se portó Hernando, aunque actuaba por órdenes de su hermano Francisco[9], con quien le había perdonado la vida meses antes.

Algunos almagristas se dirigieron a España para iniciar una causa general contra Hernando, quien también partió hacia España con la esperanza de informar al Consejo antes de que lo hiciera la gente de Almagro. Su viaje resultaría infructuoso, porque estos se le adelantaron y dieron su versión en la corte antes de Hernando. Cuando este llegó a Sevilla, fue encarcelado, acusado de perpetrar la muerte de Almagro y de fomentar las guerras civiles[10].

Debido a todo lo que había ocurrido, el emperador envió al licenciado Vaca de Castro, oidor de la chancillería de Valladolid, para que investigara la situación y reemplazara a Francisco Pizarro si este había muerto.

Francisco volvió a Lima a finales de 1540. En contra de la opinión de muchos, incluido la de su hermano Hernando, había metido en su casa al hijo de Almagro. Los almagristas se conjuraron para matar a Francisco, que no dio crédito a los rumores que se escuchaban en la ciudad de que estos querían matarle. Ya se lo había advertido un paje a Francisco:

---

9 Mira Caballos, E. *Francisco Pizarro*, p. 173.

10 En mayo de 1540 entró en prisión sin fianza. Primero estuvo encerrado en el Alcázar de Madrid, después en la casa del comendador Ludeña, posteriormente en la «casa grande» de la calle de Teresa Gil y por último en el castillo de La Mota de Medina del Campo. Estuvo allí desde 1543 a 1561, año en que le dejaron en libertad, quizá debido a la rebelión de Lope de Aguirre.

–Señor, por toda la ciudad se dice y entre los indios se halla muy público que os han de matar los de Chile[11].

Pizarro fue muerto por no dar crédito a aquellos rumores. El 26 de junio de 1541 veinte hombres entraron en su palacio al mando de Iván de la Rada. Pizarro tuvo tiempo de empuñar por última vez las armas junto a su hermano Francisco Martín y sus dos pajes. Primero había caído el capitán Francisco de Chávez, junto a sus criados. Después murieron Francisco Martín y los dos pajes. Pizarro se llevó por delante a tres asaltantes. Fue tocado en la garganta, cayó de rodillas y pidió confesión. Sus asesinos le gritaron: «¡ve a confesarte al infierno!». Pizarro trazó en el suelo una cruz con su propia sangre, la abrazó y se desplomó en el suelo gritando ¡Jesús![12]

El análisis óseo de sus restos ha confirmado 14 estocadas[13], aunque el episodio de la cruz y de la confesión es más literatura posterior que otra cosa. Lo que sí parece claro es que la señal de ataque partió del interior del palacio, en el que había almagristas infiltrados o que habían estado alguna vez con Almagro.

Ahora fueron los almagristas los que se vengaron a sangre y fuego contra los de Pizarro y sus propiedades. Hernando estaba en España, Gonzalo en la expedición de la Canela por el Amazonas. El padre Valverde huyó a la isla de Puná, donde sería asesinado a palos por los indios. Los criados de Pizarro fueron torturados para que dijeran donde estaba el oro. También se hicieron con todas las armas y caballos que pudieron, conscientes de que pronto estallaría un nuevo enfrentamiento contra los de los Pizarro y contra el licenciado Vaca de Castro.

Diego Almagro el Mozo fue proclamado nuevo gobernador. Envió emisarios a las ciudades, sobre todo al Cuzco, para

---

11 De Peralta y Sosa, J.M. y De Peralta Reglado, p. 171.

12 Citado en Mira Caballos, E. *Francisco Pizarro*, p. 177.

13 Mira Caballos, E. *Francisco Pizarro*, p. 177.

que acataran su autoridad. También escribió a la Audiencia justificando el asesinato de Pizarro. Sus excusas no tenían sentido. Según él, se le mató en defensa propia, porque Pizarro planeaba asesinarle a él. Sus hombres sólo pretendían prenderlo –diría después–.

En noviembre de 1541 Vaca de Castro entraba en Quito. Se había retrasado, se le esperaba desde 1540, lo que habría evitado la muerte de Pizarro, pero no fue así. Nada más llegar fue acusado por el Mozo de coaligarse con los pizarristas para quitarle la gobernación. La respuesta del oidor fue reunir al poco tiempo de llegar un gran ejército de más de 1000 hombres bien armados. Los de Almagro el Mozo no eran más de 600[14]. Viendo su inferioridad, el Mozo envió dos embajadas para negociar con Castro en 1542 en las que solicitaba que les dejasen ir libres a su gobernación de Nueva Toledo, pero Castro se negó. Sólo le valdría su rendición incondicional.

El 16 de septiembre de 1542 se dio la batalla decisiva en Chupas, Ayacucho. Las fuerzas de Vaca de Castro salieron vencedoras, aunque los realistas tuvieron 300 bajas[15]. En Huamanga muchos almagristas fueron apresados y degollados. Almagro el Mozo huyó a Cuzco, pero fue apresado por los vecinos y, como su padre, condenado a muerte.

Castro asumió el gobierno. Sentenció a muerte a todos los cabecillas:

Sean presos a las colas de dos caballos y otras bestias y arrastrados públicamente con voz de pregonero [...] y sean hechos cuartos y puestos los dichos cuartos en los palos por los caminos públicos[16].

---

14 *Ibid.* p. 186.

15 *Ibid.*

16 Citado en Mira Caballos, E. *Francisco Pizarro*, p. 371. Proceso del asesinato de Francisco Pizarro. P.R., II/77(2), Fols. 204R-205R.

También se les confiscaban los bienes y se tiraban abajo sus casas. Sus hijos nunca podrían ser nombrados caballeros, ni tener honra ni dignidad, ni ejercer oficios públicos.

Dos meses más tarde, desde Barcelona y después Valladolid, se promulgarían unas leyes, las llamadas Leyes Nuevas. Aquel texto no había salido de la nada, sino que finalizaba una evolución de leyes a favor de los indígenas que había empezado 30 años antes.

Las Leyes Nuevas no serían sinónimo de paz. Todo lo contrario. Volverían a traer otra guerra civil entre españoles.

DE BURGOS A BARCELONA

El 4 de diciembre de 1510 Fray Antonio de Montesino, de la orden de los dominicos, se dirigió a oficiar el sermón del cuarto domingo de adviento, animado por su superior Fray Pedro de Córdoba. En 1510 habían llegado seis frailes dominicos a Santo Domingo desde Extremadura. Después llegaron más dominicos y entre ellos Fray Antonio de Montesino. Tenía, aquella orden, fama de contar en sus filas con grandes predicadores.

El sermón se oficiaría en la cabaña de madera, un sitio grande con techo de paja, que hacía de iglesia de los dominicos. Montesino anunció que el sermón versaría sobre el versículo del capítulo tres del evangelio de San Mateo: *soy una voz que clama en el desierto*. Había allí bastante gente, algunos grandes encomenderos y algunos veteranos de guerra, que diríamos hoy, de la época del Almirante Cristóbal Colón, otros que llegaron en la flota de Ovando en 1502 y otros que habían llegado con Diego Colón en 1509. Ninguno de ellos se esperaba lo que iba a decir el fraile, un ataque directo al corazón de los encomenderos y de los esclavistas.

Para os los dar a conocer [nuestros pecados contra los indios] me he subido aquí, yo que soy la voz de Cristo en el desierto de esta isla y por tanto conviene que con atención, no cualquiera, sino con todo vuestro corazón y con todos vuestros sentidos, la oigáis: la cual será la más nueva que nunca oísteis, la más áspera y dura, y más espantable y peligrosa que jamás no pensasteis oír[17].

Algunos pensaban estar oyendo la voz del juicio final, dice Hugh Thomas, con la energía con la que hablaba el fraile. Seguía:

Todos estáis en pecado mortal y en él vivís y morís por la crueldad y tiranía que usáis con estas inocentes gentes. Decid, ¿con qué derecho y con qué justicia tenéis en tan cruel y horrible servidumbre aquellos indios? ¿Con qué autoridad habéis hecho tan detestables guerras a estas gentes que estaban en sus tierras mansas y pacíficas? [...] ¿Cómo los tenéis tan opresos y fatigados sin dadles de comer ni curallos en sus enfermedades, que de los excesivos trabajos que les dais incurren y se os mueren, y por mejor decir, los matáis, por sacar y adquirir oro cada día? ¿Y qué cuidado tenéis de quien los doctrine y conozcan a su Dios y creador, ser bautizados, oigan misa, guarden las fiestas y domingos? ¿No sois obligados a amallos como a vosotros mismos? ¿Esto no entendéis? ¿Esto no sentís? ¿Cómo estáis en tanta profundidad de sueño tan letárgico dormidos? Tened por cierto, que en el estado en que estáis no os podéis más salvar que los moros o los turcos[18].

Esta última frase debió escocer bastante a los presentes. Si la llegada de aquellos dominicos al principio pareció un desafío a la orden franciscana, ya bien establecida en la isla, marcaría un punto de inflexión en la historia de la conquista de los hispanos.

Los dominicos serían los grandes reformadores de los primeros tiempos de la Casa de Austria. Montesinos salió de aquella

17 Thomas, H., p. 347.
18 *Ibid.*

cabaña satisfecho de lo que había hecho dejando a todos asombrados. Debieron quedarse *ojipláticos* ante lo que acababan de escuchar porque nadie de los que había allí se había parado a pensar en los indios que tenían a su cargo, ni pensaban que estaban haciendo nada malo con ellos.

Los encomenderos más ricos fueron a ver a Diego Colón para pedirle que castigara a aquel dominico por escandalizar y propagar una nueva doctrina, que en verdad iba en contra del orden establecido. Diego se quejó ante fray Pedro, pero el fraile le dejó claro que Montesinos hablaba por toda la orden. Entonces los dominicos no debían tener criados indios, ¿no? –Le contestó Diego Colón[19]–.

Si Montesinos no se retractaba sería castigado, le dijo al fraile. Este le comunicó que Montesinos volvería a dar un nuevo discurso. Colón entendió que en aquel nuevo parlamento se retractaría, pero de eso nada. Los dominicos se negarían a confesar a colonos y conquistadores, como si fueran salteadores de caminos. ¡Salteadores de caminos! Podían escribir a España o hacer lo que les diera la real gana, pero ya las cosas habían cambiado para siempre.

La esclavitud de los indígenas no era como la de los negros que llegaban a las Indias desde África. No era una esclavitud de compra o capitalista, era una esclavitud de conquista, como la que se había dado –y se estaba dando– en las Canarias con los guanches. Su temporalidad, comparada con la de la esclavitud negra, sería poca –la que abarcó de 1493 a 1542 con la promulgación de las Leyes Nuevas–, aunque a decir verdad no se acabó con la esclavitud indígena del todo, sino que el servilismo de los indios caribes y rebeldes siguió hasta 1679 y la triquiñuela legal de esclavizar a indios «barbaros» llegó hasta finalizar la etapa colonial.

19 *Ibid.* p. 348.

Si las instituciones de la encomienda, el yanaconaje, el cuatequil u otras formas de explotación no eran en absoluto buenas para los indígenas, la esclavitud fue la peor de todas. Esta ya se conocía en América antes de la llegada de los españoles, pero no existía en el mundo de los taínos[20]. Las civilizaciones de mayas, incas o mexicas tenían esclavos, también los había entre los indios caribes[21], que utilizaban a sus prisioneros taínos y a otras etnias como siervos.

La esclavitud de los indios había empezado con el segundo viaje de Cristóbal Colón. Ya se propuso por el Almirante en 1493 y fue aceptada por los Reyes Católicos. En España se pensaba que el barbarismo de los indios –el canibalismo, los sacrificios humanos– eran motivos suficientes para justificarla. Eran gente que no estaba civilizada, que no tenían ciudades, que no tenían una organización política desarrollada, eran gente que no usaban la razón, eran paganos, en fin.

Sin embargo, cuando Colón llegó a las Indias en su segundo viaje no esclavizó a los indios caribes y caníbales, sino a los pacíficos indios taínos de La Española. Se llevaron 500 indios a España para ser vendidos, pero cuando los Reyes Católicos tuvieron noticias de lo sucedido quisieron consultar el asunto de la esclavitud indígena a teólogos y canonistas. Los reyes querían saber si era legal que se trajeran esclavos de América, deseaban cerciorarse de si esos esclavos se podían vender o no.

El Rey y la Reina. Reverendo en Cristo Padre Obispo de nuestro Consejo. Por otra letra nuestra vos hubimos escrito que ficiésedes vender los indios que envió el Almirante don Cristóbal Colón en las carabelas que agora vinieron, y porque Nos queríamos informarnos de letrados, teólogos y canonistas, si con buena conciencia se pueden vender estos por esclavos o no, y esto no se puede facer hasta que vea-

20 De las Antillas mayores y menores.

21 Caribe y costa norte de Sudamérica.

mos las cartas que el Almirante nos escriba para saber la causa por qué los envía acá por cautivos, y estas cartas las tiene Torres, que no nos las envió; por ende en las ventas que ficiéredes destos indios sea fiado el dinero dellos por algún breve término, porque en este tiempo nosotros sepamos si los podemos vender o no, no paguen cosa alguna los que los compraren, pero los que los compraren no sepan cosa desto; y faced a Torres que dé prisa en su venida y que si se hubiere de detener algún día allá, que nos envíe las cartas[22].

En 1495 todavía se seguía debatiendo si se podían enviar a España más esclavos o no, pero Colón no esperó a ninguna conclusión que saliera de la Corte o de las juntas de teólogos y siguió mandando indios. Tampoco esperaron las concusiones los propios Reyes Católicos, que pidieron esclavos para sus galeras en 1496. Si al final se decidía que eran libres se devolverían a sus tierras los que siguieran vivos.

Para Colón –y para toda Europa– la esclavitud era un gran negocio. Cada esclavo valía 5.000 maravedís, y subía a 8.000 si llegaban de Cabo Verde[23]. Al enviar a los indígenas a España muchos morían en el trayecto, pero era algo que se solucionaría, decía Colón, porque lo mismo había pasado al principio con los negros y con los canarios. Sin embargo, con los indios las cosas serían diferentes porque, para asombro de muchos, en 1500 apareció la provisión real por la que teólogos, letrados y canonistas consideraban que los indios eran libres.

El Rey y la Reina. Pedro de Torres, Contino de nuestra Casa. Ya sabéis cómo por nuestro mandado tenedes en vuestro poder en secrestación[24] *y de manifiesto algunos indios de los que fueron traídos*

22 Lucena Salmoral, M. *Leyes para esclavos*..., p. 538. Madrid, 16 de abril de 1495.

23 *Ibid.* p. 53.

24 Secuestrados, apartados (RAE).

de las Indias, y vendidos en esta ciudad y su Arzobispado, y en otras partes de esta Andalucía, por mandado de nuestro Almirante de las dichas Indias; los cuales agora Nos mandamos poner en libertad, y habemos mandado al Comendador Fray Francisco de Bobadilla que los llevase en su poder a las dichas Indias y haga dellos lo que le tenemos mandado. Por ende Nos vos mandamos que luego que esta nuestra cédula vieredes, le dedes y entreguedes todos los dichos indios que así tenéis en vuestro poder, sin faltar dellos ninguno, por inventario y ante escribano público, y tomad su conocimiento de cómo los recibe de vos; con el cual y con esta nuestra cédula mandamos que no vos sean pedidos, ni demandados, otra vez[25].

¿Por qué esta decisión? ¿Porque los indígenas eran paganos, pero no infieles? Se decidió que aquellos indios podrían ser esclavizados y vendidos si había razones para ello. Tres eran las razones principales. Podían pasar a ser siervos si practicaban el canibalismo, si eran esclavos de otros indios o si se oponían a su evangelización o su conquista, lo que a la postre significaba que podían serlo casi todos los indios. En fin, el negocio esclavista siguió.

Diego Colón llegó a Santo Domingo en julio de 1509 con un plan detallado de repartimiento de indios. Consistía este en que el gobernador repartiese 100 indios a los funcionarios y alcaides que la Corona quisiera. A los caballeros que fueran a La Española con sus esposas se les darían 80 indios, a los escuderos o soldados 60 indios y a los demás trabajadores 30 indios, siempre partiendo de la base de que fueran allí con sus mujeres[26].

Según todos los cálculos se estaba produciendo un descenso poblacional catastrófico de indígenas. Esta gran mortandad hizo que en 1508/1509 se buscaran indios para llevar a La Española de

25 Lucena Salmoral, M. *Leyes para esclavos...*, p. 542. Sevilla, 20 de junio de 1500.

26 Thomas, H., p. 342

islas cercanas y que después se trasladasen indios desde La Española a Puerto Rico para su conquista.

La orden de Fernando el Católico fue traer nuevos indios de otras islas *con el menos escándalo que se pudiese hacer*[27]. Diego Colón aceptó la oferta de ciertos comerciantes para que trajeran indios de las Bahamas a bajo precio. Si los indios aceptaban ir de buen grado a La Española eran considerados naborías o criados forzosos[28], pero si no consentían eran considerados esclavos. A aquellos indios que se traían de otras islas, como se confundían con los indios de La Española, en 1511 se les empezó a poner el carimbo, es decir, que se les realizaba una marca a fuego en una pierna.

Doña Juana, por la gracia de Dios, etc. Por cuanto yo he sido informada que, a causa que los indios que se traen a la isla Española de las otras islas comarcanas, no están, ni andan señalados, para que se conozcan cuáles son e dónde e cuyos en la dicha isla hay, y se espera haber algunas diferencias, y así mismo los dichos indios se van y ausentan, y por causa de no ir señalados no se pueden haber ni conocer, de lo cual, a las personas que han trabajado en los traer, y a quien se han dado por repartimiento, viene mucho daño, y por excusar y evitar todo lo suso dicho, se ha acordado que debía mandar dar esta mi carta en la dicha razón, por la cual mando que ahora, y de aquí adelante, todos y cualesquier indios que a la dicha Isla Española se trajeren de otras islas se les haga y ponga una señal en la pierna, cual y de la manera que el Almirante y Oficiales pareciere[29].

27 Pizarro Zelaya, A., p. 33.

28 Sin embargo, no tendrían parcelas propias en Santo Domingo como las naborías de La Española, así que serían naborías a perpetuidad. Es decir, en la práctica eran casi esclavos.

29 Lucena Salmoral, M. *Leyes para esclavos...*, p. 547. Tordesillas, 25 de julio de 1511.

A principios de 1510 Fernando el Católico escribió a Diego Colón, interesado en el tema de la esclavitud. El rey mandaba llevar esclavos negros a las minas. Sabía que de ellas se podía sacar mucho oro y lo quería para financiar sus guerras:

Y porque los indios son flojos para romper las piedras, métanse todos los esclavos [negros] en las minas, que yo mando a los oficiales de Sevilla que os envíen 50 esclavos[30].

El 10 de febrero el rey autorizó a mandar 200 esclavos negros a las Indias, que fueron llevados a Sevilla o Lisboa por los portugueses desde el golfo de Guinea o Cabo Verde, lo que constituiría un punto de inflexión –junto a otra decisión de 1507– en el comercio de esclavos negros. Parece que al final fueron enviados 150 esclavos negros en barcos del rey, comprados en Portugal por genoveses[31].

Los encomenderos trataban a los indios, a los que llamaban perros, como seres inferiores. No tenían ningún miramiento con ellos, y para nada se preocupaban de su evangelización. Es ahora cuando entraron en escena Montesinos y la orden de los dominicos, que alzaron su voz en un contexto de muerte en masa de los indios. Bartolomé de las Casas hablaba del abismo que existía entre las leyes y todo lo que ocurría en realidad.

Los dominicos denunciaron la opresión de los encomenderos hacia los indios, pero todo aquello se interpretó como un ataque a los fundamentos jurídicos y éticos de la monarquía de los Reyes Católicos en el Nuevo Mundo. Todo ello hizo que los sermones de los dominicos tuvieran muy poco efecto en este tiempo. Sus palabras no se tuvieron en cuenta y en diciembre de 1511 los nativos de Trinidad fueron declarados caníbales, dejando abierta su captura.

---

30 Thomas, H., p. 344

31 *Ibid.*

El rey mandó hacer callar a los dominicos. Según Fernando no tenían fundamento canónico para aquellas críticas, esa era la opinión que le habían dado de todos los expertos. Que los indios sirviesen a los cristianos era, según el rey, *conforme a derecho humano e divino*. Era evidente, decía, *cuan necesaria es que esa servidumbre de los indios esté ordenada como está*[32]. No se podía cuestionar, por tanto, si las encomiendas eran lícitas o no.

Cuando hablamos de encomiendas, ¿a qué nos referimos? Estas eran un sistema por el que se daban indios a un cacique castellano, un encomendero, y quedaban bajo su autoridad. Bajo estas encomiendas, los indígenas no eran esclavos, no podían donarse, ni venderse, ni traspasarse ni alquilarlos. El encomendero, aparte de su compromiso a defender la Corona, también tenía la obligación de dar a los indígenas protección y una instrucción en el cristianismo. En teoría no tenía derecho alguno sobre los nativos, ni por propiedad ni por vasallaje, y el contrato firmado sólo se circunscribía a un servicio personal y más adelante un tributo con una duración también estipulada. Estas encomiendas podían ser vitalicias o hereditarias por un tiempo establecido, después del cual debían pasar a la Corona. Cuando un encomendero moría lo normal es que los indios pasaran a su viuda o a sus hijos, lo que se llamaba *disimulación*.

El 24 de diciembre de 1511 por un decreto en Burgos se estableció que era lícito esclavizar a los indios que se resistiesen a estas encomiendas y no quisiesen ser adoctrinados en la Santa Fe Católica. Era como decir que todos podían ser esclavos, con esta ley casi cualquier nativo podía ser considerado caribe y por ello ser esclavizado. El negocio era el negocio, y los jueces de la Audiencia de Santo Domingo participaban en él. Eran grandes tratantes

32 Pizarro Zelaya, A., p. 38.

de esclavos que dieron sin reservas su beneplácito en 1512 a otras dos expediciones en busca de más indios. La Corona declaró la guerra a los indios caribes, y por una cédula de las autoridades dominicanas prohibió que se atrapasen en las islas donde hubiera oro, quizá para facilitar la extracción del precioso metal.

En marzo de aquel año, el superior de la orden dominica en España, fray Alonso de Loaysa, reprendió a los dominicos de La Española y les conminó a que dejaran de predicar todos aquellos sermones, aunque en España se inició un largo debate sobre el discurso del dominico Montesinos, quien viajó hasta la Corte, al igual que algunos representantes de los colonos.

Aquel debate fue único en todos los imperios de la época, anteriores y posteriores al de la monarquía española. Es un hecho diferenciador de este país que llamamos España, e hizo que surgieran leyes a favor de los indígenas. Repetimos, aquellos debates son únicos en la historia de los Imperios. A nadie, ni a franceses, ni a ingleses, ni a holandeses, estadounidenses, rusos o chinos se le ocurrió pensar que aquellos a quienes conquistaran tuvieran derechos y fueran vasallos de la Corona. La labor de un historiador es contar todo lo que ocurrió. Exponer las luces y las sombras, todo. Dar a conocer las crueldades y los actos violentos de conquista y dominación, pero también los actos de indulgencia, de clemencia o de magnanimidad.

Es cierto que estas leyes no tuvieron el resultado deseado al principio de su promulgación, pero su importancia fue capital porque terminarían inspirando otras leyes que al final acabarían suprimiendo la esclavitud de los indígenas. Lo veremos con detenimiento, aunque es preciso resaltar aquí una palabra: indígenas. ¿Qué pasaba con aquellos esclavos negros que llegaban de África? ¿Le importaban a alguien? De esos casi nadie hablaba. Lo veremos también.

El debate sobre la esclavitud de los indígenas no era raro en España, ya había ocurrido con la conquista de las islas Canarias[33]. En agosto, Montesinos le dio al rey una lista de agravios de los indios que impresionó y horrorizó al monarca[34], por lo que ordenó juntar una comisión de teólogos y funcionarios para que investigaran el tema rigurosamente. Fernando, que se fiaba de la opinión de los expertos, trasladó toda la información a una junta en Burgos para que legislara sobre aquello.

En la conferencia de Burgos hubo opiniones de todo tipo. Se dieron discursos de teólogos que estaban a favor y en contra de la libertad de los indios. Los había que abogaban por la esclavitud de los indígenas si había una guerra justa de por medio –no en Navarra, que aquel año estaba siendo conquistada por el Duque de Alba, por cierto. A nadie en su sano juicio se le pasaba por la cabeza esclavizar a los navarros– y también estaban los que definían a los indios como animales que hablaban. Otras interpretaciones a favor de los indios y en contra la esclavitud se plasmarían en unos discursos que tardarían tres siglos en ser superados.

Al final de aquellas jornadas, en la conferencia se llegó a una serie de conclusiones o principios, siendo el más importante que los indios eran seres libres, a quienes se les debía instruir en la fe católica, pero que podrían ser coaccionados para ello. Estarían obligados a trabajar *para su propio beneficio* –el de los indios– y se les pagaría para que se pudieran comprar ropas y otros enseres. Las encomiendas se reconocían, aunque también que no se les podía maltratar físicamente, ni flagelarlos ni llamarlos perros o insultos semejantes que les denigraran.

Estas leyes a las que nos referimos serían las que pasaron a la posteridad con el nombre de las Leyes de Burgos, centradas en el cuidado de los indios encomendados. Cuando hablamos de estas leyes nos referimos a dos documentos: las leyes rubricadas por

33 La conquista de las Canarias fue precedida por una declaración de justificación jurídica escrita por el obispo de Cartagena, que afirmaba que las islas habían formado parte del reino de los visigodos. Thomas, H., p. 350.

34 Thomas, H., p. 350.

Juana la Loca y su padre Fernando el Católico el 27 de diciembre de 1512, las llamadas *Ordenanzas reales para el buen tratamiento de los Indios*, y también la *declaración e moderación de las dichas ordenanzas*, de 28 de julio de 1513[35].

Su importancia radica en que se convertían en la primera regulación de las relaciones sociales en la sociedad colonial. Nos encontramos ante el primer código laboral escrito y conocido del Nuevo Mundo. Para algunos autores, como A. Kofman, son estas leyes una muestra de humanismo. Para otros, como Monje Santillana, un precedente del derecho internacional y un reconocimiento de los derechos humanos[36]. Para muchos, leyes que se promulgaron a favor de los indios.

Estas leyes dejaban claro que los indios eran libres y que debían vivir en pueblos y en casas nuevas construidas para ellos. Se debía dotarlos de viviendas y haciendas propias, dándoles tiempo para su traslado. Sus viejas chozas, *con suma gentileza*, debían ser destruidas[37]. Por otro lado, los españoles debían en la convivencia darles buen ejemplo de cristianos e incitar a los indios a casarse, que también estaba regulado. Los niños debían ser bautizados, y los hijos de los caciques debían instruirse junto a los franciscanos –ojo, no los dominicos, lo que demuestra la animadversión de la Corona hacia esta orden– durante cuatro años.

Los indios eran libres, sí, pero las encomiendas no se cuestionaron. Es más, estas leyes las confirmaron, y eso que aquello había sido la principal denuncia de los dominicos. Aún siendo personas libres los indios podían ser obligados a trabajar para los cristianos por razón de señorío y servicio que debían al rey

35 Son las enmiendas sugeridas por fray Pedro de Córdoba. Las leyes de Burgos debían tener una vigencia al menos hasta 1523.

36 Citado en Pizarro Zelaya, A., p.33.

37 Se determina la reubicación forzosa en los bohíos de los indios en un contexto de 50 indios por asentamiento, lo que llevaba al hacinamiento y a la promiscuidad, aunque por otro lado se les pedía que fueran monógamos. Pizarro Zelaya, A., p. 42.

de España, a cambio de que los españoles los mantuvieran en justicia y fueran evangelizados, siendo esta evangelización un tema principal, puesto que el trabajo no debía impedirla. Eso sí, las obligaciones laborales de los indígenas debían ser tolerables, debían contar con descansos convenientes diarios y anuales y recibir un salario apropiado en dinero y en especie.

Se estipuló que los niños menores de 14 años no podían trabajar, aunque sí ayudar en cosas que supieran hacer y que las mujeres embarazadas no podían ser requeridas para los trabajos manuales. Algunas mujeres pasaron a trabajar en la minería, cosa que no hacían antes de la llegada de los españoles, aunque se legisló que cuando estuvieran embarazadas dejarían la minería y se dedicarían al servicio doméstico. En un primer momento se determinó que debían causar baja desde el cuarto mes de gestación hasta los tres años del niño o niña, aunque aquel derecho duraría muy poco porque en las ordenanzas de Zaragoza de 1518, se bajó significativamente a dos meses el tiempo de baja.

Un tercio de los indios podían trabajar en las minas[38], aunque en este trabajo no podían ser maltratados ni se podría hacerlos trabajar en exceso. Las leyes dejaban claro que no podrían ser utilizados como animales de carga ni ser maltratados física ni psicológicamente. En las minas debían trabajar cinco meses y después descansar 40 días, aunque estos plazos en el trabajo podían tener demoras para mejorar la productividad, lo que en muchas ocasiones haría que la ley se quedara en papel mojado. No queda patente si en esos descansos debían hacer otras faenas o no aunque lo que en ningún caso pararía sería la evangelización.

Como contraprestaciones a los servicios de los indios se les debía dotar de una hamaca –para que no durmieran en el suelo, *como animales*–, y se les debía alimentar –sólo a los trabajadores– convenientemente, aunque esto sería de forma diferente dependiendo de donde trabajaran. Por supuesto que nunca se les

38 Thomas, H., p. 354

alimentó como decían las leyes, y como decía Las Casas, allí lo sabía todo el mundo y todos miraban para otro lado.

A los indios se los debía *hispanizar* de manera forzosa. Debían recibir de los encomenderos el salario de un peso de oro anual para su vestimenta, descontando un real para la vestimenta del cacique y su mujer, y ser instruidos en la religión y en el credo cristiano. Tenían la obligación de construir iglesias y complementar el trabajo manual con la instrucción religiosa –lo que por supuesto no se hacía–. Después de trabajar todo el día aquellos indios debían ir a un pajar que hacía de iglesia a rezar cosas que ni entendían.

Respecto a la esclavitud en estas leyes de Burgos sólo se recomendaba que se diera un trato más suave a los indios que a los negros. Así que sobre este tema nada de nada. Se aconsejó que se tratara a los indios

> *con mucho amor y blandura* –¿qué significaba eso?–, *lo que más se pueda para mejor inclinarlos en las cosas de nuestra Fe católica*[39].

Para la realización de todo esto debían acudir dos visitadores por pueblo, que hacían visitas o inspecciones rutinarias cada seis meses a las encomiendas de los vecinos. Los visitadores a su vez serían sometidos a un juicio de residencia cada dos años, aunque este sistema resultó de todo punto ineficaz. Si tenemos en cuenta que los visitadores eran a su vez encomenderos y pagados con más encomiendas, nos podemos hacer a la idea de la rigurosidad de las visitas.

¿Fueron las leyes de Burgos sólo normas de cara a la galería que no se cumplieron? Para algunos historiadores estas leyes fueron inaplicables, de casi nula eficacia. Fueron «letra muerta». Para Bartolomé de las Casas

---

39 Lucena Salmoral, L. *Leyes para esclavos...*, p. 53.

Figura 4. Descripción de las torturas de los indios a los españoles. Theodore de Bry.

si no fueron [leyes] injustas fueron vanísimas y superfluas, más para cumplir con el mundo que para remedio de los indios[40].

Para cumplir con el mundo, decía el dominico. Algunos historiadores modernos piensan como De las Casas, que estas leyes fueron sólo un lavado de cara, normas que se venían a sumar a un derecho indiano ya de por sí muy confuso. El mismo rey Fernando llegó a decir que se mandaron para *lo de la conciencia para el que los tratare muy mal*. Aunque afirmaba después: *non creo yo que los tratasen mal*[41].

40 Pizarro Zelaya, A., p. 57.
41 *Ibid.* p. 58.

Sin embargo, para otros historiadores supusieron grandes mejoras en la vida de los indígenas y si no fueron leyes todo lo favorables que debían ser para los indios, sí sacaron cosas positivas como las limitaciones de la jornada o los salarios. Todo parece indicar que los efectos positivos de estas leyes fueron escasos. Era difícil compatibilizar encomienda, trabajo forzado y protección al indio. Pero como dice, A. Pizarro Zelaya, la importancia del código no radica tanto en su aplicación, sino en su promulgación o publicación. Se daban por buenas las encomiendas en su condición de repartimientos forzosos, pero en un marco de buen ejemplo por parte de los españoles.

Fueron un intento de mediar en las relaciones socio-laborales para intentar la protección del indígena aun dotando con ellas a los encomenderos de mano de obra servil. Sí parece claro que el principio básico, que el indio era libre, no se cumplió, porque al mismo tiempo era justo obligar a trabajar a los indios para los cristianos.

A pesar de todo lo dicho y de las buenas intenciones de la Corona, los años que van desde 1513 a 1542 serían los años más terroríficos para los indios. Estamos ante el apogeo de la esclavitud indígena. Con el inicio de la conquista del continente se dio a Pedrarias un instrumento principal para su conquista de Castilla del Oro: el *requerimiento*. Escrito en 1513 por Juan Gómez de Palacio, se convertiría en un documento principal, aunque no dejaba de ser un texto similar a otros utilizados en las conquistas de Granada y Canarias.

Por aquel texto que se leía a los indios se les requería a someterse a la dominación española (Apéndice 1). No podemos dejar de imaginar una escena surrealista, a los indios escuchando al tipo aquel barbudo que les leía algo de lo que no se enteraban de nada. Si los indios no aceptaban este requerimiento se les podía hacer una guerra justa y a los prisioneros esclavizarlos, al igual que hizo Josué con los habitantes de la tierra de Caná. En cambio, si daban sus tierras amigablemente podían ser vasallos de la Corona, quedarían sin servidumbre, dice el texto.

> *Si no lo hiciéredes, o en ello dilación maliciosamente pusiéredes, certifícoos que, con el ayuda de Dios, yo entraré poderosamente contra vosotros, e vos haré guerra por todas las partes e manera que yo pudiere, e vos sujetaré al yugo e obediencia de la Iglesia e de sus Altezas, e tomaré vuestras personas, e de vuestras mujeres e hijos, e los haré esclavos, e como a tales venderé e dispondré de ellos como su Alteza mandare, e vos tomaré vuestros bienes, e vos haré todos los males e daños que pudiere, como a vasallos que no obedecen, ni quieren recibir a su Señor, e le resisten e contradicen.*
>
> *E protesto que las muertes e daños que dello se recrescieren sean de vuestra culpa, e no de su Alteza, ni mía, ni de estos caballeros que conmigo vinieron.*

Unos años después, en la regencia del cardenal Cisneros y al principio del reinado de Carlos V en España se criticó mucho la encomienda, como hizo el Cardenal Adriano de Utrecht[42] en julio de 1520, pero poco se hizo para la esclavitud.

---

42 Se llamaba Adriano Florencio Boeyens. Su infancia la pasó en Utrecht, fue nombrado más tarde doctor en Teología por la universidad de Lovaina en 1491, donde también ejerció de profesor, párroco de la ciudad y deán de la catedral. Fue después nombrado preceptor del príncipe Carlos –futuro Carlos V– en 1507 y en 1515 llegó como embajador a la corte de Fernando el Católico, debiendo tomar posesión del reino si moría este. A la muerte del rey, compartió la regencia con el cardenal Cisneros. Ejerció también como obispo de Tortosa en 1516 y como inquisidor general, nombrado por León X, para Aragón y después para Castilla en 1518. Antes, en 1517, había sido nombrado cardenal. Cuando Carlos V marchó para coronarse Emperador fue nombrado regente, etapa en la que tuvo que gestionar el importante problema de las Comunidades de Castilla. Sería elegido papa con el nombre de Adriano VI en enero de 1522. Tomó posesión de mismo el 31 de agosto del mismo año hasta que falleció en Roma el 23 de septiembre de 1523.

> *[…] lo cual todo mandé ver por todos los del mi Consejo, que para ello mandé juntar, y después de haberlo mucho mirado y platicado, con mucho estudio y diligencia, fue acordado y determinado que los dichos indios son libres, y por tales deben ser habidos y tenidos y tratados, y se les debe dar entera libertad, y que nos, en buena conciencia, no los podemos, ni debemos, encomendar a nadie, como hasta aquí se ha hecho*[43].

La conquista de México puso más de moda si cabe la esclavitud indígena que la esclavitud negra, aunque aquello se intentó solucionar enviando más negros a las Indias[44]. En 1525 los esclavos en las grandes Antillas eran negros e indígenas por igual, pero un año después, en 1526, como anticipo de las Leyes Nuevas que vendrían después, se prohibió hacer esclavos a los indios, aunque fuese en guerra justa (Apéndice 2).

La ley de 1526 aclaraba que sólo se podrían esclavizar a los indios en casos especiales y con permiso real, lo que sería ratificado por otras leyes en 1530 y 1532. Sin embargo, si no se podía hacer esclavos a los indios en guerra justa sí se podría esclavizarles si se negaban a la sumisión o si ponían en peligro la colonización impidiendo la explotación de las minas. Así que, de nuevo, más de lo mismo. Lo novedoso consistía en que la guerra a los indios y la esclavitud de aquellos debía hacerse con la autorización de los religiosos que estaban allí evangelizándolos. La esclavitud, por tanto, siguió, y fue bastante intensa en 1527.

Podemos ver cómo desde 1512 se trataba de proteger al indio pero sin cerrar ninguna puerta a las encomiendas y a la esclavitud. En 1528 se volvió a tratar el tema y se dieron muchas disposiciones a favor de los indígenas, porque todos podían ver cómo su población estaba decreciendo bastante. Se ordenó tratarles bien y que no se hiciera a ningún indio esclavo injus-

---

43 Lucena Salmoral, M. *Leyes para esclavos…*, p. 557.

44 *Ibid.* p. 62.

tamente. También se creó el cargo de protector de los indios en México, que recayó en el Obispo de México, fray Juan de Zumárraga.

En ese año de 1528 la Corona denunció los abusos de los jueces que declaraban a indios pacíficos como belicosos para así poder esclavizarles, se prohibió enviar a los indios esclavos fuera de sus tierras y declarar esclavas a las indias encomendadas. También se prohibió herrar a los indios, algo que fue reiterado en 1532. Sólo se podría herrarlos con licencia real.

> *Acordó [Hernán] Cortés, con los oficiales del Rey, que se herrasen las piezas y esclavos que se había habido para sacar su quinto, después que se hubiese primero sacado el de su majestad [...] y todos ocurrimos con todas las indias, muchachas y muchachos que habíamos habido. Que de hombres de edad no nos curábamos dellos, que eran malos de guardar y no habíamos menester su servicio, teniendo a nuestros amigos los tlascaltecas. Pues ya juntas todas las piezas y hecho el hierro, que era una G como esta, que quería decir guerra, cuando nos catamos, apartan el real quinto y luego sacan otro quinto para Cortés. Y demás desto, la noche antes, cuando metimos las piezas como he dicho, en aquella casa, habían ya escondido y tomado las mejores indias, que no pareció allí ninguna buena, y al tiempo de repartir dabánnos las viejas y ruines*[45].

En 1530 el emperador prohibió *que ninguna persona sea osada de tomar en guerra, ni fuera de ella, ningún indio por esclavo*[46]. Otro anticipo de las Leyes Nuevas, que paralizaba de nuevo la esclavitud indígena. No obstante, la Monarquía volvió a dar otro bandazo en su política esclavista y la ley se congeló en 1534 (Apéndice 3). A pesar de la prohibición de 1530 la gran déca-

---

45 Díaz Del Castillo, B., p.418-19.

46 Lucena Salmoral, M. *Leyes para esclavos...*, p. 67.

da del esclavismo indio fue entre 1532 y 1541, sobre todo por la conquista del Continente, de Sudamérica y Yucatán. Se dieron nuevas licencias para esas campañas y se volvió a permitir la esclavitud para los indios *rebeldes*, aunque siempre intentando que no se cometieran injusticias con los indios libres.

La conquista del Perú trajo un endurecimiento de la política esclavista. Se decía en 1534 que la cédula de 1530, por la que se prohibía la esclavitud, había hecho que murieran muchos indios porque se volvían más osados contra los españoles viendo que no se les esclavizaba ni se les apresaba. Los españoles habían dejado de hacerles la guerra porque si no podían sacar el beneficio de los esclavos no les interesaba entrar en nuevas campañas y cuando lo hacían sólo pensaban en el pillaje y en el botín, así que arrasaban las poblaciones. Además, los esclavos indígenas que tenían los propios indios *permanecían en la idolatría y otros vicios y costumbres abominables*[47], así que la esclavitud se restauró porque con ello los indios, aunque fueran esclavos, serían cristianos.

Esta nefasta política se empezó a rectificar en 1536, cuando salieron las primeras normas para controlar el envío de esclavos indios a España, aunque no pasaban del 2% de los esclavos de la Península[48]. En España los esclavos se vendían a 19 pesos de oro, mientras que su valor en América era de 5,32 pesos[49]. Fue cuando en la Roma del papa Paulo III, el 22 de junio de 1537, salió a la luz una bula que prohibía la esclavitud indígena (apéndices 4, 5 Y 6), y en 1538 se dictaminó que se excomulgaría a quien esclavizara a los indios, aunque de nuevo serviría de poco y todo se

47 *Ibid.* p. 69.

48 *Ibid.* p. 71.

49 Lucena Salmoral, M. *Leyes para esclavos...*, p. 70. Según Mira Caballos en América el precio de los esclavos indios –más baratos que los negros– porque su rendimiento era menor. Costaban entre 4 y 15 pesos. Entre 1521 y 1535 costaba 8,54 pesos una india adulta, 8,16 una muchacha india, 7.35 un muchacho indio y 5,32 un indio adulto. Los negros valdrían unos 100 pesos. Citado en Lucena Salmoral, M. *Leyes para esclavos...*, p. 117.

prolongaría unos años más debido sobre todo a la subordinación del papado al emperador.

En 1541 se prohibió a los caciques y a los señores principales de las provincias vender o esclavizar a indios y se ordenó al visitador Vaca de Castro que pusiera en libertad a todos los que habían sido esclavizados injustamente, aunque estuvieran herrados en el rostro o se hubieran comprado pagando el quinto real (apéndice 7), que se debía devolver entonces al comprador.

Al finalizar el año, el 26 de octubre, se ordenó quitar las encomiendas a los encomenderos que hubieran vendido a sus indios y en 1542 se promulgaron las Leyes Nuevas (apéndice 8).

Fueron aprobadas por el emperador en Barcelona, oyendo el parecer de teólogos y juristas, el 20 de noviembre de 1542. Un año después se terminarían en Valladolid. Bartolomé de las Casas, que había cogido el relevo de aquellos primeros dominicos que se habían atrevido a denunciar lo que veían como una injusticia, en defensa de los indios escribía en 1542:

En lo que toca al remedio de los indios de todas las Indias, y a la manera que se debe tener para que sean cristianos y se conserven en las vidas y en su libertad, y no los acaben de destruir los españoles, no hay otro camino, ni modo, ni orden, si no que Su Majestad los incorpore a su Real Corona, como sus vasallos que son, quitando todas las encomiendas que están hechas en todas las Indias, y no dando uno ni ningún indio a español por encomienda, ni por vasallo, ni en feudo, ni de otra cualquiera manera, porque según la larga y muy cierta experiencia que se tiene, de cualquiera manera que a españoles se den, los han de matar y destruir por sus codicias de haber oro y riquezas y, por tanto, hacer el contrario es contra la Ley de Dios y gran pecado mortal, y en grandísimo perjuicio y destrucción del patrimonio real de Su Majestad[50].

50 De las Casas, B., p. 99. Memorial de remedios, 1542.

Las Leyes Nuevas suprimieron la esclavitud indígena y se obligó a poner en libertad a los que fueron hechos esclavos injustamente.

Ordenamos y mandamos que de aquí en adelante por ninguna causa de guerra, ni otra alguna, aunque sea so título de rebelión, ni por rescate, ni de otra manera, no se pueda hacer esclavo indio alguno, y queremos sean tratados como vasallos nuestros de la Corona de Castilla, como lo son[51].

Quedaban entonces los esclavos «legales» y sus sucesores por vía materna. Desde 1543 sólo podrían ir a las indias esclavos negros. Se dio orden de expulsar de ellas a esclavos moriscos y berberiscos (apéndice 9) y llevar indios a España (apéndice 10).

Estas Leyes Nuevas no acabarían con la esclavitud indígena, aunque a partir de ellas los esclavos en Indias serían sobre todo negros traídos de África. La esclavitud indígena perviviría hasta el final del colonialismo. Hecha la ley, hecha la trampa. Los esclavistas se valdrían de subterfugios legales para seguir haciéndose con esclavos indios, como por ejemplo declararles rebeldes, lo que siguieron haciendo hasta 1679, año en el que la excusa para esclavizarlos empezó a ser que eran indios bárbaros que atacaban ciudades fronterizas. La lucha por la libertad de los indígenas continuaría contra muchas autoridades locales, influenciadas por esclavistas. Estos en 1545 notificaban a la Audiencia de México que si no había incentivos para dominar rebeliones futuras, nadie iría voluntariamente *porque su riqueza no se entiende a más de una piedra y una manta en que hacen su comida, de manera que, demás de aventurar la vida, el que va, no tiene de qué hacerse pago de lo que gasta en la jornada*[52].

---

51 Lucena Salmoral, M. *Leyes para esclavos...*, p. 70.
52 *Ibid.* p. 77.

Pero la decisión estaba tomada por el Emperador. Las leyes Nuevas trajeron la supresión de las encomiendas entre los conquistadores. Ya no se podrían hacer nuevas encomiendas, ni serían perpetuas ni hereditarias (art. 36). Ahora las encomiendas terminarían con la muerte del encomendero para acabar con todos los problemas que conllevaban. Y es que con las encomiendas los abusos a los indios se habían multiplicado. Se los obligaba a trabajos forzados, se los maltrataba sin pudor. Ante esto, algunas voces se habían alzado, como la de Bartolomé de las Casas. Estas encomiendas no debían darse a gente de dudosa moral, sino que debía ser esta sumisión directamente a la Corona. Debían ser personas libres, y estas tesis, como las tesis dominicas, terminarían seduciendo a Carlos V.

Como dijimos antes, ningún indio podía ser hecho esclavo (art. 26). Es más, se les debería poner en libertad con brevedad (art. 27). Se prohibía mandar a los indios a las minas, a la pesca de perlas y cargarlos con mucho peso y en los trabajos que realizaran habría que pagarles un sueldo justo.

Por otra parte, las Leyes Nuevas crearon el virreinato del Perú, con capital en Lima, y la Real Audiencia de Lima[53]. Se prohibían nuevos descubrimientos, para que no hubiera más abusos de indios, aunque al tercer virrey, Hurtado de Mendoza, se le permitió hacer entradas –como la jornada del Dorado de Ursúa y Aguirre–. Los virreyes no podían encomendar indios. Se prohibió a virreyes, gobernadores, oficiales, prelados y monasterios poseer indios o hacer nuevos repartimientos, que en contra de las leyes de la Corona se hacían de forma violenta, con trabajos forzosos y sin un contrato de asalariado. Sus indios debían ser transferidos a la Corona (art. 31).

---

53 El Virreinato queda integrado por la Audiencia de Panamá, Quito, Lima, Charcas, Chile y el Río de la Plata. Todo sujeto a la chancillería y a la Audiencia de Lima, que tendría como presidente a Blasco Núñez Vela. Venezuela quedaba integrada en la audiencia de Santo Domingo.

Algo principal que llevaría a nuevas guerras fue que los indios se les quitarían a aquellos encomenderos que hubieran estado involucrados en las guerras civiles del Perú, es decir, a todos o a casi todos. Las leyes defendían a los indios, se habían hecho para eso, pero también había otra cuestión. Carlos V veía con recelo la nueva aristocracia que se estaba formando en las Indias. Esta supresión de las encomiendas era también una reformación de la Corona frente a los intentos de autonomía feudal o política de los encomenderos y, por otra parte, la Corona también necesitaba dinero: si se quitaba las encomiendas a los encomenderos la Hacienda real se haría con ese trozo del pastel[54].

Se calcula que en 1540 habría unos 500 encomenderos en Perú con una población castellana de no más de 4.000 personas. Los indios pasarían a ser vasallos libres de la Corona, aunque tenían un estatus jurídico de menores, lo que hacía que necesitaran estar tutelados[55].

Estas leyes se podrían apelar al Consejo de Indias, como se hizo en México y Nueva Granada (Colombia y Venezuela) por Miguel Díaz de Armendáriz, pero no se hizo así en el virreinato del Perú, por Blasco Núñez Vela.

---

54 Torregosa Martín, T., p. 17.
55 *Ibid.* p. 11.

5

PROSIGUEN LAS GUERRAS ENTRE ESPAÑOLES. GONZALO PIZARRO CONTRA BLASCO NÚNEZ VELA O ENCOMENDEROS CONTRA REALISTAS

En enero de 1544 Blasco Núñez Vela, al que se le puede considerar el primer virrey del Perú, de paso por Panamá, ordenó la libertad de los indios. Blasco era un hombre autoritario y no tuvo problema en embarcarse solo para ir a tomar posesión de su virreinato.

Publicó las ordenanzas de las Leyes Nuevas en Túmbez, Piura y Trujillo, lo que no sentó nada bien a mucha gente. Muchos encomenderos estaban preocupados, y se produjeron tumultos en Lima y en otras ciudades.

Nada más llegar a su destino Blasco depuso al que allí estaba como gobernador, Cristóbal Vaca de Castro. Sin embargo, las respuestas más importantes contra estas nuevas leyes no saldrían de Lima, sino en donde se habían dado los mayores repartimientos, que habían sido en Cuzco y los Charcas, en la actual Bolivia.

Por allí se habían descubierto las ricas minas de Potosí y por allí andaba Gonzalo Pizarro, que vivía muy holgado con el dinero que sacaba de las minas. Gonzalo, hermano de Francisco, de Juan, Francisco Martín –ya muertos– y de Hernando, que estaba preso en el castillo de la Mota desde 1540 por la ejecución de Diego de Almagro el Mozo[1], fue llamado por los encomen-

1 Murió en 1578.

deros para que como procurador o representante de Cuzco defendiera sus derechos ante el virrey.

Gonzalo había nacido en 1511 o 1513. Pasó a América con sus hermanos en 1530, y aunque no estuvo presente en la guerra entre su hermano Francisco y Diego de Almagro, quedó como lugarteniente de su hermano Hernando tras la conquista del Cuzco. Tuvo un papel destacado en la lucha contra Manco Inca en 1537 y después fue nombrado gobernador de Quito para acometer la entrada al País de la Canela y el Dorado, al oriente de Quito, en 1541. En aquella expedición, Orellana se convirtió en el primer español en navegar todo el río Amazonas hasta el mar.

Cuando Gonzalo volvió de aquella expedición se enteró de la muerte de su hermano Francisco y de que estaba como nuevo gobernador Vaca de Castro, que le terminaría sustituyendo de la gobernación de Quito. Gonzalo, enojado, pensó en hacerse con la gobernación de toda la tierra, incluso se le pasó por la cabeza matar a Vaca de Castro. Se trasladó de Lima a Cuzco, pero Vaca de Castro se enteró de su presencia y le mandó llamar para enviarlo a sus posesiones de los Charcas.

Allí estaba, como decimos, cuando muchos encomenderos le pidieron que se trasladara de nuevo a Cuzco como procurador porque Blasco Núñez Vela había despojado ya a varios encomenderos de sus encomiendas. Además, los habitantes de Cuzco, reunidos en cabildo, también pensaron que Gonzalo era la mejor opción para ejercer de capitán contra Manco-Inca, que se pensaba iría en otra campaña contra el Cuzco.

Gonzalo aceptó, fue nombrado procurador y Capitán general, pero también exigió ser nombrado Justicia Mayor. Hizo aquello con todos sus soldados acampados cerca, por si acaso se negaban a concedérselo. El país andaba repleto de bandas de soldados ávidos de guerra. Esos conflictos eran lo único que podían cambiar las miserables vidas que llevaban.

Gonzalo se hizo con el cargo de Justicia Mayor, lo que le daba el poder de hacer la guerra al virrey si este se oponía a suspender las ordenanzas. En mayo de 1544 Blasco llegó a Cuzco y en junio se produjo el levantamiento de Gonzalo y su gente, que no contaban con el apoyo de los oidores entre otras razones porque todavía no habían llegado al país. Blasco Núñez necesitaba que estuvieran los oidores para pregonar las ordenanzas, pero viendo cómo estaban las cosas faltó a la legalidad y las pregonó sin su presencia.

Eran estos cuatro oidores Diego Vázquez de Cepeda, Pedro Ortiz de Zárate, Lisón de Tejada y Álvarez. Cuando estos llegaron le pidieron a Blasco suspender las ordenanzas por dos años, a lo que Vela, sintiéndose presionado, tuvo que acceder.

Mientras, Vaca de Castro, aunque contaba con el apoyo de ciertos encomenderos, fue hecho preso y enviado a la flota del Callao para que se le trasladase a España. Vela se preparó para la lucha. Nombró maestre de campo a Diego de Urbina y general de la flota del Callao a su cuñado Diego Álvarez de Cueto, que tendría como almirante a Jerónimo de Zurbano[2].

El virrey pidió ayuda a los habitantes de Cuzco. La Plata –en Bolivia– se puso de su lado, pero Blasco Núñez pudo comprobar de primera mano cómo nada era eterno, y menos allí. Si había algo característico en estas guerras civiles era que los soldados se ponían del lado de quien más les conviniera en cada momento, con aquél que les parecía que podía salir vencedor. Las deserciones y los cambios de bando se convirtieron en algo habitual.

Los sobrinos del factor[3] de Lima, Illán Suárez de Carvajal desertaron del bando del virrey.

Desde que el virrey supo esta fuga, de puro coraje y enojo quería reventar[4].

---

2 Ispizua, S., p. 46.

3 Oficial real que recaudaba las rentas en las Indias y rendía los tributos en especie pertenecientes a la Corona.

4 Santa Clara, P. G., p. 269.

Quería reventar sobre todo al saber que eran sobrinos del factor y que ya eran sospechosos para él. Blasco se mostraba bravo, ya no se fiaba de nadie. Mandó llamar al factor Guillen Juárez de Carvajal, de quien pensaba que era un traidor y que sus sobrinos habían mandado mensajes a Gonzalo Pizarro de sus movimientos.

El factor estaba durmiendo cuando fue despertado a altas horas de la madrugada, no sabía para qué le llamaba el virrey. Cuando fue informado se quedó asombrado de la huida de sus sobrinos, a los que no les había oído salir de la casa. Sin miedo, porque no se sentía culpable, se plantó ante el virrey con el sombrero en la mano:

–En mal hora vengáis, ¡traidor!

El factor, turbado, le respondió:

–No sé por qué, señor, que tan buen servidor soy de Su Majestad como v. s. lo es.

–¿Qué bellaquería y traición es esta que habéis urdido y tramado contra el servicio de Su Majestad, enviando a vuestros sobrinos con tantos alevosos al traidor de Gonzalo Pizarro?

–Nunca tal Dios quiera ni mande que yo sea traidor a mi rey y señor natural, que le soy tan buen vasallo y leal criado como v. s. lo es; y en lo que toca a los *Carvajales yo no los envié, sino ellos y los demás hombres mal intencionados se habrán ido al tirano.*

–¡Oh traidor, traidor! –Le replicó el Virrey–; sí, que bien sé que vos los enviasteis al tirano con avisos, porque en todo me sois contrario, y por esto vos y el traidor de Antonio Solar escribisteis el otro día en el tambo de la Barranca aquellas tan bellacas y desvergonzadas palabras. Así mismo los días pasados no quisisteis prestar vuestra mula andadora para que fuera el padre Loaysa al campo de los traidores, pues sabíades que iba en servicio de Su Majestad a llevar ciertos recaudos míos; y más que delante de mí justificasteis el otro día al traidor de vuestro hermano que viene contra mí con ese Gonzalo Pizarro. Y aún por estas cosas y otras muchas que vos, en

especial lo que vuestro hermano, el obispo de Lugo, hizo en España en deservicio de Su Majestad, que lo echaron del Consejo Real, y por eso vosotros ahora andáis urdiendo estas traiciones pensando vengaros del Rey.

–No me maltrate tanto ya vuestra Señoría –dijo el factor con ira– que traidor no lo soy, ni mis hermanos lo son, ni en todo mi linaje no los hubo, sino muy leales y grandes servidores del rey nuestro Señor[5].

Iba a seguir hablando el factor cuando le virrey le dio dos puñaladas en el hombro izquierdo. El factor calló al suelo, derramando abundante sangre. Pedía confesión a Dios y a la Virgen muchas veces, pero no fue escuchado.

El virrey mandó a su hermano Vela Núñez que lo rematara, pero este se negó. Mandó Blasco que lo mataran a los que allí estaban, pero también se negaron. Entonces el virrey volvió a mandárselo a un paje y a los alabarderos que allí se encontraban bajo grandes amenazas y estos, por miedo, comenzaron a matar al desdichado, que se encontraba desangrándose en una esquina del cuarto.

Algunos les dijeron que pararan, otros se pusieron de rodillas delante del virrey pidiendo clemencia, otros echaban sus capas para que pararan de hacer daño las alabardas, pero nada. El virrey, como un loco, nada oía. Después mandó echar el cuerpo a la plaza donde se encontraba el ejército para que lo hicieran pedazos[6], aunque le metieron en una cámara de un alabardero sin que lo supiese el virrey.

Causó mucho bullicio la muerte del factor, que tan principal persona era en aquellas partes, y tanto miedo, que se ausentaban de noche los vecinos de sus propias casas; y aún el mismo Blasco Núñez

5 Santa Clara, P. G., p. 273.
6 *Ibid.* p. 276.

dijo a los oidores y otros muchos cómo aquella muerte lo había de acabar, conociendo el yerro que había hecho[7].

Guillén Juárez de Carvajal era una persona respetada y leal al rey. Por él Vela había sido respetado en la ciudad. La muerte del factor causó una gran indignación en la urbe y los oidores –todos menos Zárate– empezaron a conspirar contra el virrey. El pueblo quería a Gonzalo y los oidores, con Cepeda a la cabeza, vieron la oportunidad de deshacerse de Vela, mandarlo a España y quedarse ellos con los repartimientos de los indios.

El virrey y los vecinos de la ciudad se preparaban para abandonar Lima y dirigirse a una ciudad del Norte, para preparar la guerra. Sin embargo, tres de los oidores –Zárate no– se negaron a abandonar la ciudad. En septiembre de 1544 los oidores se reunieron en casa de Cepeda para intentar un motín contra el virrey, pero Blasco se enteró y mandó dar la alarma. La Audiencia y el virrey reclutaron soldados, pero estando todos ellos en una plaza la lucha no se produjo. Los soldados se juntaron y empezaron a gritar «todos somos uno» entre vivas al rey[8].

Blasco fue requerido por los oidores para que se presentara ante ellos y en la posada de Cepeda fue hecho prisionero. Al virrey sólo le quedaba la carta de la flota del Callao, que en aquellos momentos contaba con unas diez naves. Blasco fue llevado allí y la armada requerida por los oidores, pero Zurbano, que comandaba la escuadra, no quiso entregarla y denegó el dinero que Cepeda le ofrecía.

La flota se dirigió a Guarco, al sur del Callao. Zurbano se dirigió a Panamá con el fin de informar de todo lo sucedido al emperador, pero en su ausencia las naves fueron capturadas.

Mientras, Gonzalo había salido del Cuzco y se aproximaba a Lima acompañado de su maestre de campo Francisco de

7 López de Gómara, F., p. 80.
8 Ispizua, S., p. 49.

Carvajal –de 65 años, veterano de las guerras de Italia– y varios capitanes más, muchos de ellos protegidos de Vaca de Castro. La Audiencia le pidió a Gonzalo licenciar las tropas pero este, aconsejado por Carvajal, se negó. Francisco de Carvajal, al igual que Lope de Aguirre, era un rebelde que intentaba que Gonzalo se proclamase rey[9]. Aconsejó a Gonzalo que si la Audiencia no le daba la gobernación matase a todos los que le estorbasen[10].

Gonzalo y su ejército se encontraban en las afueras de Lima. Mucha gente de la ciudad se unía a las tropas de Pizarro. La Audiencia se negaba a reconocerle, aunque no hacía preparativos de defensa. Gonzalo envió a su maestre de campo Carvajal para que aterrorizase a los oidores y conseguir así la provisión que quería. Le ordenó que prendiese a algunos vecinos afines al virrey.

Carvajal entró en la ciudad y le aseguró a Cepeda que convenía prender a ciertos hombres. Cepeda, asustado, no pudo negarse. Quería avisarles, pero como tampoco sabía a quiénes se refería Carvajal, no pudo ayudarles. Carvajal prendió a unos cuantos hombres y los envió a la cárcel real, de la que se hizo con las llaves.

Al amanecer, había hecho prisioneros a 40 hombres. Después, se dirigió a hablar con Cepeda y Zárate para reclamar la gobernación que Gonzalo pedía.

Más tarde Carvajal volvió a dirigirse a la cárcel y sacó de allí a algunos hombres que habían huido de las filas pizarristas en Jaxaguana. Eran Pedro del Barco, Juan de Saavedra, Martín de Florencia y Pedro Manjarres. Les ató las manos, les puso unas sogas al cuello y les colocó sobre unas mulas. Mandó que se los sacase al camino por donde venía Gonzalo.

Manjarres, aterrorizado, le dijo algo al oído a Carvajal. Todos pensaban que le estaba prometiendo dinero. Carvajal lo mandó a la cárcel de nuevo, dio la orden de que permaneciera

---

9 *Ibid.* p. 56.
10 *Ibid.* p. 60.

incomunicado hasta que él volviese, y a los demás los mandó seguir por el camino.

Llevando por delante a los miserables hombres, los cuales, sabiendo ciertamente que iban a morir, se iban encomendando a Dios nuestro Señor y a Santa María su madre para que hubiese piedad y misericordia de sus ánimas. Llegados que fueron legua y media de la ciudad, en donde estaba un árbol que llamaban del sol, porque estaba solo en aquel llano, allí los ahorcó a las nueve del día, haciendo mucha burla dellos, diciéndoles muchas chufetas y grandes donaires. Después de ya muertos dijo a los suyos:

–Ciertamente que estos eran muy buenos caballeros hijosdalgo y grandes servidores de Su Majestad y de los Oidores, y por ser tales escarmentarán ahora, y si ellos no escarmentaren se hallarán bien burlados y ahorcados[11].

Al tiempo de la muerte, sobre no haberles dado término de media hora a todos tres para confesarse y ordenar sus ánimas. Y especialmente a Pedro del Barco, que fue el último de los tres que ahorcó, le dijo que por haber sido capitán y conquistador y persona tan principal en la tierra, y aún casi el más rico de ella, le quería dar su muerte con una preeminencia señalada: que escogiese de cuál de ramas de aquel árbol quería que le colgasen[12].

Con este suceso Gonzalo aterrorizó a toda la ciudad y entró en Lima. Era el 25 de octubre de 1544. Fue elegido gobernador por los oidores, los oficiales reales y por los obispos de Lima, Cuzco y Quito.

Mientras, Blasco Núñez se encontraba preso en la flota del Callao. Los oidores habían decidido mandarle a España acompañado del oidor Álvarez. También andaba preso en Callao Vaca

11 Santa Clara, P.G., p. 444.

12 Garcilaso de la Vega, I. *Historia general del Perú. Comentarios reales, parte II*, p. 350.

de Castro, pero este pudo fugarse a Panamá. Quizá al ver aquello Álvarez se arrepintió de lo que iba a hacer y dejó escapar al virrey, que se dirigió a Túmbez. Cometió el error de no dirigirse directamente a Panamá, ciudad desde la que habría podido organizar mejor la guerra contra Gonzalo.

Como el virrey reclutaba hombres en Túmbez, Gonzalo quiso controlar el mar. Quedaba un navío en el Callao que Gonzalo mandó a Panamá con otra nave a las órdenes de un personaje siniestro, llamado Hernando Bachicao. Este debía ir junto al oidor Lisón de Tejada para que limpiasen la mar de enemigos e informasen de todo en España.

Mandó por tanto Gonzalo a Bachicao con dos bergantines y 50 hombres[13]. Era, según Gómara, un hombre tan cobarde como libre, que solía decir *ladrar, pese a tal, y no morder*[14]. Un hombre bajo, mal acostumbrado, rufián, presuntuoso, renegador, que se había encomendado al Diablo, según él mismo decía[15].

Era un gran *allegador* de gente baja y mayor amotinador, buen ladrón por su persona, con otros, así de amigos como enemigos, que nunca se halló en batalla que no huyese[16].

Bueno, pues este era el personaje que mandó Pizarro a Panamá. Salió con dos navíos y entró en la ciudad con 28 barcos, pasando, según Gómara, de 50 a 400 soldados. Había pasado de Lima a Trujillo, donde se hizo con tres naves, en Túmbez había saltado a tierra con 100 soldados y había conseguido que el virrey huyese de allí. Allí robó todo lo que pudo, sin matar a nadie. Robó 7.800 pesos, saqueó Puerto Viejo y llegó a Panamá, donde los vecinos intentaban que no entrase, aunque sin ponerse en armas, por el riesgo que conllevaba una guerra para todas las mercancías que allí tenían almacenadas.

13 López de Gomara, F., p. 92
14 *Ibid.*
15 *Ibid.*
16 *Ibid.* p. 93.

[Bachicao] llegó a las *islas que llaman de Perlas, que estaban veinte leguas de Panamá [...], fueron avisados los de aquella ciudad de su venida y le enviaron dos vecinos a saber su intento y a requerirle no entrase con gente de guerra en la jurisdicción.*

Bachicao respondió que en caso que él venía con gente de guerra, la traía para su defensa contra el Visorrey, y que no venía a hacer daño ninguno en aquella tierra, sino solamente a traer al Doctor Tejada, Oidor de Su Majestad, que con provisión de su Real Audiencia iba a darle cuenta de todo lo sucedido en el Perú, y que no haría más de ponerle en tierra y proveerse de lo necesario y volverse. Con esto los aseguró de manera que no hicieron defensa en su entrada. Cuando llegó Bachicao al puerto, dos navíos que en él estaban alzaron velas para irse. Al uno de ellos alcanzó con un bergantín y le hizo volver al puerto, trayendo ahorcados de la antena al maestre y contramaestre[17].

López de Gómara:

Bachicao, el cual entró en el puerto con seis o siete naos, llevando colgado de una antena a Pedro Gallego, de Sevilla, porque no amainó las velas de su nao a «viva Pizarro» y aun mató dos hombres combatiendo aquella nao. Apoderose de más de veinte navíos que allí estaban; huyeron muchos vecinos viendo tales principios; echó en tierra sus soldados, y entró en Panamá en ordenanza con son de atambores, pífanos y chirimías, y tirando arcabuces por alto[18].

Trataron muchos de matarle. Adelantose Bartolomé Pérez por ganar la honra, o porque lo había querido ahorcar en Túmbez, y conjurose con el capitán Antonio Hernández y con el alférez Cajero, los cuales, no atreviéndose, requirieron a un Marmolejo, que descubrió el secreto. Bachicao, desde que lo supo, degollolos a todos tres el

---

17 Garcilaso de la Vega, I. *Historia general del Perú. Comentarios reales, parte II*, p. 361.

18 López de Gomara, F., p. 93.

mismo día que matarlo querían, y degollara a Luis de Torres, a don Pedro de Cabrera, a Cristóbal de Peña, a Hernando Mejía y a otros, que los hallaba culpados, si no huyeran.

Con tanto se volvió Bachicao para el Perú en cabo de cuatro meses que a costa y daño de los vecinos estuvo en Panamá. Desembarcó en Guayaquil con cuatrocientos hombres, por carta que de Pizarro tuvo para ir contra el virrey[19].

Mientras, el virrey, que había suprimido la Audiencia, tenía sus tropas en el Norte de Perú. En Lima quedaban dos oidores. Uno de ellos, Cepeda, se alió con Gonzalo, pero el otro, Zárate, se negó a rebelarse contra el virrey.

En marzo de 1545 Pizarro y sus hombres se pusieron en campaña. Blasco se dirigía a Quito, perseguido por Carvajal, mientras que en las tierras de la actual Bolivia se había revelado Diego Centeno contra Gonzalo. Carvajal se dirigió después en busca de las tropas de Centeno y les consiguió dispersar.

Carvajal, un hombre cruel como pocos –o como muchos– que usaba de una gran severidad en sus acciones, iba robando en las tierras por donde pasaba para cobrarse los gastos que el virrey le había causado. Ahorcó en Guamanga a cuatro españoles sin culpa, en Cuzco a cinco[20]:

Alcanzolos a cinco leguas, orillas de un gran río; y como estaban cansados y adormidos, desbaratolos fácilmente; prendió muchos, ahorcó hartos y degolló al Lope de Mendoza y a Nicolás de Heredia; despojó los Charcas, saqueó la Plata, ahorcando y descuartizando en ella nueve o diez españoles de Lope de Mendoza que halló allí; fue a Arequipa, *robola y ahorcó otros cuatro; caminó luego al Cuzco y ahorcó otros tantos. Hacía tantas*

19 López de Gomara, F., p. 94.
20 *Ibid.* p. 100.

crueldades y bellaquerías, que nadie osaba contradecirle ni parecer delante[21].

Carvajal perseguía a Centeno y sus tropas. Los soldados de Centeno en un paso estrecho retuvieron a los hombres de Carvajal más de medio día. Un soldado de Centeno se posicionó sobre unas piedras y disparó, matando un caballo de los de Carvajal. Sin embargo, tuvo mala suerte porque con el disparo su yegua huyó y quedó solo y desamparado.

Fue atrapado por Carvajal.

Los de Carvajal le prendieron, y se lo llevaron y presentaron. El cual, enfadado de tanta y tan valerosa resistencia como sus contrarios le hacían, y enojado del atrevimiento y temeridad de aquel soldado, mandó (por darle mayor tormento que con muerte breve) que desnudo, en cueros, como nació, atado de pies y manos, lo dejasen en un lapachar que allí había, al frío de aquella tierra, que es tan grande, que los indios tienen cuidado de meter debajo de techado sus cántaros y ollas y cualquiera otra vasija de barro, porque si se descuidan y las dejan al sereno las hallan otra día reventadas del mucho frío.

En aquel puesto tan riguroso y cruel pasó el pobre soldado toda la noche, dando gritos y aullidos, pidiendo misericordia, diciendo: «Cristianos, ¿no hay alguno de vosotros que de mí se duela y apiade y me mate, para librarme del tormento que aquí paso, que me haréis la mejor caridad del mundo, y Dios os lo pagará?» Con estas lamentaciones repetidas muchas veces, pasó el pobre hombre la noche; y cuando vino el día y se entendió que Carvajal le diera lo pasado por castigo, le mandó dar garrote, que cierto tengo para mí que fue la mayor de sus crueldades. Y luego dio en seguir a sus contrarios[22].

---

21 *Ibid.* p. 101.

22 Garcilaso de la Vega, I. *Historia general del Perú. Comentarios reales, parte II*, p. 379.

Otra expedición, la de Diego de Rojas, también andaba en Bolivia después de haber vuelto del Río de la Plata. La gente de Rojas también fue derrotada por las tropas de Carvajal. Pero Rojas no murió a manos del maestre de campo de Gonzalo Pizarro.

La muerte de Diego de Rojas se causó de un flechazo que le dieron los indios con yerba malísima, que hace su obra después de los tres días de la herida, y despacha al herido en otros siete días adelante; el cual muere rabiando, comiéndose las manos a bocados y dando cabezadas por las paredes, con que apresura su muerte.

Los españoles, deseando saber la contrayerba, ya que de los indios, ni por promesas ni por amenazas que les hacían, no podían sacar el aviso de ella, flecharon en los muslos a uno de los que tenían presos, y lo soltaron así herido, el cual buscó por el campo dos maneras de yerbas, y majando cada una de por sí, bebió el zumo de la una y el de la otra echó en las heridas, habiéndolas primero abierto con un cuchillo y sacado las púas de la flecha, que les hacen sutiles y puestas de manera que cuando arrancan la flecha de la herida se quedan las púas dentro, y es menester sacarlas para que aproveche la contrayerba; así lo hizo el indio y sanó. Los españoles con este remedio escaparon muchos de la ponzoña de las flechas; algunos murieron, que no pudieron sacar las púas de las flechas.

En las islas de Barlovento y en toda la tierra que llaman del Brasil, en Santa Marta y en el Nuevo Reino[23] *y otras tierras de indios crueles, usaban otra manera de ponzoña (que la pasada que hemos dicho no se supo de qué era): tomaban una pierna de un indio de los que mataban y la colgaban al aire y al sol, y en ella hincaban todas las púas de las flechas que cabían en el cuarto del indio; y pasados tantos días las sacaban, y sin limpiarlas las enjugaban al aire, donde no les diese el sol, y después las ponían en las flechas. Fue una*

23 De Granada.

cruelísima yerba y muy ponzoñosa, muy dificultosa de curar y peor de sanar[24].

En enero de 1546, cerca de Quito, se batieron las tropas del virrey y de Gonzalo. El virrey y el oidor Álvarez fueron derrotados. Murieron los dos, con lo que Gonzalo se hacía con todo el poder en el nuevo virreinato del Perú.

Cuando todo aquello se supo en Castilla se mandó a Pedro de La Gasca, acompañado del mariscal Alonso de Alvarado, para apaciguar el virreinato. La Gasca fue enviado con plenos poderes y el título de presidente. Debía derogar las Leyes Nuevas y establecer un perdón general.

La Gasca no era un soldado, era un diplomático muy hábil que sabía atraerse a la gente. En Santa Marta supo de la muerte del virrey por las noticias que le proporcionó Miguel Díaz de Armendáriz, y de ahí se dirigió a Nombre de Dios para después pasar a Panamá.

La política que utilizó La Gasca fue de suma conciliación, de suavidad, de paciencia, ganándose con ello el favor de Pedro de Hinojosa, que guardaba la flota de Gonzalo en Panamá. Hinojosa le entregó la flota a La Gasca y este se la devolvió de nuevo a Hinojosa, asegurándose que estaba en el bando realista. Gonzalo perdía el dominio del mar, estaba casi acabado, en muy mala posición. Además, cometió el error de dar al través dos naves que tenía en el Callao –ante la incredulidad de Carvajal cuando se enteró del asunto– para que no pudieran pasar a manos de La Gasca.

Este, desde Panamá, se iba acercando a Gonzalo a la vez que sumaba cada vez más adeptos a su causa. La Gasca saldría vencedor debido al perdón general que pregonaba y a la confirmación de los antiguos repartimientos y las promesas de otros

24 Garcilaso de la Vega, I. *Historia general del Perú. Comentarios reales, parte II*, p. 401.

nuevos. Por último, no dudó en ofrecer el perdón al mismo Pizarro.

Gonzalo partió de Lima a Cuzco. En la actual Bolivia, de nuevo se volvió a levantar el ejército de Diego Centeno y de nuevo fue derrotado por Carvajal. El 9 de abril de 1548 se dio la batalla decisiva entre Pizarro y La Gasca en Xaquixaguana. Había llegado Pedro de Valdivia con sus tropas desde Chile para enfrentarse a los hombres de Carvajal, pero aquella vez no hubo lucha. Los hombres de Pizarro se iban pasando a las tropas de La Gasca.

A muchos pizarristas que atraparon en la jornada los ahorcaron y enviaron sus cabezas a diferentes partes del Reino, a otros les cortaron las cabezas y las pusieron en el rollo de la plaza de Cuzco, en jaulas de hierro.

Después de ahorcados les cortaron las cabezas para enviarlas a diversas ciudades del Reino. Las de Juan de Acosta y Francisco Maldonado se pusieron en el rollo de la plaza del Cozco, en sendas jaulas de hierro; [...] La de Dionisio de Bobadilla, y otra con ella, llevaron a Arequepa, donde se cumplió muy por entero el pronóstico que la buena Juana de Leyton echó al mismo Bobadilla cuando llevó a aquella ciudad la cabeza de Lope de Mendoza, que le dijo que muy presto la quitarían de allí y pondrían la suya en el mismo lugar. Así se cumplió, muy a la letra[25].

Pizarro fue condenado por traición a decapitación. Además, se ordenó que se derribasen sus casas de Cuzco, sembraran sal allí y pusiesen un pilar de piedra con el letrero: «estas son las casas del traidor Gonzalo Pizarro».

Poco después salió Gonzalo Pizarro. Subió en una mula ensillada que le tenían apercibida; iba cubierto con una capa, y aunque

25 *Ibid.* p. 523.

un autor dice con las manos atadas, no se las ataron. Un cabo de una soga echaron sobre el pescuezo de la mula por cumplimiento de la ley. Llevaba en las manos una imagen de Nuestra Señora, cuyo devotísimo fue. Iba suplicándole por la intercesión de su alma. A medio camino pidió un crucifijo. Un sacerdote, de diez o doce que le iban acompañando, que acertó a llevarlo, se lo dio. Gonzalo Pizarro lo tomó y dio al sacerdote la imagen de Nuestra Señora, besando con gran afecto lo último de la ropa de la imagen.

Con el crucifijo en las manos, sin quitar los ojos de él, fue hasta el tablado que le tenían hecho para degollarle, donde subió y, poniéndose a un canto de él, habló con los que le miraban, que eran todos los del Perú, soldados y vecinos, que no faltaron sino los magnates que le negaron, y aún de ellos había algunos disfrazados y rebozados. Díjoles en alta voz:

—«Señores, bien saben vuesas mercedes que mis hermanos y yo ganamos este Imperio. Muchos de vuesas mercedes tienen repartimientos de indios, que se los dio el Marqués, mi hermano; otros muchos los tienen que se los di yo. Sin esto, muchos de vuesas mercedes me deben dineros, que se los presté; otros muchos los han recibido de mí, no prestados sino de gracia. Yo muero tan pobre, que aún el vestido que tengo puesto es del verdugo que me ha de cortar la cabeza. No tengo con qué hacer bien por mi ánima. Por tanto suplico a vuesas mercedes que los que me deben dineros, de los que me deben, y los que no me los deben, de los suyos, me hagan limosna y caridad de todas las misas que pudieren, que se digan por mi ánima, que espero en Dios que por la sangre y pasión de Nuestro Señor Jesucristo su Hijo, y mediante la limosna que vuesas mercedes me hicieren, se dolerá de mí y me perdonará mis pecados. Quédense vuesas mercedes con Dios.»

No había acabado de pedir su limosna, cuando se sintió un llanto general con grandes gemidos y sollozos y muchas lágrimas que derramaron los que oyeron palabras tan lastimeras. Gonzalo Pizarro se hincó de rodillas delante del crucifijo que llevó, que lo pusieron sobre una mesa que había en el tablado. El verdugo, que se decía

Juan Enríquez, llegó a ponerle una venda sobre los ojos. Gonzalo Pizarro le dijo:

—«No es menester, déjala.»

Y cuando vio que sacaba el alfanje para cortarle la cabeza, le dijo:

—«Haz bien tu oficio, hermano Juan.»

Quiso decirle que lo hiciese liberalmente, y no estuviere martirizándole, como acaece muchas veces. El verdugo respondió:

—«Yo se lo prometo a Vuesa Señoría.»

Diciendo esto, con la mano izquierda le alzó la barba, que la tenía larga, cerca de un palmo, y redonda, que se usaba entonces traerlas sin quitarles nada. Y de un revés le cortó la cabeza con tanta facilidad como si fuera una hoja de lechuga, y se quedó con ella en la mano, y tardó el cuerpo algún espacio en caer en el suelo. Así acabó este buen caballero. El verdugo, como tal, quiso desnudarle, por gozar de su despojo. Más Diego Centeno, que había ido a poner en cobro el cuerpo de Gonzalo Pizarro, mandó que no llegase a él, y le prometió una buena suma de dinero por el vestido. Y así lo llevaron al Cozco y la enterraron con el vestido, porque no hubo quien se ofreciese a darle una mortaja[26].

Carvajal fue hecho preso y el Perú, por lo menos de momento, fue pacificado por La Gasca. Sin embargo, no tardaría en revolverse sobre todo después del primer repartimiento de indios que hizo La Gasca en agosto de 1548, por el que paradójicamente las mejores encomiendas se las llevaron los antiguos partidarios de Pizarro. Aquello hizo que de nuevo en Cuzco y los Charcas se alterara mucha gente.

En enero de 1551 La Gasca abandonaba Perú. Días antes había recibido una cédula real por la que se le ordenaba que promulgara el fin del servicio personal de los indios, pero la dejó en suspenso, efectuando el segundo repartimiento, de nuevo beneficiando a los antiguos pizarristas.

---

26 *Ibid.* p. 535.

Poco después, en septiembre de aquel año, entraba el segundo virrey, Don Antonio de Mendoza, que dejaba el virreinato de Nueva España a Luis de Velasco y que tendría un mandato muy breve porque moriría en julio de 1552. En junio de aquel año Mendoza ordenaba el fin del servicio personal de los indios, algo que no se había atrevido a hacer La Gasca, lo que trajo descontento en Lima. Los vecinos y el cabildo pidieron la suplicación a la Audiencia, lo que llevó a Mendoza a pensar en dar marcha atrás y no poner en ejecución la real cédula, pero los oidores que legislaron sobre ello la pusieron en marcha, realmente no por amor a los indios sino por ambición política y la envidia que sentían hacia los encomenderos[27].

Esta actitud de la Audiencia dio lugar a otra conspiración, liderada en este caso por el general Pedro de Hinojosa. Fue descubierto, pero como ya le habían nombrado corregidor[28] en los Charcas la Audiencia le corroboró en el mismo.

A finales de 1552 Alonso de Alvarado era nombrado corregidor en Cuzco. Para acabar con los muchos rebeldes que seguían allí utilizó la represión sin contemplaciones. Las ejecuciones contra la anarquía y los caudillos militares fueron tantas que propiciarían una nueva rebelión, la de Don Sebastián de Castilla, que acabaría asesinado por su propia gente.

La conjuración de Don Sebastián comenzó en mayo de 1552 con el inocente de propósito de asesinar a Alvarado y a todos los que se les pusieran por delante. Castilla, rodeado de soldados, marchó a La Plata o Chuquisaca –hoy Sucre– porque Alvarado se había enterado de la trama contra él. También fue allí desde Potosí el corregidor Pedro de Hinojosa en diciembre de 1552.

---

27 Ispizua, S., p. 106.

28 Magistrado que en su territorio ejercía la jurisdicción real con mero y mixto imperio, y conocía las causas contenciosas y gubernativas, y del castigo de los delitos (RAE).

Figura 5. Theodore de Bry-Los perros de Vasco Núñez de Balboa (1475-1571) atacando a los indios.

Ahora el levantamiento se realizaría allí, pero el objetivo ya no sería Alvarado sino el propio Hinojosa, que moría el seis de marzo de 1553[29].

Para vengar aquello se nombró como corregidor y justicia de los Charcas a Alvarado en abril de 1553. Y este tampoco se anduvo con tonterías:

Condenaban los menos a galeras, porque les parecía que era cosa muy prolija traerlos a España y entregarlos a los ministros de galeras, que hasta entonces no se cumplía el tenor de la sentencia, y los más de los condenados se huían en el camino tan largo, como lo hicieron

29 Ispizua, S., p. 109.

los que entregaron a Rodrigo Niño, que de ochenta y seis no llegó más de uno a Sevilla.

No se pone el número de los castigados, muertos y azotados porque fueron tantos que no se tuvo cuenta con ellos, a lo menos para que se pudiese escribir, porque fueron muchos. Que desde los últimos de junio de mil y quinientos y cincuenta y tres años, hasta los postreros de noviembre del dicho año, que llegó allá la nueva del levantamiento de Francisco Hernández Girón, todos los días feriales salían condenados cuatro y cinco y seis soldados, y luego el día siguiente se ejecutaban las sentencias.

Y era así menester para desembarazar las cárceles y asegurar la tierra, que estaba muy escandalizada de tanto alboroto y ruina como aquella tiranía había causado, que nadie se tenía por seguro, aunque los maldicientes lo aplicaban a crueldad y llamaban al juez Nerón, por ver que tan sin duelo se ejecutasen tantas suertes en personas y soldados tan principales, que los más de ellos fueron engañados y forzados. Decían que dejando cada día condenados a muerte cinco o seis soldados se iba el juez desde la cárcel hasta su casa riendo y chuflando con su teniente fiscal, como si los condenados fueran pavos y capones para algún banquete[30].

Otro haciendo chuflas de las muertes. Era algo normal, parece.

Por el mes de octubre del dicho año, como lo dice Diego Fernández, capítulo veinte y tres por estas palabras, «mandó arrastrar y hacer cuartos a Vasco Godínez, […] en el pregón con que lo llevaron arrastrando a hacer cuartos, que decía: «A este hombre por traidor a Dios y al Rey y a sus amigos, mandan arrastrar y hacer cuartos.» […] Llegó la nueva del levantamiento de Francisco Hernández Girón, con que cesó la peste y mortandad de aquellos soldados[31].

30 Garcilaso de la Vega, I. *Historia general del Perú. Comentarios reales, parte II*, p. 613.

31 *Ibid.* p. 614.

Alvarado, como vemos, se dedicó a degollar y a ahorcar a la gente en masa. Sólo unos pocos fueron azotados y mandados a galeras, lo que traería una nueva reacción. El 12 de noviembre de 1553 se produjo un nuevo levantamiento en Cuzco, esta vez comandado por Francisco Hernández Girón. Al enterarse de aquello Alvarado mandó parar las ejecuciones.

Y es que las guerras daban trabajo a muchos soldados. El dinero fluía, y los mercaderes salían ampliamente beneficiados con ellas, los que menos triplicaban sus ingresos. La Audiencia pagaba a los soldados 150 pesos y 1.000 a los capitanes –la mitad para banderas y *atambores*–. Alvarado pagó en Charcas entre 500 y 600 pesos mensuales por persona, fondos que salían de las cajas reales y del depósito de difuntos[32].

Girón apostó sus tropas en Pachacámac, a cuatro leguas de Lima. Bajó más al sur y abatió a las fuerzas de la Audiencia comandadas por Pablo de Meneses. Alvarado, que se encontraba en Sucre, salió después de Potosí con mucha gente. Sólo los indios que traían las cargas eran 7.000[33].

En el Norte de Perú, en Piura, otro movimiento comandado por Francisco de Silva apoyaba a Girón, pero la rebelión se terminaría deshaciendo en Cajamarca con la derrota de este. También hubo otra sublevación en Timaná, Colombia, en la gobernación de Belalcázar: 100 hombres que serían derrotados en Pasto.

Alvarado iba en busca de Girón, y se dirigía a las poblaciones de Chicha e Ica. En mayo de 1553 le dio alcance en unos asientos de indios llamados Chuquinga, pero allí Alvarado pudo comprobar las consecuencias que traía la política represiva que había ejercido contra los soldados.

La arcabucería de Alvarado sí llegó a pelear, pero la caballería desertó en masa. Muchos se pasaron al lado de los enemigos de

---

32 Ispizua, S., p. 116.

33 *Ibid.* p. 118.

los realistas, aunque no sería óbice para que Girón fuera derrotado en Pucará por los ejércitos de la Audiencia, sobre todo al pasarse al bando realista los capitanes Tomás Vázquez y Piedrahita. Este transfuguismo era normal y acababa con muchas rebeliones porque cuando terminaba la contienda eran recompensados, incluso más que los soldados fieles.

Girón, preso por los indios en Jauja, sería decapitado en Lima el siete de diciembre de 1554.

En junio de 1556 entraba en Lima el nuevo virrey, Andrés Hurtado de Mendoza. El país seguía revuelto, la Audiencia en continua discordia, con la rivalidad entre el oidor Santillán y el Arzobispo. Los dueños de los repartimientos establecían su justicia, siempre respaldados por sus milicias. Perú era muy parecido a un estado feudal, donde existía una amplia impunidad para los caudillos militares.

Así que Hurtado de Mendoza se comportó como tal, como un señor feudal. Recopiló todas las armas que pudo, fabricó pólvora y cañones, formó a arcabuceros y alabarderos, y se rodeó de 100 gentiles-hombres y una compañía de caballería.

No debía comportarse con benignidad. Nada de perdones. ¿Quién de aquellos soldados podía alegar que nunca había participado en una rebelión contra el rey? ¿Quién no había caído en el delito de traición? Muy pocos. En varias cartas al emperador Hurtado de Mendoza escribió:

Hallé la tierra tan enconada y trabajosa, que no sé con qué palabras lo puedo significar [...] Los oidores divididos en grupos y mordidos entre sí, la hacienda real arruinada y llena de deudas, las justicias de las poblaciones proveídas entre soldados y encomenderos, capitanes desleales y desvergonzados ocupando importantes cargos jerárquicos, militares rancheadores e insolentes, vagos y gentes sin oficio a millares, clérigos y religiosos procurando haber seis o siete mil pesos, y en habiéndolos volverse a España[34].

Quieren que la justicia les tema a ellos. No ellos a Dios ni a V.M. Ha nacido esto de haber muerto el visorrey y haber hecho muchas mercedes a los que le mataron: y los que se hallaban con él están mancos y pobres. Esto lo remediaré yo porque es de justicia y conciencia. Los mercaderes son los que más desean que haya guerras[35].

El virrey armó 400 arcabuceros, guardias y criados y con la excusa de otorgar repartimientos iba llamando a palacio a los principales cabecillas para meterlos después en los barcos del Callao y mandarlos a España. Aquello causó miedo a todos. Capturó a Tomás Vázquez y a Piedrahita y los ejecutó. También a otros que estuvieron en las filas de Girón.

Otorgó repartimientos a los que fueron fieles a Blasco Núñez Vela, desterró a otros, sacó de las ciudades a unos 300 hombres, a la vez que iba armando cada vez más tropas.

También proveyó entradas y conquistas para quitarse gente de en medio.

La más famosa sería la gobernada por el navarro Pedro de Ursúa, en la región del Dorado y los Omaguas.

34 Del Campo, L., p. 328.
35 Ispizua, S., p. 125.

SEGUNDA PARTE

6

NUEVA GRANADA Y TIERRA FIRME. LAS CAMPAÑAS DE PEDRO DE URSÚA

Esperamos que llegados a este punto no se habrán olvidado de nuestro caballero navarro. Volvamos a él y a sus aventuras, porque nos queda por contarles sus hazañas como conquistador.

Habíamos dejado a Ursúa en 1548 esperando la llamada de La Gasca. Su primo, el juez Armendáriz, había sido recibido pacíficamente en Santa Fe. Publicó las Leyes Nuevas, pero sólo las ejecutó en lo referente al buen tratamiento de los indios. Según Aguado gobernó con quietud seis años[1], entre 1544 y 1550.

Desde abril de 1548 a octubre de 1549 Armendáriz organizó para su primo campañas de pacificación y conquista. En Pore, la hueste española salió maltrecha. En la provincia de Vélez se habían revelado los indios chanchones, guanes y chalalaes, así que el navarro salió contra ellos con 80 hombres y 20 caballos, más los indios auxiliares y los perros[2]. Según el cronista Piedrahita, el cacique Chanchón salió a la guerra contra los de Ursúa con 4000 indios[3], pero fueron desechos por los españoles. A Ursúa estas campañas le reportarían gran fama en Bogotá.

1 Ispizua, S., p.147.

2 En *Nueva Granada* los perros habían sido introducidos por el alemán Nicolás Federman. Sin embargo, los alanos estuvieron presentes desde el principio de la conquista.

3 Del Campo, L., p.138

En 1549 Ortún Velasco, vecino de Tunja, había solicitado a Armendáriz poblar las sierras nevadas que se encontraban frente a la ciudad. Se hizo Ortún con 65 hombres de a pie y a caballo y salió en septiembre, acompañado de ciertos indios yanaconas, que realizaban tareas de sirvientes auxiliares. Poco después, en octubre, salió Ursúa con más gente en busca de Ortún. Quedaba ahora como capitán Ursúa, que salió junto a 47 hombres[4].

El día 1 de noviembre de 1549 fundaron la ciudad de Pamplona, en el valle de Zulía[5]. Los nativos de las tierras cercanas eran bastante belicosos así que los conquistadores empezaron a recorrerlas para intentar someterlos. En Matachiva fueron atacados por tres escuadrones de indios, pero al ser desbaratados buscaron la paz.

En 1550 volvió a Pamplona, donde recibió noticias que la Audiencia de Santa Fe le reclamaba. Querían hacerle un juicio de residencia para que rindiera cuentas de su campaña de pacificación y fundación de la villa[6].

La audiencia se había fundado gracias a Armendáriz en julio de 1549 con la finalidad de organizar el territorio. Sus funciones eran muchas, debía resolver en asuntos judiciales y administrativos, proveer oficios y encomiendas, iniciar los procesos de conquistas y compartir –si así se daba el caso– funciones de gobierno, hacienda y guerra con virreyes, gobernadores y capitanes generales de Santa Marta y el Nuevo reino de Granada, que antes eran dependientes de la Audiencia de Santo Domingo. Esta audiencia se componía de dos salas y cuatro oidores, siendo el más antiguo el presidente. Eran estos jueces Gutiérrez de Mercado, Juan López de Galarza, Beltrán de Góngora y Francisco

4 Esta es la versión de Aguado, la de Piedrahita es que sólo hubo una expedición de 136 hombres, aunque Ortún iba delante con 10 caballos y 30 infantes. Después hay otra versión del Padre Simón algo diferente. Citado en Del Campo, L., p. 156

5 Del Campo, L., p. 159.

6 Ortún volvería a hacerse con el mando. Ursúa nunca regresaría a Pamplona.

Briceño –que por aquellos días se encontraba en España–. El secretario era Antonio Téllez. Desde entonces cesaría la autoridad de Armendáriz en Santa Marta y el Nuevo Reino.

Ursúa volvió, con el consentimiento de su primo, a entrevistarse con los oidores Galarza y Góngora. Mientras, en España, se fraguaba la caída de Armendáriz. Por las quejas recibidas el Consejo de Indias inició el juicio de residencia contra él. Se llevaría a cabo por la Audiencia de Santo Domingo y lo llevaría a cabo al juez Alonso de Zorita. Este se hizo a la mar en Santo Domingo en enero de 1550 con destino a Bogotá. Nada más llegar allí pudo comprobar la gran animadversión que había contra él, promovida por Armendáriz. Se presentó Zorita ante Góngora y Galarza, pero estos no hicieron más que poner nuevas trabas a su trabajo.

Armendáriz se negó a presentarse ante Zorita, que terminaría abandonando Bogotá en octubre de aquel año. Tanto él como Góngora y Galarza se arrepentirían después del trato que dieron a Zorita. También salió del reino Armendáriz, que tenía orden del Consejo de Indias de presentarse ante su tribunal en menos de un año. Viajó a Santa Marta, de donde pasaría a La Española.

Como dijimos más arriba, la Audiencia había reclamado a Ursúa para que volviera de Pamplona. Querían residenciarle, pero no le habían mandado que volviese sólo por eso, también le andaban buscando porque los oidores deseaban una persona de confianza para que realizara la difícil misión de la pacificación de los indios musos. Ursúa, que ya por aquella época estaba deseando hacer la jornada del Dorado, confió en los oidores, que le dijeron que si realizaba aquella misión con éxito después podría encomendarse a la jornada que de verdad le interesaba. El navarro aceptó la capitanía de la empresa.

El reino de los indios musos se extendía a lo largo del río Magdalena, cerca de Vélez por el Norte, Tunja al Este y Bogotá al sur[7]. Señores de las tierras de los indios moscas o muiscas,

7 Del Campo, L., p. 196.

eran indios antropófagos, para los que la agricultura era una tarea penosa. Se solían deformar el cráneo y eran fuertes y hábiles guerreros, militarmente superiores a los que los rodeaban, sobre todo por el curare que utilizaban en sus flechas y en los hoyos a modo de trampa, donde tenían estacas envenenadas con las puntas mirando hacia arriba. Con ellos no había vasallaje. El enemigo que caía en sus manos se convertía en rebaño de carne humana para comer.

Parece que a la llegada de los españoles fueron más o menos sumisos porque consideraron a estos algo así como semidioses, pero aquello duró poco. Si cogían a un español le hacían un agujero en el suelo de la boca y pasaban por él y por el mentón un cordel, del que le llevaban como un perro.

Se mofaban y se divertían comiéndose a los españoles parcialmente, poco a poco, hasta que el desdichado moría. Consideraban la carne de los hombres blancos un manjar, e incluso buscaban sus tumbas para comerla[8].

A estos indios musos se los había intentado pacificar varias veces. El primero que entró en las tierras de estos caníbales fue Luis Lanchero, con el fin de proteger a los españoles que allí vivían y a los indios muiscas, que eran sumisos y muy necesitados por los hispanos. Su expedición de finales de 1539 resultó un desastre, lo que dio alas a los indios musos para formar una confederación de tribus y promover la rebelión de ciertos caciques muiscas. Lanchero fue relevado en sus funciones con el capitán Diego Martínez, que junto a 160 hombres volvió a fracasar en una expedición de pacificación en 1544. Por último, Pedro de Valdés fue enviado en 1551 por Armendáriz mientras Ursúa se encontraba en Pamplona, pero nuevamente fracasó en la pacificación y se volvieron a perder algunos hombres.

Los musos se habían venido arriba, asaltando los caminos de todas las poblaciones cercanas, pero además habían conseguido

---

8 *Ibid.* p. 197.

que la población de Savoya –indios muiscas colindantes– también se sublevaran y entraran en su confederación. Estaban en guerra contra los encomenderos y los vecinos de Vélez, ciudad que estaba en gran peligro. Se habían despojado de la servidumbre y de 500 en 500 asaltaban las tierras de maíz y de ganado[9]. Muchos vecinos de Vélez y Tunja se habían ido a vivir a Bogotá.

Como decimos, los oidores hablaron con Ursúa para que fuera él quien iniciara la nueva campaña. No le regatearon nada por la urgencia del negocio. Escribieron al emperador Carlos V en marzo 1551 avisando que Ursúa había empezado la campaña junto a 130 hombres con el fin de pacificarlos y *poblar un pueblo*[10]. Según Zorita, claro enemigo del navarro, el reclutamiento fue forzoso porque la gente veía la campaña improductiva. Ursúa pregonaba el castigo a quien se negase, y debían *llevar perros para indios y buscar todos los que había*[11].

Las expediciones anteriores habían entrado en la tierra de los musos por Furatena, un sitio abrupto y sagrado que habían conquistado a los muiscas. Ursúa entró por un lugar que nadie esperaba. Empezó Ursúa la jornada por el Rincón de Savoya, donde hizo prisioneros a algunos caciques y gente principal de los indios que estaba involucrada en las muertes de los españoles. Estos indios, dice Aguado,

> *con desvergüenza de bárbaros se jactaban dello, y traían consigo, para su recreación y pasatiempo, los rostros de los españoles que habían muerto, desollados y curados de tal suerte que no se les caía ni perdía pelo de la barba ni de las cejas ni pestañas, con que representaban en sus borracheras la ferocidad de los españoles*[12].

9 *Ibid.* p. 200.
10 *Ibid.* p. 196.
11 Del Campo, L., p.202.
12 Aguado, P., p.56.

La hueste de Ursúa, de unos 130 hombres[13], iba bien equipada y auxiliada militarmente por muchos indios muiscas –que tenían experiencia en la guerra contra los musos– y perros alanos. Según la versión de Piedrahita, la coalición de nauras y saboyaes fueron vencidos, y los más de 5000[14] gandules bien ejercitados en la guerra que iban a ayudarles, se lo pensaron dos veces y desistieron de entrar en batalla.

El navarro puso empeño y consiguió pacificarlos y hacerlos volver a las órdenes de sus encomenderos, aunque no fue una tarea fácil. Muchos días y noches anduvieron Ursúa y sus hombres por aquellas tierras, subiendo montañas, atravesando arcabucos[15] y ríos con la comida y las armas a cuestas, a menudo viéndose perdidos debido a los ataques de los indios, a los que no podían responder para no gastar las pocas municiones que tenían. No obstante, después de todas aquellas penalidades, los indios se volverían a rebelar.

Con Savoya, de momento, pacificada, Ursúa y sus hombres se dirigieron a las tierras de los musos. Eran atacados continuamente en los caminos por los indios, acometidos con diferentes tipos de armas, disparados por flechas envenenadas, mientras oían las grandes voces que daban para infundirles terror. Intentaban con esos alaridos confundir a los españoles y hacerles creer que eran más soldados de los que realmente eran.

Muchos hombres de Ursúa fueron heridos en esta entrada. Bastantes murieron rabiando por el veneno que ponían en las flechas y en las puntas de sus armas.

---

13 Eran 125 hombres según Aguado, P., p.56. Según Piedrahita eran 140 infantes y 20 caballos, provistos de lanzas, arcabuces y perros, lo que más miedo daba a los musos, p. 331.

14 Piedrahita, p.331. Estas cifras sobre el número de los ejércitos indios, hay que tratarlas con cierta prudencia, porque los cronistas muchas veces exageran.

15 Montes espesos.

Figura 6. *Los Trece de la Fama en la isla del Gallo*, pintura de Juan Lepiani (1902). Museo Nacional de Arqueología, Antropología e Historia del Perú, Pueblo Libre - Lima

La causa de ser tan prolija y duradera la guerra destos indios, dejado aparte sus bríos y obstinación con que pelean, que es mucho, porque en el Reino no se hallado nación que en esto llegue a ellos, lo más principal es la yerba fina de que usan, con la cual hacen toda la guerra, porque todos los lugares y caminos y comidas y árboles frutales y lugares de cualquier suerte que sean donde españoles puedan llegar y presuman que llegaran, todo lo ocupan con puyas untadas con esta yerba, con las cuales si se pican o lastiman de suerte que hagan sangre, es dificultosa su sanidad y cura, que todos los mas mueren rabiando y despedazándose y haciendo visajes[16] *y personajes con los ojos y con la boca y con todo el cuerpo, y les da unos recios temblores y parasismos*[17] *con que espantan y atemorizan a los que los ven.*

16 Movimiento exagerado del rostro por hábito o por enfermedad (RAE).

17 Paroxismos.

> *Y si algún herido desta yerba escapa, es mediante la gran carnicería que en el luego incontinente que es herido se hace, cortándole toda la carne que la yerba va tocando, hasta que no le quede cosa tocada, y así un solo indio y una sola vieja suelen hacer guerra a muchos españoles con solo ocuparles los caminos y pasos con puyas; y con esta ayuda de yerba que los indios tienen, permanecen en sus rebeliones o las mueven cada vez que quieren y les parece, y si esto no tuvieran muchos años ha que estuvieran ya pacíficos y aún muy humildes*[18].

Ursúa y sus hombres se adentraron en territorio enemigo. Eligieron un sitio que tuviera buenas defensas, que dispusieron como un campo base donde dejar todos los carros. Desde allí harían todas las incursiones que fueran necesarias contra los indios quienes, entretanto, convocaron a todas las tribus y se dispusieron a atacar el campamento de los españoles. Iniciaron los musos la movilización de sus hombres, pero al acercarse a los españoles se lo pensaron mejor. Aquellos barbudos eran muchos, estaban bien armados con arcabuces y acompañados de perros, lo que les infundía mucho temor. Los indios se quedaron en lo alto de un cerro vigilándoles sin atreverse a atacarles. Aquella noche se retiraron para volver a la mañana siguiente de nuevo sin acercarse demasiado, quedando fuera del radio donde pudieran ser atacados por los caballos o los disparos de arcabuz.

Así estuvieron los indios varios días, rodeando a los españoles sin atacarles, hasta que Ursúa se cansó de aquella situación y decidió hacerles una emboscada con el fin de no dejarles estar en aquella posición sin recibir daño alguno. Llamó a dos de sus mejores arcabuceros, García de Arce y Villanueva, y se posicionaron en un lugar a propósito. Por otro lado, mandó a 30 hombres que se emboscaran en un lugar adecuado para que atacaran a los indios cuando amaneciera, pero estos se percataron de la estratagema y eludieron el ataque.

18 Aguado, P., p. 68.

Ursúa no quiso esperar más tiempo y salió junto a sus dos arcabuceros. Los tres arcabuces de los españoles consiguieron matar a algunos indios. Según la relación de Aguado cada tiro de arcabuz hacía daño en las filas enemigas. Los otros 30 soldados también salieron a campo abierto en busca del cuerpo a cuerpo, pero poco pudieron hacer. Fueron menospreciados por los indios, que hicieron que los españoles tuvieran que frenar su acometida y retirarse. Tenían más miedo a los tres arcabuces que a los 30 soldados del navarro, porque aquellos artefactos los mataban sin poder ver cómo.

Aquella noche españoles e indios volvieron a sus posiciones. Pasaban los días y los indios no llegaban, así que Ursúa mandó salir a cierta gente al valle de Pauna para intentar aprovisionarse de comida y de paso establecer algún tipo de contacto con los indios, sondeando la posibilidad de la paz. Sin embargo, cuando los treinta soldados iban a salir Ursúa fue avisado por un indio que el grueso del ejército indígena estaba reunido en aquel valle. Los españoles eran muy pocos –le dijo– y muchos los indios, sería un suicidio dirigirse allí.

Ursúa creyó a aquel indio. Como afirma Aguado, muchos generales españoles no hacían caso de estas informaciones, las creían *novelas de indios*[19], pero Ursúa en aquella ocasión sí dio crédito a lo que le contaban y trazó un plan. Reunió a 60 de sus mejores hombres para acometer el campamento de los indios al cuarto del alba –sobre las tres de la mañana– o al amanecer. Guiados por otros indios salieron, pero cuando despuntó el sol fueron descubiertos. Como el navarro se dio cuenta que poco podía hacer contra sus enemigos sin el factor sorpresa, pararon a descansar y se acomodaron para almorzar. Según Aguado, y de ello era consciente Ursúa, si los españoles cogían por sorpresa a los indios estos se alborotaban y turbaban de tal manera que se desordenaban y no sabían ni coger las armas, pero si no

19 Aguado, P., p. 59.

existía esta sorpresa era casi imposible acometerlos con garantías de éxito.

Los españoles fueron cercados por miles de indios[20] pero se mantuvieron firmes, sin retroceder ante la gran turba de guerreros que tenían enfrente y sus terroríficos alaridos. Ursúa ordenó no moverse, estar quietos y juntos, muy juntos unos de otros, en estricta disciplina. Era la única oportunidad que tenían de sobrevivir ante aquella multitud de indios que se acercaron a ellos, según el relato de Aguado, de manera torpe y brava[21], pensando que ya les habían vencido.

Ursúa esperaba. Sólo dio la orden de atacar cuando vio que los indios se les echaban encima. Los españoles avanzaron con sus espadas y sus rodelas y mataron a unos cuantos indios, lo que hizo a los indígenas retroceder rápidamente y colocarse en escuadrones cerca de ellos con el fin de rodearles. Entonces fue cuando entraron en escena los arcabuceros españoles, que con sus disparos acertaron a algunos indios y les hicieron retroceder un poco más.

Era la oportunidad que se les abría a Ursúa y a su gente para huir en dirección a su campamento. Para ello tenían que atravesar un valle muy hondo y peligroso, por la gran bajada y subida que tenían que andar. Los indios les perseguían en gran número, habían matado a tres o cuatro españoles, lo que les había insuflado ánimos.

Los españoles no podían bajar todos juntos, si lo hacían los indios podrían tirarles piedras grandes y flechas que los matarían a todos, así que Ursúa junto a ocho soldados más se quedaron en lo alto resguardando el principio de la bajada al valle, cubriendo las espaldas de todos los demás, resistiendo a los indios en aquella posición hasta que todos los demás estuvieran a salvo.

---

20 Del Campo, L., p. 204.
21 Aguado, P., p. 59.

Los ocho soldados le dijeron a Ursúa que bajase porque si a él le ocurría algo, y había mucho peligro quedándose allí, pondría en peligro toda la expedición. Ursúa no quería bajar, pero al fin compendió que debía hacerlo. Bajó y junto a algunos arcabuceros se acomodaron en una posición donde pudiesen disparar a los indios que apretaban a los ocho soldados que se encontraban taponando la bajada al valle. Parece, según Aguado, que habrían acabado con los ocho españoles a no ser por algunos certeros disparos de los arcabuceros que andaban junto a Ursúa.

Uno de aquellos ocho que bajaba corriendo cayó y fue casi atrapado por los musos, pero el indio que iba a matar al español fue alcanzado por un disparo de Ursúa[22], lo que hizo que los demás indios se pararan y el español pudiera escapar.

Estando ya todos los españoles abajo, aunque seguían rodeados de multitud de indios, Ursúa dio orden de parar a descansar y comer en una fuente, mostrando, según Aguado, *tenellos* –a los indios– *en poco*[23]. Los indios, parece que asombrados de la osadía de los españoles, *admirados de ver el menosprecio y poco caso que dellos se hacía*[24], se pararon a mirarlos sin tirarles flechas y se sentaron en el suelo, al igual que estaban los españoles.

Cuando Ursúa dio la orden los españoles empezaron a subir, pero se encontraban ante un paso muy peligroso en el que los indios esperaban atraparlos. El navarro mandó ir en vanguardia a sus mejores hombres para que en aquel paso impusieran la disciplina necesaria. Por esa orden consiguieron llegar a la cima sanos y salvos todos los hombres que habían empezado la ascensión. Tomaron aquel paso en alto y posicionaron los arcabuces.

Los españoles, en lo alto de la colina, empezaron a marchar hacia el campamento. Habían salvado el pescuezo por poco. Los arcabuces mantenían a raya a los indios, quienes cambiaron de

---

22 *Ibid.* p. 60.

23 *Ibid.*

24 *Ibid.*

estrategia y empezaron a hacer señales a los españoles de su voluntad de dialogar. Ursúa mandó parar los disparos, quería saber las intenciones de los indios, que enviaron un emisario que regaló a Ursúa seis piñas por el valor mostrado contra ellos con la poca gente que eran. Después de aquello los indios se volvieron a sus rancherías y los españoles a su campamento.

Ursúa estaba fascinado de la obstinación de los indios, decía que parecían más demonios que hombres[25]. Varios días estuvieron los españoles sin salir del campamento. Según Aguado, aunque los españoles solicitaron a los indios varias veces la paz, los indios no querían porque debían primero entrar en batalla.

Viendo los musos que los españoles, atentos, no se dividían ni les dejaban que les pillasen en una emboscada por sorpresa, urdieron un plan *con cautela y traición*[26]. Enviaron a seis emisarios para comunicarles que deseaban la paz con los españoles y servirles amigablemente. Querían, a modo de regalo, hacer para los españoles una sementera grande de la que pudieran sacar maíz. Los españoles sólo tenían que decirles dónde la querían y en seis días ellos empezarían a labrar la tierra.

Ursúa, confiado, creyó en la paz que le ofrecían los indios. Incluso les regaló algunos bonetes, camisas y otras cosas. Pero habrían muerto todos si Dios Todopoderoso, en la relación de Aguado, no hubiera hecho que una india mosca que los musos tenían cautiva consiguiera escapar y que le contara a Ursúa lo que en realidad estaba sucediendo. El plan de los indios era degollarlos a todos. Una parte del ejército indio se iba a emboscar en un arcabuco que estaba cerca de la sementera para atacarles por allí, los demás españoles que confiados entraran entre los indios serían todos asesinados.

Por aquella india Ursúa y sus hombres se libraron de una muerte segura. Después de aquello el capitán navarro decidió

---

25 *Ibid.* p. 61.
26 *Ibid.* p. 62.

que había que poblar aquella zona, establecer una colonia nueva. Aguado nos explica la forma en que esto se hacía. La escenificación consistía en

Subirse el Capitán sobre un caballo armado de todas las armas que tiene, y allí, delante de todos los soldados y gente que consigo lleva, dice en alta voz que él quiere en aquel sitio o lugar poblar un pueblo o ciudad en nombre del Rey de Castilla, cuyo súbdito y vasallo es.

Si hay presente alguno que pretenda repunárselo y contradecírselo, que salga allí a defendérselo y estorbárselo por su persona y armas, y a combatirse con él sobre ello. Hecho y dicho esto, y visto que no hay contradicción alguna se apea de su caballo y allí dice que funda y asienta y hace principio de un pueblo o ciudad en nombre del Rey, y se posesiona en él como cosa perteneciente a la Corona Real de Castilla, y en señal de posesión echa mano a su espada y por aquel campo tira tajos y reveses, cortando árboles y lo que por delante topa, y luego, en medio deste sitio y plaza del pueblo, ha de ser hincado un madero grueso por rollo o picota, donde dice y manda que sean ejecutadas las justicias que los ministros del Rey mandaren hacer contra los delincuentes y malhechores. Luego nombra dos alcaldes, y ocho regidores, y un procurador de ciudad, y un mayordomo, y un alguacil, en quien queda todo el gobierno de la república, y estos son mudados cada un año, por el día de Año nuevo, primero de Enero.

Hace luego traza del pueblo de la manera y orden que ha de ser edificado, y conforme a la traza que se hace señalan a todos los vecinos por su orden solares, dando el primero a la Iglesia y luego al Capitán y luego a las otras personas principales, de suerte que conforme a la traza que se hace queda el pueblo fundado y así se van edificando en él por sus cuadras, que son unos cuarteles cuadrados divididos en cuatro partes iguales, y por cada frente del cuartel queda una calle, y las cuatro partes del cuartel son cuatro solares, y estos se dan a cuatro personas o a dos, como quieren, y así se van dilatando y extendiendo la poblazón del pueblo o comarca de la plaza, que también es cuadrada, y es una cuadra de cuatro solares con sus calles, que della salen, que son ocho calles, dos por cada esquina, por donde muy acomodadamente se gobierna y anda y manda todo el pueblo[27].

Ursúa fundó mediante aquel procedimiento Tudela de Navarra. Con los indios todavía en guerra –ojo– dejó aquella posición todo lo prevenida que pudo con una defensa de unos 30 hombres y marchó a Bogotá a informar a los oidores.

Cuando llegó a Santa Fe a los oidores no les gustó nada ver que el navarro estaba allí. Le mandaron volver a Tudela porque pensaban que sin él la ciudad no podría prosperar, aunque le prometieron que después de aquello tendría lo que siempre había buscado, que no era otra cosa que la prometida entrada a las tierras del Dorado.

Ursúa, acompañado de más gente y más municiones, tuvo que volver a las tierras de los musos. Por el camino los indios les iban haciendo emboscadas, les seguían y les hostigaban diariamente por la retaguardia. Aunque los españoles mataban a muchos y también les hacían celadas, los indios no desistían, y cada vez su número era mayor.

Un día, el navarro ideó un plan para atacarlos. Se dio cuenta de que los indios siempre les espiaban desde zonas altas pero que cada vez que abandonaban el campamento bajaban a él para quemarlo, no sin antes hacerse con algo de valor que los españoles pudieran haber dejado allí. Dio orden de salir a quince soldados escoltando los carros y a los indios que llevaban todo el bagaje, el resto debía emboscarse en un arroyo.

Los musos se olían la celada, estaban con la mosca detrás de la oreja porque se dieron cuenta que entre aquellos caballos que partían faltaba uno blanco, así que mandaron bajar a dos de los suyos para ver qué ocurría. Estos dos, según Aguado, eran dos

27 *Ibid.* p. 63.

parias, carne de cañón, que si eran muertos por los españoles no les haría ganar ninguna honra[28].

Los dos indios bajaron, pero sólo vieron dos cerdos a los que los españoles les habían cortado las patas traseras. Los habían jarreteado. Los indios buscaron cualquier cosa de valor por toda la zona, pero al no ver a nadie hicieron señas para que descendieran los demás. Ursúa, cuando vio que bajaban muchos indios, salió al frente de algunos españoles para desviarles hacia el arroyo donde estaban emboscados la mayoría de los españoles, quienes recibieron a los indios a sangre y fuego. Según Aguado, muchos fueron muertos y desbaratados[29].

Después de aquello, hasta llegar a Tudela, no siguieron más a los españoles. Desde allí Ursúa prosiguió la guerra contra los musos, entablando negociaciones cuando lo creyó conveniente, aunque según la relación que seguimos *más con violencia que con amor*[30]. Haciendo algunas salidas contra los indios consiguió que algunos de ellos, sobre todo los que estaban más cerca de Tudela, se avinieran a la paz, aunque parece que nunca del todo.

Realmente lo que Ursúa deseaba era dejar aquellas tierras y emprender la soñada aventura del Dorado así que, siempre con prisas, intentó pacificar la zona. Aunque este objetivo nunca lo consiguió. Sólo pudo atraerse a unos pocos indios y además *muy de sobre peine*. Abandonó Tudela junto a muchos soldados a pesar de los ruegos de la población para que no se fuese, pero todo fue en vano. Ursúa quería largarse de allí y se fue a Bogotá.

Nada más irse Ursúa y sus soldados empezaron de nuevo los ataques de los indios, así que los españoles que allí quedaban decidieron también salir de la recién fundada ciudad. Una

---

28 *Ibid.* p. 65.

29 *Ibid.*

30 *Ibid.* p. 66.

noche escaparon sacando de la villa todo lo que pudieron[31]. En la retirada de Tudela destacó García de Paredes, quien años después mandaría las fuerzas que apresaron a Aguirre. Todos los cronistas afirman que en esta retirada murieron muchos españoles. Un religioso cayó en manos de los indios nauras, que se lo comieron. Después de aquello no volverían a comer más carne humana porque parece que muchos se contagiaron de alguna enfermedad.

Los vecinos de Tudela que llegaron a Santa Fe protestaron ante los oidores por la espantada de Ursúa, lo que había ocasionado muchas muertes, pérdidas de haciendas y el fracaso en la pacificación de los musos. A los oidores no les había gustado nada cómo se había comportado el navarro, pero le protegieron. Ursúa afirmaba que había hecho lo que le habían pedido. Los oidores no querían meterse en líos con conquistadores, y como decía Aguado, daba igual lo que hicieran. Además, si hacemos caso a lo que decía Zorita, después de cuatro años él no tenía un real y los dos oidores eran ricos[32].

Ursúa volvió a Bogotá con la intención de dirigirse al Dorado, pero esta empresa se volvió a posponer. Fue nombrado, a finales de 1551, Justicia Mayor de Santa Marta[33], con el encargo de pacificar a los indios de la sierra de Tairona[34].

---

31 Según Piedrahita y el padre Alonso de Zamora, la Tudela colombiana no duró más de cuarenta días, debido al acoso de los indios musos y los nauras. Después, en 1558, según Aguado, fue proveído Luis Lanchero para pacificar aquella tierra. Francisco Morcillo, a las órdenes de Lanchero, fundó Trinidad de los Muzos, primera población que persistió en aquella región.

32 Del Campo, L., p. 216.

33 Aguado, P., p. 67. La villa era la que monopolizaba el comercio que se hacía por el río Magdalena o río Grande. Fue atacada muchas veces por corsarios franceses o ingleses, su población era escasa y sus gobernadores gente de escaso relieve político. En 1553, según el obispo fray Juan de los Barrios tenía no más de 10 o 12 vecinos, que tenían sus bienes bien ocultos, *y sus autoridades eran las heces y escoria de España*. Del Campo, L., p. 222.

34 Jos, E., p.40.

Los taironas eran una nación muy belicosa. Se extendieron hasta el golfo de Urabá, pero los indios caribes –antropófagos– les fueron quitando terreno. Estos indios caníbales a la llegada de los españoles ocupaban toda la costa y las orillas del río Magdalena, lo que propició que los taironas se refugiaran en las partes montañosas.

Estos taironas estaban acosando Santa Marta, así que los oidores volvieron a pensar en el navarro para la pacificación de la zona. La reputación de Ursúa en Bogotá había crecido, sobre todo después de su campaña contra los musos. Ursúa no tenía ninguna gana de liderar esta empresa, pero de nuevo tuvo que aceptar la misión. Además, para esta campaña en Santa Fe costaba mucho hacer que los soldados se alistasen. Pocos se querían apuntar porque la agresividad de aquellos indios tenía fama. Eran pueblos a los que no se les había conseguido dominar, y se sabía que habían matado a muchos españoles. Cuando Aguado escribe su libro, en 1581, afirma *y así se están hoy sin poblar*[35].

El navarro se fue a Santa Marta acompañado de poca gente. Tan pronto como llegó a Santa Marta abrió los banderines de enganche e inició los aprestos para invadir el país de los taironas. Contra todo pronóstico pudo comprobar aliviado que muchos soldados llegaban para alistarse.

Labró escaupiles[36]*, compró armas de fuego, limpió lanzas que la ociosidad en vez de sangre enemiga tenía cubiertas de herrumbre, y depósitos de bastimentos para tres meses, puso tanto calor en alentar a la empresa, que en breves días pudo contar para ella hasta doce caballos y cuarenta infantes*[37].

---

35 Aguado, P., p.69.

36 Sayo de armas acolchado de algodón, que usaban los antiguos mexicanos y que los conquistadores adoptaron para defenderse de las flechas (RAE).

37 Piedrahita, p. 334. Otras fuentes, como por ejemplo Aguado, elevan la hueste a unos 300 hombres.

A partir de este punto las versiones de los cronistas difieren. Lo que sí parece claro es que los taironas llevaban tiempo espiando a los españoles mientras estos preparaban la campaña. Les enviaron una embajada de paz y por otro lado convocaron una reunión con los ancianos de las tribus más cercanas[38]. En aquella reunión pactaron que las tierras de Bonda debían mantenerse en la paz fingida que tenían jurada y que los taironas debían salir amistosos al encuentro de los españoles. Acordaron rehuir el enfrentamiento con los hispanos, conscientes de su inferior armamento, y fingieron querer la paz dejando a los españoles que pasaran a los montes, para que el calor y la sed hicieran mella en los invasores. Cuando estuvieran más débiles los atacarían.

En Santa Marta administraba justicia el capitán y gobernador Luis de Manjarres, a quien intentaría Ursúa asociar a sus campañas. Era un soldado con gran experiencia, y para Ursúa no había nadie mejor que él para ayudarle.

Según Aguado[39], Ursúa empezó la campaña enviando a Guajaca –una población que se encontraba en el camino a la sierra de Tairona de indios amigos– a Hernando Álvarez Acevedo con 50 hombres. Mientras, Ursúa se dirigiría a Origua, seguido de unos 30 hombres, entre los que se encontraba Lidueña, que era hermano del capitán Manjarres. Este último había prometido a Ursúa que les seguiría, y también había dado aviso a la gente de Guajaca para que se juntara con los hombres del navarro.

Pero Manjarres no aparecía. Ursúa estuvo esperándolo más de dos meses en Origua, que era una zona de indios bastante peligrosa –según Aguado naturales indómitos y soberbios[40]– sin saber que el plan de Manjarres era precisamente no aparecer para dejar que los indios les atacaran y después llegar él y su gente

38 *Ibid.* p. 335.

39 El primero escribió antes de 1575 o 1578, el segundo a partir de 1570, posiblemente después de Aguado, pero Castellanos fue partícipe en la campaña.

40 Aguado, P., p.70.

para reanudar la campaña contra los naturales y arrebatarle así la gloria y la fama.

Mientras Ursúa esperaba, mandó a cierta gente ir a buscar comida a algunos pueblos que estaban pacificados entre Santa Marta y Origua. Dividía así sus fuerzas, que se componían de sólo 20 hombres. Los indios tairona se percataron de la situación y atacaron a la expedición que había salido del campamento. Mataron a la mayoría de sus hombres, aunque algunos consiguieron huir y llegaron a Santa Marta, avisando a Manjarres de todo.

Este resolvió avisar a Ursúa del ataque indio para que no le pillasen desprevenido y los matasen a todos. Le escribió una carta avisándole que se fuera de allí si no quería que los masacrasen. El mensajero caminó toda la noche y por la mañana le entregó la misiva al navarro, pero mientras este estaba leyendo la carta fueron atacados. Los doce hombres que allí quedaban tuvieron que armarse apresuradamente. Contaban con seis arcabuces, esa era su mejor defensa contra, atención, en palabras de Aguado, 6.000 indios. Suponemos que ya serían bastantes menos.

Los españoles recibieron innumerables flechas, pero milagrosamente pudieron resistir hasta entrada la noche. Los caminos y los pasos estaban controlados por los taironas. Los españoles estaban rodeados, estaban con el agua al cuello. Ursúa les dijo a los suyos que no aguantarían un día más, que si alguien sabía un camino escondido para escapar que lo dijese rápidamente porque si no podían darse por muertos.

Un soldado llamado Zúñiga se adelantó. Dijo que conocía un camino que atravesaba el territorio indio pero que si conseguían atravesarlo saldrían a tierras de paz. Así lo hicieron. Se pusieron en marcha dejando en medio de la comitiva a dos mujeres que andaban con ellos y consiguieron salir sin ser vistos a los llanos de Bonda, tierra relativamente segura, donde apareció Manjarres con algunos soldados y vecinos de Santa Marta. Manjarres había dilatado el socorro y ahora se presentaba ofreciendo al navarro su ayuda.

Hasta aquí la versión de Aguado, en la que hay que tener en cuenta que era enemigo de Manjarres. Ahora veamos la versión de otro de los cronistas, Lucas Fernández de Piedrahita. Según él, las fuerzas de Ursúa se iban mermando así que decidió volver a Santa Marta por el río Piedra hasta Giriboca. Los espías indios se dieron cuenta de esto y decidieron cogerlos en los estrechos pasos de Origua, a siete leguas de la villa, donde por una parte del camino había pared y por la otra, grandes barrancos. Para ello prepararon una fuerza de 1000 indios gandules, más 2000 indios bondas y bodiguas que quedaban en el monte, con el fin de cogerles por la espalda poco antes de llegar a los llamados pasos de Rodrigo[41].

Los españoles fueron atacados, rodeados de miles de indios[42], muriendo algunos a golpe de macana y de flechas. Ursúa, que se encontraba enfermo, en la cama, ordenó subir –yendo él mismo en vanguardia– a lo más elevado de una cumbre. Fue seguido por doce hombres[43] bajo una nube de flechas y piedras, combatiendo sin parar durante más de dos horas, cubiertos de sangre, abriéndose paso entre enemigos a tiros de arcabuz hasta que llegaron a la cima y la limpiaron de fuerzas hostiles.

Termina Piedrahita diciendo que fueron heridos muchos españoles, entre ellos Ursúa –herido tres veces– pero que al final consiguieron llegar a Santa Marta, lo que subió mucho la fama del navarro.

Volvamos a Aguado. Mientras, en Guajaca, varios españoles –donde también estaba el capitán Lidueña–, cansados ya de esperar en aquella peligrosa zona, desaparecieron por la noche en dirección al Cabo de la Vela. Los soldados que quedaban allí también estaban deseosos de irse y se lo dijeron al capitán, pero

41 Piedrahita, p.335.

42 *Ibid.* p.336.

43 Piedrahita, p. 336-337. De los doce hombres se conocen seis: Luis de Manjarres, Bartolomé Dalba, Francisco Díez de Arlés, Lorenzo Jiménez, Juan de Castellanos y el tesorero Briceño.

Lidueña era un hombre piadoso y honrado que no quería dejar a su suerte a doce o trece españoles que allí estaban heridos sin poder moverse.

El capitán ponía excusas para no salir de allí. Pedía a sus hombres que esperaran a que se recuperaran los enfermos o a que llegara el socorro de Santa Marta, pero finalmente no le quedó otra opción que dar la orden de partir. Dejó a los enfermos provisiones, les aseguró a todos que les enviaría desde el Cabo de la Vela un bergantín de rescate en cuanto tuviera posibilidad y habló con ciertos indios a los que rogó que cuando ellos partieran no mataran a su gente.

Nada más partir Lidueña y los suyos los españoles que allí quedaban enfermos fueron masacrados a flechazos y macanazos[44], excepto un hombre que consiguió esconderse entre los cañaverales.

Llegados los españoles de Lidueña al Cabo de la Vela este cumplió su promesa y mandó un bergantín en busca de los enfermos. Cuando llegaron confirmaron que todos estaban muertos menos uno, que andaba ciego del hambre y de las enfermedades que había sufrido. Aquel pobre hombre cuando vio el bergantín salió suplicando que lo llevasen con ellos, pero la persona –si se la puede llamar así– que iba por capitán del barco, siendo más cruel que un bárbaro, dice Aguado, al verle ciego y enfermo le dejó allí.

Todo esto llegaría a oídos de los vecinos del Cabo de la Vela, que ofrecieron dinero al capitán del bergantín para que volviera a Guajaca a por el enfermo, pero no consiguieron convencerle y aquel hombre enfermo terminó muriendo.

Ursúa, después de escapar de Origua, también se dirigió al Cabo de la Vela[45]. Su intención era volver a reunir gente

44 Aguado, P., p. 73. Eran las macanas una especie de machete o porras hechas de madera dura a veces con filo de pedernal (RAE).

45 Según Piedrahita, Ursúa mejoró y quiso volver a Santa Fe.

para reanudar la campaña contra los indios, pero nadie quiso seguirle. No había conseguido poblar ni pacificar nada, había sido herido y afectado de paludismo, y también había perdido todos sus bienes. Defraudado, volvió al Nuevo Reino de Granada, donde ya se encontraban los nuevos oidores Briceño y Montaño, este último acérrimo enemigo de su tío Armendáriz y de él mismo.

Un oidor, llamado Gutierre de Mercado, había muerto en Mompóx y Juan de Montaño, nacido en Ayamonte, había sido enviado para sustituirle. Era Montaño un hombre perverso, que expolió a mucha gente. Terminaría degollado en la plaza de Valladolid. Los demás oidores eran Juan López de Galarza, Beltrán de Góngora y Francisco Briceño, toledano, que había permanecido en España hasta 1553 y se incorporó ese año para residenciar a Belalcázar[46].

Montaño y Briceño habían llegado para residenciar a Galarza, Góngora y Armendáriz, pero también quiso Montaño hacerle un juicio de residencia a Ursúa por los indios que había matado y su responsabilidad en la rebelión de los indios de su distrito.

El obispo de Santa Marta, fray Juan de los Barrios, había escrito al Consejo de Indias afirmando que los indios de Buritaca se habían levantado debido a las tropelías de los hombres de Ursúa. Parece que la rebelión de los indios se había extendido a 400 pueblos[47].

Estando yo supe haberse levantado los indios de Buritaca porque Pedro de Orsúa fue con provisión de la Audiencia a poblar en el valle de Tairona que es en estas sierras de Santa Marta y envió adelante ciertos soldados bisoños que acá llaman chapetones y les hicieron

46 Fue condenado a muerte por Briceño, aunque terminaría muriendo de forma natural en el camino de vuelta a España.

47 Jos, E., p. 41.

malos tratamientos, tomándoles mantenimientos y haciendas. Alzaron cuatro o cinco pueblos y mataron algunos españoles. Requerí a Orsúa dejase la entrada y no quiso[48].

Ursúa fue destituido por los oidores del oficio de Justicia Mayor de Santa Marta y de los cargos de Pacificador y Poblador de la sierra de Tairona. En octubre de 1553 escribieron una carta al emperador en la que se requería que se pudiera hacer un juicio de residencia a Ursúa y le sustituyeron por el capitán Luis de Villanueva en el cargo de Justicia Mayor. Montaño acusó a Ursúa en 1554 de hacer muchas muertes y crueldades en Tairona lo que, según él, había conllevado el alzamiento de muchos indios que estaban en paz con los españoles y la obstinación de los indios que estaban en guerra hasta tal punto que Santa Marta estuvo a punto de despoblarse.

Los oidores llamaron a Ursúa para residenciarle. El navarro llegó a Bogotá, donde se defendió de las acusaciones contra él: enfermo –dijo– desafié a la muerte rompiendo el cerco formado por miles de indios de guerra contrarios[49].

Galarza y Góngora fueron condenados, suspendidos de oficio. Se ordenó su traslado a España para ser enjuiciados por el Consejo de Indias[50]. A Armendáriz se le llevó a Cartagena para que esperara a Montaño, quien debía terminar allí su residencia. Aquél, fue trasladado a la cárcel pública, y puesto con grillos.

48 Del Campo, L., p. 243. Los indios de Buritaca, enclavados en el valle de Upar, se unieron a la rebelión general aborigen. Parece que se alzaron unos 400 pueblos, con lo que se dictó en Valladolid real cédula el 10 de mayo de 1554 para que se castigase a los culpables.

49 *Ibid.*, p. 252.

50 En la flota que estaba anclada en Cartagena en 1544, la de Rodríguez Farfán, embarcaron con camino a España Góngora, Galarza y el secretario Antonio Téllez. Los tres eran ya ricos, pero tenían ante sí un futuro incierto. Los tres morirían en aquel viaje porque su barco embarrancó frente a Zahara de los Atunes.

Montaño salió de Bogotá hacia Cartagena. Ursúa, Arlés y otros camaradas seguían al oidor para seguir de cerca el juicio de Armendáriz. No podían liberarle, eso habría sido ir contra el Consejo de Indias y el Rey, pero sí velar por su vida para que no lo asesinaran y se pudiera alegar una muerte imprevista[51].

Armendáriz fue condenado. Se ordenó su traslado a España para que pudiera apelar al Consejo de Indias, lo que consiguió hacer un año después de la salida de la flota de Farfán. Juan de Maldonado, gobernador de Cartagena, le quitó los grillos y le permitió moverse con libertad por la ciudad, aunque andaba muy pobre. En 1555 llegó a Sanlúcar. Nunca más contaría con el favor del Consejo de Indias, pero sí con el favor de La Gasca, que había sido nombrado obispo de Palencia y después de Sigüenza. Armendáriz se ordenó sacerdote, y La Gasca hizo que llegara a ser canónigo de Sigüenza.

Ursúa quedó al margen de la ley. En mayo de 1554 se dirigió a Pamplona. Andaba pobre, buscaba oro. Tenía la intención de empezar una nueva jornada en las sierras nevadas, pero el cabildo de Pamplona pidió primero opinión a los oidores. Mientras, la Audiencia ordenó la prisión de Ursúa y encomendó la tarea de apresarlo a Luis Lanchero. La provisión se llevó a cabo el 23 de agosto de 1554. Lanchero, el capitán que era su gran enemigo desde que siendo Ursúa un niño imberbe le había arrebatado la vara de autoridad.

Lanchero partió a Tunja, pero allí no consiguió reunir los 20 hombres que necesitaba. En Pamplona los regidores le pusieron también muchas trabas. Estuvo uno dos meses intentando reunir al cabildo, pero cuando lo consiguió ya era inútil que reuniera fuerzas: Ursúa se había esfumado.

Según la versión de Aguado Ursúa se había enterado que desde Tunja se reunía gente para ir a por él así que, en un movimiento genial, se dirigió hacia allí. Se enteró de dónde estaba

51 *Ibid.* p. 258.

Lanchero alojado con su gente y pasó por allí sin ser visto camino a Tunja, donde fue hospedado por amigos. De allí se dirigió a Santa Fe, donde residía Montaño, y permaneció escondido muchos días en casa de un vecino.

En 1555 dejó Santa Fe y se dirigió a Popayán. Desde el puerto de Buenaventura se embarcó a Panamá, donde llegó en 1556.

De septiembre de 1554 a principios del año de 1556 se sabe muy poco de él. Ursúa estuvo en Panamá en 1556, 1557 y parte de 1558[52]. Mientras se encontraba allí tuvo noticia de los graves problemas que estaban causando los negros cimarrones. Los vecinos de Panamá y Nombre de Dios estaban muy atemorizados, sobre todo los mercaderes, porque muchos esclavos negros *estomagados y hartos de la servidumbre del cautiverio*[53] habían huido y se habían escondido en partes muy recónditas de los montes y las montañas, donde habían levantado un pueblo y construido una fortaleza.

52 Ispizua, S., p.151.
53 Aguado, P., p.81.

7

LA ESCLAVITUD DE LOS NEGROS Y EL CIMARRONAJE

Se sabe poco sobre el esclavismo en África antes del siglo XVI y la llegada de los portugueses, pero sí sabemos que existía, que fue una realidad en toda la Costa del Oro, y que por allí tuvo lugar un gran tráfico de mujeres y niños entre los siglos IX y el XIV.

Las guerras y el bandidaje dieron lugar al inicio de los reinos negreros. Antes de la llegada de los portugueses, entre 3,5 y 10 millones de esclavos fueron enviados fuera de África, y el tráfico local creció exponencialmente. Para los europeos, aquella trata de esclavos no tenía ninguna traba moral. A las mujeres y los hombres negros, al no ser cristianos, se los consideraba inferiores. Casi nadie, fuera de algunos personajes importantes dentro de la iglesia indiana, censuró la esclavitud de aquellas personas hasta el siglo XVIII.

La trata atlántica se inició con los portugueses en las costas africanas, en el siglo XV. Sus objetivos eran sobre todo los esclavos, pero también el oro, las especias y el marfil. Al principio los portugueses sólo pensaban en arrebatar el control de las rutas a Oriente del Norte de África a las tribus magrebíes, pero estos objetivos cambiaron pronto, sobre todo cuando el portugués Gil Eanes, escudero del Príncipe Enrique el Navegante, consiguió cruzar el Cabo Bojador –el Cabo del Miedo– en 1434. Los portugueses alcanzaron en 1444 el río Senegal, lo que suponía conectar con los esclavos y el oro del interior del continente africano. Por las bulas *Romanus Pontifex* de 1455 la Santa Sede, como único poder supranacional aceptado por toda la Cristiandad, otorgaba la posesión a Portugal de todas las tierras descubiertas al Sur del cabo Bojador. Al año siguiente, la bula *Inter Caetera* consolidaba la primera bula y establecía la intención de los portugueses de llegar a la India rodeando África.

En 1475 carabelas portuguesas llegaban al Ecuador. Por el Tratado del Alcaçovas-Toledo (1479-1480) los castellanos reconocían la exclusividad de los lusos en las costas africanas a cambio de que Portugal reconociera a Isabel como reina de Castilla.

Bartolomé Dias dobló el Cabo de Buena Esperanza en 1487-1488. Vasco de Gama culminaría la empresa, llegando a Calicut en 1498. Antes, en 1492 Cristóbal Colón había llegado a América. El dominio de las rutas marítimas se dividía entre las dos grandes potencias europeas. Por la bula llamada *Inter Caetera*, de mayo de 1493, el papa valenciano Alejandro VI, Rodrigo de Borja o Borgia, que había sido colocado en la Santa Sede por Fernando el Católico, otorgaba bajo bastante presión del rey aragonés a los reyes de Castilla y León las tierras al oeste de una línea trazada. Pero el Rey de Portugal, Juan II, no se quedó para nada conforme y consiguió que esta bula se revisara y que ambos reinos firmaran después el Tratado de Tordesillas de 1494, por el que se trazaba un meridiano situado a 370 leguas de Cabo Verde. Portugal había conseguido desplazar la línea 270 leguas al oeste y se hacía así con una pequeña porción de tierra del Nuevo Mundo, que después se convertiría en la gran colonia brasileña.

El derecho indiano o la legislación esclavista americana deriva del derecho castellano, que había tenido su comienzo en la legislación romana[54] y que después había continuado con el derecho de visigodos, musulmanes, el derecho en época de la Reconquista, Canarias y el Renacimiento. La legislación que

---

54 Salvo Roma, que era una sociedad esclavista, las demás no lo eran. Más bien eran sociedades que tenían esclavos.

más influyó en las Indias fue la medieval, sobre todo el Fuero Juzgo y las Partidas Castellanas, que son prólogos de la legislación indiana. Estas leyes suplirán los vacíos en la legislación americana nada menos que hasta finales del periodo colonial, en el siglo XIX[55].

El Fuero Juzgo es una recopilación del derecho visigodo del *Liber Iudiciorum,* a la que se añadieron leyes nuevas. Este *Liber* recoge las leyes sobre la servidumbre de los reyes godos, y se puede observar en él una preocupación por el tema de las huidas de los esclavos y las sanciones para los que se fugaban y para quienes les prestaban ayuda, así como los premios para los que los capturaran. Como en América posteriormente, bastaba llevar la cabeza de un siervo fugado para cobrar la recompensa. También exponía las sanciones para quienes encubrieran a esclavos fugitivos en sus casas. Más tarde, en América, incluso se mandaría derribar aquellas viviendas[56].

Las Partidas Castellanas fueron la gran obra de Alfonso X. Se aplicaron sobre todo desde 1348, cuando Alfonso XI las declaró Derecho Supletorio del Reino. Las siete partidas sustituyen el derecho consuetudinario que primaban los fueros por un derecho general inspirado en el romano. Allí se conjugaban las tradiciones grecorromanas y cristianas. La esclavitud se entendía como algo dado por la naturaleza (Aristóteles) pero también que los hombres eran libres por esa misma naturaleza (Cicerón y Séneca). El cuerpo podía esclavizarse, pero el alma era libre. Para la iglesia, la esclavitud era consecuencia del pecado de los hombres.

Tres causas generaban servidumbre. La primera y principal era la guerra justa realizada en defensa de tu religión, lo que después se aplicó en América para elaborar el requerimiento y fundamentó la esclavitud de los indios. La segunda causa era nacer hijo de sierva y la tercera, por endeudamiento o insolvencia. Por

55 Lucena Salmoral, L. *Leyes para esclavos...*, p.14.
56 *Ibid.* p. 17.

el contrario, la manumisión se podía dar por otras tres causas. La primera era la decisión del amo, que por su gracia resolvía dar la libertad a su esclavo. La segunda manera de adquirir la libertad consistía en que el esclavo pagara a su amo el dinero que le había costado a este –así el amo podía comprar un esclavo más joven– o en el caso de las mujeres la prostitución para pagarse su libertad[57].

Lo más normal en América fue que los esclavos pagaran su libertad, lo que llevaría a reconocer que el esclavo tenía derecho a poseer un peculio por donativos del patrón, de otros o por ahorro del propio esclavo. Por este motivo se liberarían muchos esclavos en América, sobre todo a finales del colonialismo.

En cuanto a su tratamiento, en las Partidas se decía que podía hacer el señor con el esclavo lo que quisiese, pero no matarle –si el esclavo no había tenido una relación sexual con la mujer o la hija del amo, porque en ese caso podía ejecutarlo sin contemplaciones–. Tampoco podía el amo lastimarle ni hacerle pasar hambre. El siervo tenía derecho a justicia, y el amo debía responder de los actos del esclavo, y de sus deudas.

En el siglo XV abundaban los esclavos en el sur de España, sobre todo en Sevilla, donde existía un tráfico que se había originado en Huelva. Aunque la gran mayoría de la esclavitud fue de personas de piel negra, también hubo una esclavitud minoritaria de blancos cristianos y musulmanes, aunque tenemos pocas referencias sobre ella. Aquella esclavitud había tenido su origen en la Hispania romana, donde se hicieron 200.000 esclavos[58], y había continuado en menor medida con los visigodos y en la España musulmana, donde se podían encontrar esclavos blancos cristianos y también negros. Para el siglo XV había esclavos musulmanes en Sevilla, Valencia, Barcelona, Madrid o Valladolid,

57 En América la prostitución no llegó a ser causa de libertad, pero sí para cambiar de dueño.

58 Lucena Salmoral, L. *Leyes para esclavos…*, p. 27.

además de los negros traídos de África. Se estima que a finales del siglo XVI habría en España unos 44.000 esclavos blancos, poco menos del 1% de la población, según datos de Manuel Fernández Álvarez[59].

En las Indias hubo también una minoritaria esclavitud de blancos. En 1543 se mandó expulsar a todos los musulmanes de las Indias y se prohibió enviar más a América, aunque seguirían pasando por lo menos hasta principios del siglo XVII. Desde aquella fecha, se prohibió que pasaran esclavos que no fueran negros bozales, ni siquiera mulatos. Hasta aquel momento pasaban sobre todo moriscos[60], berberiscos, canarios –los guanches dejaron de ser esclavos en 1511–, filipinos, tártaros o esclavos del este de Europa, sobre todo como criados domésticos, pero ahora se les prohibía pasar a ellos y a sus ocho generaciones siguientes.

Las capturas de los esclavos negros al principio se hicieron directamente en tierras africanas, pero aquello evolucionó pronto. El sistema cambió. Los factores de las compañías de esclavos se convirtieron en los negociadores con los jefes indígenas o con tratantes locales para que les proporcionaran a los esclavos, que solían ser o prisioneros de guerra o gente con deudas. Aquellos hombres y mujeres se cambiaban por productos costosos como tejidos o metales. Después de varios meses que tardaban en reunirlos los marcaban a fuego con la señal de la compañía y en barcos se trasladaban a las Indias.

Los barcos salían de Sevilla después de pasar los pertinentes registros de la Casa de Contratación y se dirigían a África, para

---

59 *Ibid.*

60 Una ley de 1539 sobre los moriscos establecía que no se podían reunir más de tres esclavos. Si lo hacían la primera vez se les darían 100 azotes, la segunda vez 200 azotes y una mordaza en la lengua (LUCENA, *Leyes para esclavos*..., p.33) y la tercera vez pena de muerte. El virrey Antonio de Mendoza prohibió –y se les dio tres meses para que se enteraran de la ley– que salieran de noche y pena de muerte si salían y se les encontraban armas.

después desde allí enfilar las proas a las Indias. Más adelante, en la etapa de los grandes asientos portugueses con la Corona española de finales del siglo XVI y en el siglo XVII, este tráfico triangular cambiaría.

Hasta 1665 los barcos negreros eran pequeños. A finales del siglo XVI, solían llevar por barco unos 500 esclavos[61] y si eran barcos grandes unos 15 o 20 marineros. Las condiciones del viaje de los esclavos eran inhumanas. Todavía en el siglo XIX, Antonio de las Barras y Prado nos cuenta:

Los sexos vienen mezclados a bordo en completo estado de desnudez, lo mismo que si se tratara de un montón de animales ajenos a todo sentimiento racional, incluso al más elemental aseo, pues hacen sus necesidades sobre el mismo sitio de su estancia, llenándose de inmundicias, por cuya causa, para evitar que se infecte el aire en el buque, tienen los tripulantes que baldear a los negros dos o tres veces al día, arrojando sobre ellos gran número de cubos de agua del mar. Aparte de esto y aun estando limpios, despiden las negras un olor muy desagradable y a veces nauseabundo que no puede soportarse, el cual es propio de la raza[62].

Hacinamiento, desnudez, calor, fatigas, suciedad, epidemias. Todo aquello traía muertes de los esclavos en el viaje. Cuando llegaban a los puertos de las Indias se realizaba el registro por los oficiales reales. Se sacaba a los esclavos en lanchas, se contaban, se inspeccionaba la nave y después se los volvía a introducir en el barco. Después se sacaban fuera definitivamente y se alojaban en unos almacenes, unos lugares deplorables, donde los contagios causaban más muertos que el propio viaje. Sobre la mortandad de estos esclavos tenemos algunos datos. En 1595

61 García Fuentes, L., p. 7.
62 Citado *ibid.*

se suscribió el primer asiento con el portugués Pedro Gómez Reinel. En él se podía leer:

[Cédula] refrendada por Juan de Ibarra se ajustó con Pedro Gómez Reinel por nueve años para que en cada uno pudiese navegar 4.250 esclavos negros suponiendo que llegarían vivos los 3.500 y destos avía de llevar los 2.000 a los puertos o partes donde el Consejo lo mandase[63].

Es decir, que las estimaciones eran que morirían 750 esclavos en el viaje, de un total de 4.250. Un 17,64%. Las factorías eran los lugares donde los esclavos se clasificaban, se registraban y se vendían. En las Indias, sólo estaban autorizadas en Cartagena, Portobelo y Veracruz. En otros lugares se encargaban de esto diferentes agentes. Parece que en África al principio cotizaban más las mujeres que los hombres. Ellas eran más caras, aunque hubo siempre menos mujeres y los niños no pasaron nunca del 20%[64]. Los esclavos se separaban por sexo y edad y después se procedía al palmeo. Esto era la conversión del número de cabezas en piezas de siete cuartas, bajando de estas las correspondientes a las personas *defectuosas*, enfermos o moribundos[65]. Se les medía, y los que llegaban a 7/4 eran «piezas». La estatura de los demás era sumada en cuartas y el total dividido por siete, de lo que se obtenía el número de piezas.

Después del palmeo se pasaba al carimbo o carimba, que eran unas marcas en el pecho, en la espalda o incluso en el rostro con hierros al rojo vivo para garantizar su legalidad.

Este carimbo se hacía a los negros, pero también a los indios. Empezó en 1511 para diferenciar a los indios que se habían llevado a La Española desde otras islas y para reconocerlos

63 Veitia Y Linaje, J., p. 278.

64 García Fuentes, L., p. 10.

65 *Ibid.* p. 9.

cuando huían. En 1532 teóricamente se prohibió el carimbo en el rostro, sin embargo, en 1534 se volvió a autorizar. Se volvió a prohibir en 1542, aunque no dejaría de hacerse en muchos lugares hasta 1784[66].

Por último, llegaba la venta de los esclavos, que se podía realizar al contado o a plazos. Desde mediados del siglo XVI los esclavos negros preferidos eran los biáfaras y los bran, de Elmina, en la Costa del Oro, porque se los consideraba trabajadores, al igual que a los de Guinea, Angola o Mozambique. Desde 1570 se llevaron de Senegal, Gambia y Sierra Leona y desde 1595, con el asiento de Reinel, se trajeron sobre todo de Angola.

> *A pocos años del descubrimiento de las Indias se fue reconociendo que el trabajo de las minas y demás beneficios y labor de los campos no podían superarse por los indios [...] que se pudiesen llevar algunos esclavos, como fuesen negros, excluyendo todo otro género de castas de berberiscos y mulatos y de los mismos negros los que se llaman* gelofes *que eran tenidos por soberbios y revolvedores (y este nombre se les daba a los naturales de la villa de Gelofe)*[67].

Antes dijimos que en 1543 se prohibió que se llevaran esclavos que no fueran negros bozales. Estos bozales eran los negros que no habían tenido contacto con los blancos, a diferencia de los negros ladinos, o criados en España. En 1526 se prohibió llevar a las Indias negros ladinos y gelofes, procedentes de una zona entre el río Senegal y Gambia, porque se les consideraba astutos y sagaces. Quizá se llegó a esta prohibición porque fueron los que se rebelaron en 1521 en La Española de Diego Colón, pero también porque eran belicosos y se pensaba que abrazaban el islam.

---

66 Por supuesto, el carimbo no era una práctica sólo de los españoles, sino que también era utilizado por franceses, ingleses y holandeses.

67 Veitia Y Linaje, J., p. 276.

Lo normal en las Indias fue que los negros trabajaran en el servicio personal y la minería, sobre todo del oro –la minería de la plata también tuvo mano de obra indígena mitaya[68] y asalariada–, pero también se les hizo trabajar en obrajes, pesquerías de perlas, agricultura –sobre todo azucarera–, ganadería, venta al por menor y en la construcción en general, sobre todo de fortalezas y barcos. No siempre trabajaban en lo mismo, sino que iban cambiando de oficios según le interesara al amo. Lo que sí está claro es que los negros estaban para las peores tareas, las más peligrosas y de menos ganancias. Hay que recordar que no eran personas, sino *cosas*.

Pero en cambio, los precios de estas *cosas* eran altos y los colonos, que estaban siempre necesitados de mano de obra, se quejaban. En el siglo XVI los esclavos eran un monopolio portugués, que la Corona tuvo que aceptar. En la segunda mitad de siglo comenzarían las incursiones de los ingleses, sobre todo con la figura de Hawkins, que se dedicó a robar esclavos a los portugueses para luego venderlos en las Indias.

Una cosa era la trata oficial y otra el contrabando, que era aceptado por todos. Todo el que podía no dudaba en meter esclavos de aquella manera. Había varias formas, pero una de las más comunes fue la que se llamó *arribada forzosa*. Es decir, los barcos sólo podían atracar en unos puertos específicos impuestos por la Corona, pero si el barco tenía problemas para su seguridad podía aplicar esta arribada forzosa y así solucionarlos. Esto se adujo muchas veces para descargar mercancías ilegales. En 1640, con la crisis de la Monarquía de Felipe IV y la sublevación de Portugal se estableció una suspensión oficial de la trata, así que el contrabando se incrementó exponencialmente en manos de franceses, ingleses y holandeses.

El precio variaba según la ley de la oferta y la demanda. Los recién llegados valían menos que los ya aclimatados a las ciuda-

68 Sometidos al sistema de la mita.

des. Al principio la Corona obligó a que se metieran esclavos de los dos géneros por igual, pero en 1524 se estableció que entraran sólo un tercio de mujeres, porque por aquellos años se vendían menos y eran más baratas.

En 1556 se dio una provisión de precios máximos. Los más caros eran los esclavos que se vendían en Chile, para los que se puso un precio máximo de 180 pesos. Los de Perú y el Río de la Plata tenían un precio de 150 pesos, 140 en el nuevo Reino de Granada y Popayán, 120 en Nicaragua y Nueva España, 110 pesos para los de Cartagena, Panamá, Santa Marta, Venezuela, Cabo de la Vela, Honduras o Guatemala, y 100 pesos en las Grandes Antillas[69].

La esclavitud era un monopolio de la Corona y como tal se dedicó a explotarlo todo lo que pudo. Dio primero licencias a ciertos comerciantes para que pudieran introducir esclavos, permisos que podían ser una concesión gratuita de la Corona, pero después se pasó al sistema de asientos, o contratos de la Corona con un particular o una compañía por la que la Corona arrendaba una explotación comercial con forma de monopolio.

En 1510 la Corona dio órdenes a la Casa de la Contratación para que se vendieran esclavos negros a cuenta de la Real hacienda. Fue el inicio de la trata. El rey se convertía así en el primer tratante de esclavos. La trata era un gran negocio y la Corona quería monopolizarlo.

Las licencias empezaron pronto, se vendían a comerciantes sevillanos que a su vez se las revendían a los negreros, que eran los que en América realizaban todas las transacciones, lo que hacía subir el precio de los esclavos. Aquellos comerciantes sevillanos eran hombres de negocios que se hacían con las licencias como un premio a los servicios prestados a la Corona o como

69 Este intervencionismo estatal terminó en 1561, dando paso a la ley de la oferta y la demanda. Lucena Salmoral, L. *Leyes para esclavos…*, p.167-171.

pagos por las capitulaciones para conquistar, pacificar o poblar que habían firmado antes con el rey.

En 1513 valía cada licencia dos ducados, que pasaron a siete en 1540. En 1560 se incrementó el precio de nueve a 30 ducados, precios que se mantuvieron hasta finalizar el siglo. Carlos V y Felipe II siempre estuvieron ávidos de dinero para financiar su política exterior, así que hubo una venta masiva de licencias: se vendieron 17.000 en 1552 y después 6.000 más en Sevilla, a ocho ducados cada una[70], dinero al que se sumaba el de las incautaciones de las flotas de los particulares, que se compensaron también con otras licencias. Entre 1518 y 1599 se estima que hubo 119.377 licencias. Según Eufemio Lorenzo entre 1556 y 1600 llegarían –incluido el contrabando– unos 150.000 esclavos a América[71].

Los portugueses controlaban el comercio de los esclavos negros en África, pero tenían que venderlos en América. Portugal siempre se entrometió en el monopolio de los españoles, de forma legal o ilegal. Será con los asientos portugueses, después de la anexión de Portugal a la Monarquía de Felipe II en 1580, cuando empiece la verdadera introducción masiva de esclavos en América.

En 1558 se dieron licencias al portugués Manuel Caldeira, pero el primer asiento importante fue el de 1594-95, primer asiento oficial con Pedro Reinel, que pujó por 100.000 ducados al año. Se comprometía a meter 4250 negros al año y no vender las licencias a más de 30 ducados. Sin embargo, ciertas irregularidades dieron con él en el banquillo de los acusados.

En 1601 parece que Reinel se desentendió de la contrata y que esta pasó a manos de otro portugués, Rodríguez Coutinho. Firmó con la Corona un contrato imposible de ejecutar: debía introducir en las Indias, en nueve años, a 170.000 ducados al año, 2.000 esclavos allí donde el rey le dijese a 150 ducados los

70 García Fuentes, L., p. 18.

71 Citado *ibid.*, p. 23.

negros de Angola y 200 los de Cabo Verde. Coutinho moriría en 1603, en Angola.

En 1604 se dio un nuevo asiento con Gonzalo Báez Cautiño por 140.000 ducados al año[72]. En 1641, debido a la sublevación de Portugal, el comercio de esclavos se suspendió por 10 años, pero la trata seguiría y se extendería como un gran negocio[73]. En 1789 se estableció la libertad de la trata. Inglaterra abolió la esclavitud en 1807. La abolición de la trata en España se dio en 1819 y se suprimió la esclavitud en 1880.

Así que la esclavitud terminó en el siglo XIX, a principios de siglo o a finales, dependiendo del país. ¿Y qué decía la Iglesia de todo aquello? Al contrario que con los indios, mantuvo silencio en relación a la trata de los negros. No la repudió oficialmente, como hizo con la de los indios en 1537, hasta el siglo XIX. Sin embargo, sí hubo muchas voces dentro de la Iglesia que se alzaron en contra esta esclavitud, como por ejemplo la de fray Alonso de Montúfar, segundo arzobispo de México, que decía que:

No sabemos que causa haya para que los negros sean cautivos más que los indios[74].

Montúfar le propuso a Felipe II que en vez de traer negros a las Indias se llevase a África la palabra de Dios. La esclavitud

---

72 García Fuentes, L., p. 9.

73 Los holandeses irán desplazando poco a poco a los portugueses en el comercio de los esclavos. Ofrecían esclavos a las colonias francesas e inglesas de las pequeñas Antillas. A principios del siglo XVII arrebataron varias factorías a los portugueses como la de San Jorge de la Mina, Santo Tomé y el Congo. Después se harían con sus posesiones brasileñas y Curazao en el Caribe. El comercio se suspendió en 1641 por 10 años, estaba controlado por portugueses, holandeses e ingleses, pero acabará en manos de contrabandistas. Entre 1651 y 1662 la trata recaerá en los cargadores de Sevilla, pero en realidad estuvo controlado por los holandeses hasta finalizar el siglo.

74 Lucena Salmoral, L. *Leyes para esclavos…*, p. 177.

era un gran escándalo a nivel de las altas jerarquías de la iglesia indiana. Nadie se explicaba por qué pasada la primera mitad del siglo XVI los indios eran libres y los negros no y además, obligándoles a la bigamia y favoreciendo los amancebamientos[75].

Lo que realmente importaba, como casi siempre, era el dinero, que estaba por encima de los principios católicos. La trata de los esclavos dejaba mucho dinero a la Corona con las licencias, los asientos y los impuestos. Sin embargo, Montúfar sería apoyado por muchos otros clérigos a lo largo del siglo XVII.

LOS CIMARRONES

Los esclavos negros entraron muy pronto en las Indias, tanto es así que Colón ya llevó varios esclavos en su segundo viaje[76]. En 1504, mediante una real cédula a los oficiales de la Casa de la Contratación, se mandó llevar 20 esclavos a las Indias y se dio una cédula a Alonso de Ojeda para que llevase seis esclavos blancos[77]. En 1505, la Corona envió 17 esclavos negros a las minas de La Española y el gobierno de Ovando solicitó otros 20. Ya hemos visto cómo en 1510 Fernando el Católico mandó llevar 50 esclavos negros a las minas porque a los indios se les consideraba débiles para aquel trabajo, y que más tarde se enviaron 150 esclavos más.

Una de las primeras noticias que tenemos del cimarronaje[78] de los esclavos negros data de 1521[79], pero está claro que el fenó-

75 *Ibid.*

76 Desde el año 1500, el comercio de Portugal se estimaba en unos 2.000 esclavos negros al año. García Fuentes, L., p. 4.

77 Toasije, A., p. 100.

78 La palabra cimarrón tuvo su origen en la isla de Barlovento. Sería de origen español. Vendría de cima o cimarra (matorral). Se usó por los españoles en la segunda mitad del siglo XVI y siempre refiriéndose a América. La palabra cimarrón aparece por primera vez en 1530 y se generalizó en 1540. Antes se referían a los cimarrones como «esclavos huidos». Lucena Salmoral, L. *Leyes para esclavos…*, p. 164.

79 Hidalgo Pérez, M., p. 53.

meno había comenzado antes, entre otras cosas porque Ovando ya se quejaba de los esclavos fugados en 1503[80].

Desde que el esclavo era apresado surgía un revolucionario en potencia. Muchos esclavos se negaban a comer en los barcos, y a veces eran forzados a ello, después de que su dentadura fuera destrozada y sus labios quemados con carbón caliente. Los suicidios estaban a la orden del día. Las posibilidades de los esclavos en aquellos barcos para liberarse no eran muchas, así que sólo les quedaba la violencia para intentarlo. Podían, si sus cadenas se lo permitían, matar a los blancos y regresar a África, pero esto era muy difícil. Los esclavos negros eran numéricamente muy superiores a las tripulaciones de los barcos negreros, sí, pero estaban desarmados, encadenados y debilitados. Las únicas armas de los esclavos eran sus propias cadenas, pedazos de hierro y de madera. Por el contrario, las tripulaciones de los barcos estaban armadas, organizadas y controlaban la cubierta, lo que les hacía prácticamente inexpugnables.

Los éxitos de aquellos esclavos fueron pocos, pero siempre que podían atacaban una y otra vez. Cuando llegaban a las indias, para muchos de ellos su único pensamiento era huir a las montañas. El ansia de libertad, la crueldad, las injusticias, los malos tratos de sus amos eran ya de por sí los motivos principales para huir, pero también los parajes con los que se encontraron al llegar a América. La gran cantidad de animales, frutales y vegetales les recordaría mucho a las tierras de donde habían salido, y las espesuras de las montañas y de los arcabucos les darían protección.

En 1519 se produjo la primera sublevación de los cimarrones en La Española, protagonizada por un hombre llamado Enriquillo, y todos los que le siguieron. Fueron vencidos, pero aquel levantamiento ya hizo que en 1521 se prohibiera que los esclavos fueran con sus amos en las expediciones de conquista que estos hicieran, como medida para que no tuvieran la tentación de escapar.

80 Toasije, A., p. 1003.s

Aquel año de 1521-1522 se produjo el segundo alzamiento de esclavos negros en La Española. Muchos de ellos habían huido a las montañas en 1520. En 1522 veinte negros gelofes se alzaron en el ingenio de Diego Colón, y después se sumaron otros veinte esclavos de ingenios vecinos. Los españoles pidieron que entrara en la lucha gente de cualquier nación contra estos negros sublevados, que además incitaban a los indios. Diego Colón armó gente, entró en batalla e hizo buscar a los fugados, a quienes ahorcó por el camino de forma ejemplarizante[81]. A los que quedaron se procuró recogerlos en los poblados, se dio orden para que no salieran de las tierras de labor y se los desarmó.

De 1503 es el primer documento sobre el ordenamiento jurídico de la esclavitud negra, pero las primeras ordenanzas sobre los esclavos negros fueron las que salieron en Santo Domingo, el 6 de enero de 1522, por una provisión del gobernador Diego Colón.

Primeramente ordenamos e mandamos que todos los negros e blancos e canarios que son esclavos, que al presente andan alzados en esta isla, sean obligados de se venir e tornar al servicio de sus señores dentro de veinte días después del día que estas ordenanzas fueren pregonadas, e mandamos sean obligados de los ir o enviar a buscar e reducir e poner a su servicio, so pena que si en el dicho término no fueren reducidos e recogidos de la dicha fuga en que andan, que por el mismo efecto hayan e incurra el dicho esclavo en pena que le sea cortado un pie, e que si otros veinte que se estuviere ausente, que incurra el dicho esclavo en pena de muerte, la cual le sea dada de horca, e que si en el dicho término e tiempo que anduviere ausente hubiere cometido algunos delitos e muertes, robos, hurtos e fuerces, que en tal caso, que aunque no haya sino andado cierto tiempo ausente, ni que hayan incurrido en las dichas penas, le ahorquen por ello, siendo el hurto hecho con fuerza o muerte o robo, e que si fuere

81 Fortune, A., p. 138.

hurto pequeño le sea cortado un pie por el primero, e por el segundo muera por ello[82].

Desde 1522 se venía prohibiendo que los esclavos llevaran armas. Por una ley de 1535 en Veracruz al esclavo que se cogiera armado se le darían 50 azotes y su dueño tendía que pagar 3.000 maravedíes. En 1551 la ley se endureció para las Indias en general: al esclavo que usara armas contra los españoles la primera vez se le darían 100 azotes y se le *clavaría la mano*. Si reincidiera se le cortaría la mano, a no ser que fuera en defensa propia, es decir, que hubiera sido atacado primero por un español[83]. En 1552, como el problema del cimarronaje se extendía, se prohibió llevar esclavos negros armados incluso si acompañaban a sus amos.

Se intentaban establecer medidas para frenar el fenómeno. Una de las leyes decretó que los esclavos no podrían descansar en los días de fiesta. La excusa era que lo que hoy llamamos *puentes* en España, podían ser propicios a las rebeliones[84]. Pero nada acababa con el cimarronaje. En 1525, en Panamá, los esclavos huyeron y su captura tuvo que ser sufragada por los propios dueños, al faltar el dinero suficiente de las arcas reales.

En 1527 la Corona reconoció que los esclavos se pudieran casar para evitar aquellas huidas, lo que no significaba que fueran libres por ello. Se volvería a recordar esta ley en 1538 y 1541. Desde 1570 se estableció que los negros que se enviaran a Indias y estuvieran casados debían ir obligatoriamente con sus mujeres y sus hijos.

En 1528 salieron unas ordenanzas en Santo Domingo en las que se implantaba que para evitar los alzamientos se les tendría que dar a los esclavos un mínimo de alimentación y de vesti-

---

82 Lucena Salmoral, M. *Leyes para esclavos...*, p. 558.

83 *Ibid.* p. 182.

84 Por ejemplo, en Puerto Rico sólo podían descansar domingos, los primeros días de Pascua y Corpus Christi, Nuestra Señora, San Juan y Santiago.

menta. Se estipulaba que no podían ser maltratados y se decretaba que las ordenanzas se debían pregonar para que los esclavos huidos supieran que se les daría una amnistía si consentían en volver.

Sin embargo, también había medidas de fuerza. Por la ordenanza primera se establecía que si huían más de 15 días se les darían 100 azotes y se les pondría una argolla de hierro de 20 libras de peso por un año. Si reincidían y se escabullían más de 20 días se les cortaría un pie y si volvían a reincidir y estaban fuera más de 15 días –para los bozales 50 días– se establecía pena de muerte. La excepción serían los negros bozales porque se pensaba que no entendían bien la lengua, entonces se les cortaría un pie[85].

Para principios de la década de 1530 el fenómeno del cimarronaje ya era importante. En 1530 se sublevaron los esclavos de las minas de oro de Acla y huyeron al monte. Acla se convertiría en uno de los puntos calientes del cimarronaje en Panamá. En 1531 se tomaron algunas medidas contra los esclavos huidos por el gobierno de Antonio de la Gama, que continuaron con otras medidas en 1534 del teniente del gobernador Pascual de Andagoya en Nombre de Dios. Por aquellas fechas, el problema los cimarrones en el Camino de las Cruces –el que comunicaba Panamá con Nombre de Dios, que después explicaremos– se estaba volviendo algo serio, aunque no haría sino convertirse en un problema cada vez mayor.

Los cazadores de cimarrones iban armados y seguidos de perros. Podían matar a todo aquel que no se rindiera. Cortaban las plantaciones que servían a los cimarrones de cobijos y se hacían guardas nocturnas en las ciudades. En los caminos, los arrieros debían salir con guardas de 10 soldados.

Para 1532 el licenciado Vadillo estimaba para La Española unos 4.500 o 5.000 indios y unos 500 negros –no sabía cuántos españoles había–. Para 1542 el archidiácono Alonso de Castro es-

---

85 Lucena Salmoral, L. *Leyes para esclavos...*, p. 155.

timaba también para La Española entre 25.000 y 30.000 negros, dos o tres mil cimarrones y unos 1.200 blancos[86].

En 1540 se ofreció a los eslavos la primera amnistía general en las Indias. Se intentó sujetar a los cimarrones con medidas de paz si volvían a la obediencia, aunque estas leyes serían combinadas con medidas represivas. De 1540 es también la primera ordenanza para Tierra Firme, donde por ejemplo se prohibió que les cortaran los genitales a los esclavos como castigo (lo que se llamaba emasculación). Sobre esto había una ordenanza en castilla del Oro, pero se siguió haciendo en algunos sitios hasta finales del siglo XVI.

En 1541, y hasta 1580, se prohibió vivir a los negros con indios para evitar alzamientos conjuntos. La excusa fue que los negros robaban y se servían de los indios. Si les cogían viviendo juntos se les darían 100 azotes.

En 1542 volverían las medidas represivas. Se les prohibió andar de noche en Panamá y Nombre de Dios sin sus amos. Si les cogían la primera noche se les darían 100 azotes, la segunda noche conllevaría la mutilación. Los españoles podían quitarles las armas y si el esclavo se resistía podían matarlo. Robar maíz estaba penado la primera vez con 100 azotes, la segunda con la mutilación de un pie.

Si un esclavo tenía relaciones con una india del señor recibiría 100 azotes y, aunque como hemos visto estaba prohibido desde 1540, podían cortarle los genitales. Si era esclavo la segunda vez que lo hiciera le cortarían las orejas. Si el negro era libre por la primera vez recibiría 100 azotes y por la segunda sería desterrado perpetuamente. A las negras que se juntaran con indios si eran esclavas se les cortaría las orejas y si eran libres se las desterraría.

A los cimarrones se les podría perseguir y matar. Sus cazadores recibirían su recompensa llevando la cabeza del huido al

86 Toasije, A., p. 104.

Consejo de la ciudad, pero los restos de los cimarrones muertos no podían llevarse en ataúd. Para cazar a aquellos cimarrones seguían siendo los vecinos los encargados de hacerlo. A partir de los años 30 se pusieron impuestos –sisas– sobre los gravámenes de las flotas para que una parte financiara las salidas contra los negros y para mantener la seguridad del camino entre Panamá y Nombre de Dios. No había ningún soldado del rey que se encargara de ello, y el asunto del cimarronaje iría creciendo hasta llegar a oídos del rey.

En 1548 se promulgaron las leyes de La Gasca, para Lima. Unas leyes duras contra el cimarronaje. La ausencia de sus amos conllevaba 100 azotes y poner al negro un cepo en la cabeza. Si el esclavo se había ido a vivir con una india la pena era cortarle los genitales públicamente, lo que contravenía las leyes existentes. Si se pasaba 10 días fuera se le cortaría un pie y si se resistía a ser devuelto a su amo y se iba por tercera vez se le podría matar[87].

Pero nada podía acabar con las ansias de libertad de los esclavos. Un año después, en 1549, asistimos a una nueva rebelión en otra parte del imperio, la protagonizada por Felipillo.

Felipillo era un negro ladino, audaz e inteligente que estaba destinado a la pesca de perlas en la Mar del Sur. Era Capitán de negros de concha[88], que tenía como dueño a Hernando Carmona, un hombre de Panamá. Felipillo huyó y se alzó con su gente saliendo de las pesquerías. Muchos negros de las costas del Pacífico se le unieron y empezaron sus correrías. Establecieron su fuerte, su palenque, cercado de fosas y estacas en el golfo de San Miguel, a 30 leguas de Panamá. Construían los bohíos con tallos de palmas y ramas de los árboles, tenían algunas armas que habían robado a los españoles, de las hojas de palma cubiertas de pieles de animales hacían los escudos, con las pieles de los animales también se hacían sus vestidos, con maderas se fabricaban

87 Fortune, A., p. 147.

88 Hidalgo Pérez, M., p. 61.

arcos, lanzas y flechas, se hacían cuchillos de las argollas y de las cadenas sacaban el hierro para fabricar las puntas para las lanzas y las flechas, las cuerdas de los arcos eran fabricadas con las tripas de los monos[89].

Atacaron haciendas, plantaciones, pesquerías. Saquearon y quemaron las casas de purga de los ingenios. Asesinaron y robaron materiales y mujeres sin importarles si eran blancas o indias. Muchos negros fueron a su palenque. En 1551 el gobierno de Sánchez Clavijo, gobernador de Tierra Firme, envió a Francisco Carreño para solucionar el problema. Quemaron el palenque, capturaron a 30 cimarrones y uno de ellos fue descuartizado en Panamá públicamente como ejemplo por matar cruelmente a un español. Los demás fueron ahorcados, quemados, aseteados o quedaron con sus pies cercenados[90].

Pero nada de aquello valdría para acabar con el problema del cimarronaje, cada vez más extendido en todo el istmo, en el norte y en el sur, en la zona pacífica y también en la atlántica.

El 24 de agosto de 1551 ya se avisó al rey desde Nombre de Dios que los negros fugados eran muchos. Según Sánchez Clavijo había más de 600 negros fugados que se hacían fuertes en Nombre de Dios y el Camino de las Cruces. Robaban y mataban españoles impunemente, habían quemado Nombre de Dios y Panamá muchas veces[91].

En el Camino Real robaban mercancías, mataban españoles y liberaban a los esclavos. Morían por su libertad y se escondían en las partes más recónditas de las montañas y los arcabucos.

Los cimarrones más valientes, los mejores soldados, salían al camino de las Cruces, que conectaba Panamá y Nombre de Dios a través del camino y del río Chagres. Por allí pasaban las recuas de mulas que transportaban el tesoro del rey. La plata lle-

89 Fortune, A., p.148-49.
90 *Ibid.* p.149.
91 Hidalgo Pérez, M., p. 62.

gaba sobre todo desde las minas de Potosí, pero también de otras minas del virreinato del Perú hasta Panamá, donde era cargada en mulas. Desde ahí era transportada a Nombre de Dios, y en el puerto de la ciudad era recogida por la flota de Tierra Firme que la llevaba, vía Cartagena y La Habana, a España.

Los cimarrones conocían bien el camino porque habían tenido que cargar muchas veces mercancías por él. Les hicieron servir como arrieros y cargadores:

> *Tambaleándose sobre las cargas, collares de hierro alrededor del cuello y pesadas cadenas oscilando entre ellos. Al lado de cada fila de esclavos dos cadenas eran arrastradas por ellos, aseguradas por cadenas más pequeñas a los tobillos de los negros. Tenían que mover las piernas hacia adelante cada cuatro pasos para arrastrar la cadena hacia delante y así dar otros tres pasos. Tenían que caminar con ritmo y empujar la cadena al unísono*[92].

Al lado de cada cuadrilla había un soldado con látigo, a pie o a caballo. Cuando algún negro rompía el ritmo se llevaba un latigazo en la espalda. A medianoche, con los guardias dormitando, cuadrillas enteras se fugaban. Para evitar esto los amos pensaron en encadenarse a las cuadrillas, pero esta práctica se abandonó porque muchos desaparecieron en la noche.

Aquellos osados cimarrones asaltaban en aquel camino a todo el que podían. Panamá y Nombre de Dios estaban en peligro. Aunque se había intentado destruirlos, incluso dándoles un buen dinero, no se había conseguido. La fortaleza de los negros cimarrones era muy fuerte, conocían muy bien aquel terreno tan difícil por el que se movían como pez por el agua e incluso se reían de los españoles. Habían llegado a las mismas puertas de Nombre de Dios a robar todo lo que podían y raptaban a mujeres negras y a otras gentes.

---

92 Minster J. E.: *The Chagres: River of western passage*. Citado en Fortune, A., p. 143.

En 1552 el gobierno de Panamá escribía que en Acla ya no quedaban más de tres o cuatro vecinos casados y pobres que se querían ir de allí. Un año después se estimaban en unos 800 los cimarrones reunidos en aquellos bosques junto a algunos indios. Incendios, asesinatos, destrucción, eran sinónimos de cimarrón. Los españoles eran torturados. Los amos se lo pensaban dos veces antes de castigar a su esclavo porque si aquel infeliz huía no tardaría en pensar en la venganza.

El líder de aquellos cimarrones se llamaba Bayano. De entre los negros que llegaban a América algunos eran líderes militares en sus tierras, y eran capaces de organizar a los demás. Bayano había sido caudillo en su tierra. Se decía que había salido de Cabo Verde, en un barco negrero que naufragó en las costas.

Viéndose ahora encadenado con otros compañeros en el bodegón de uno de los inmundos barcos negreros, en donde permaneció confinado durante el largo viaje transatlántico de tres meses, mientras veía morir mujeres, niños y hombres a su alrededor, quienes eran echados al mar y devorados por los tiburones, que siempre seguían a estas naves, no pensó en otra cosa que en la venganza[93].

A su llegada a las Indias escapó, reunió gente entre los montes y le juraron rey. Iniciaron las hostilidades en Panamá, Nombre de Dios, pueblo de Venta Cruz y en el Camino Real, donde tenían el bosque muy cerca. Si los españoles salían solos o descuidados podían ser apuñalados por los negros o comidos por los jaguares.

Asaltaban el camino, robaban las barcas del río Chagres y hacían frente a los soldados españoles. Atacaban villas, plantaciones, minas. Hacían incursiones en Panamá y Nombre de Dios, donde incitaban a la rebelión a los esclavos además de robar mujeres. Los comerciantes no podían salir si no era acompañados de 20 soldados.

---

93 Fortune, A., p. 154.

En el gobierno de Álvaro de Sosa (1553-1555) los cimarrones se habían convertido en un problema muy serio. Andrés Hurtado de Mendoza, virrey del Perú y II Marqués de Cañete, que pasaba por Panamá, mandó a Gil Sánchez Morcillo una campaña contra los cimarrones de Bayano por la región del río Chepo,[94] con infantes, caballos y ballesteros.

Bayano supo de aquella expedición por sus espías y bajó a gente de las montañas que ocupaba, entre el Playón y Pacora, con el intento de asediar continuamente a los españoles en emboscadas para agotarles. Los cimarrones no debían enfrentarse a los españoles en batallas frontales, donde tenían todas las de perder. La guerra que hacían era lo que hoy llamaríamos una guerra de guerrillas. Por la noche salían en pequeños grupos haciendo sonar sus tambores de guerra o batá, que también servían como instrumentos de información entre ellos. Salían corriendo, gritando y disparando las armas de fuego que tenían. Cuando los españoles se levantaban asustados ante lo que se les venía encima, los negros huían. Así noche tras noche. Los españoles tenían que tomar todos los ataques en serio. No sabían cuál sería el de verdad, y aquello los imposibilitaba para luchar.

Durante meses Gil Sánchez y su gente recorrieron aquellas desconocidas montañas, pero sólo se pudieron hacer con un prisionero. No podían coger a los cimarrones. Entre las malezas, por los montes, aquellos negros pasaban sin problemas porque se ponían resina en el cuerpo, que los protegía de las espinas.

Una noche los españoles acamparon en una aldea india abandonada en la parte baja del Chagres. Los cimarrones atacaron al grito de «ahorca lagarto», porque un lagarto era la insignia de los ballesteros, y en aquella acometida, feroz, los españoles fueron masacrados. Sólo volverían cuatro hombres, famélicos y presos de terror[95].

---

94 Hoy también se le conoce como río Bayano.

95 Fortune, A., p. 156.

El gobierno de Panamá ordenó dos entradas más contra los negros, pero no tuvieron ningún resultado. Sufrieron la misma suerte que los hombres de Gil Sánchez. Muchas veces los españoles ni siquiera veían a los negros, aunque oían sus terroríficos alaridos. Los españoles referían viejas historias de magia negra, selvas que se movían y negros que aparecían de la nada aterrorizándoles, para después desaparecer tan rápido como habían llegado.

Sosa escribió al emperador en 1555 comunicándole que las tres expediciones contra los cimarrones habían fracasado. Pensaba poblar cerca de ellos con 50 o 60 personas, la mitad de ellos negros que serían liberados según su comportamiento, pero esta idea volvió a ser un descalabro. Después, Sosa buscó a alguien con experiencia. Pensó en el capitán Carreño, aquel que había llevado a cabo la jornada de Felipillo. Carreño sorprendió a Bayano, lo apresó y lo llevó a Nombre de Dios, donde se encontraba Sosa. El gobernador intentó vencer –y convencer– a Bayano por la diplomacia y consiguió que Bayano firmara un pacto en 1554, pero este quedó en papel mojado por el incumplimiento del cimarrón. Después atacaría incluso con más fuerza.

En 1554 sólo había 18 hombres, incluidos un hijo de un juez de la Casa de la Contratación, contra ellos. La situación era tan peligrosa que sólo se podía andar por aquellos caminos en grupos con hombres armados.

En estos mismos días, estaban los vecinos de Panamá y Nombre de Dios y especialmente los mercaderes que vivían de su particular trato y mercadería llenos de un terrible miedo, porque habiendo de muchos días atrás comenzado a huirse muchos negros esclavos estomagados y hartos de la servidumbre y cautiverio en que sus amos los tenían, se habían metido, con designio de conservar su libertad y morir por ella en las entrañas y partes más intrínsecas de los arcabucos y montañas, donde habían hecho cierta forma de pueblo y fortaleza.

Y teniendo allí puestas como en parte segura sus mujeres e hijos y toda demás gente inútil, salían los más valientes y osados negros al camino real que de Nombre de Dios atraviesa a Panamá, [...] y hacían muchos robos y estragos con los arrieros y pasajeros, quitándoles todo lo que llevaban, con que habían arruinado algunas gruesas haciendas y habían con sus malvados hechos y correrías dado grandes muestras y señales de pretender y querer aquellas dos fortísimas ciudades destruillas y arruinallas de todo punto y aunque a algunas personas se les había encargado la guerra de disipar y desbaratar la junta de los negros con grandes promesas de premios y gratificaciones nunca habían salido con ello por estar los negros corroborados y fortalecidos en su fuerte alojamiento, y tan pláticos y diestros en la tierra que de su naturaleza era asperísima y oscurísima, que casi se andaban burlando de los que les salían a buscar, y llegaban muchas veces con desvergonzado atrevimiento confiando en su mucha ligereza a las puertas de Nombre de Dios a tomar y saltar las negras y otras gentes que salían a proveerse de cosas que les eran necesarias sin recibir ningún castigo[96].

Los cimarrones se sentían intocables. Los españoles no podían acabar con ellos. Una nueva expedición, la de Francisco Lozano tomó prisionero a Bayano, pero este consiguió escapar. Después atacó a Lozano y les hicieron huir a Panamá. Les habían causado 40 bajas[97]. Con cada victoria había fiestas en los palenques. Sonaba la música de los tambores ashanti y las danzas guerreras.

PEDRO DE URSÚA CONTRA BAYANO

Sabemos que antes de marzo de 1556 Ursúa se reunió con el nuevo virrey, el Marqués de Cañete, en Nombre de Dios. ¿Por qué

96 Aguado, P., p. 85.
97 Fortune, A., p. 158.

pudo Ursúa, un hombre fuera de la ley, entrevistarse con el Virrey? ¿Qué les unía? No se sabe muy bien porqué se relacionaron, pero sí que cuando Ursúa llegó, precedido por la fama, el virrey, los mercaderes y vecinos de Nombre de Dios y Panamá le pidieron que acabase con los negros huidos. Le ofrecieron dinero, armas, soldados y todo lo que necesitase. El gobernador Álvaro de Sosa accedió y le dio al navarro los poderes y jurisdicción necesarios para juntar a la gente y nombrar oficiales. Ursúa aceptó la campaña de los cimarrones porque andaba en problemas, y no tenía muchas más posibilidades de éxito en su vida.

Se le dio comisión para que diese orden y traca para remediar y prohibir los daños que los negros fugitivos que llaman cimarrones y viven por las montañas hacían por los caminos, salteando los mercaderes y los caminantes, robándoles cuanto llevaban, con muerte de muchos dellos, que era intolerable[98].

El virrey Cañete empleó en la campaña de los cimarrones a gente que andaba presa por la rebelión de Hernández Girón.

Yo hallé presos en la cárcel de Nombre de Dios algunos pobres hombres desterrados del Perú por los desasosiegos pasados y castigados corporalmente en manos y azotes y otros en galeras, y estos eran los más bajos y pobres de cuantas hubo en aquella rebelión y quejábanse que los principales que tuvieron la culpa se pasean y piden mercedes, diciendo que siempre se quiebra la soga por lo más delgado y más de sus trabajos se morían de hambre, porque como ellos no lo tenían ni se les daba de caja sino de limosna padecían extrema necesidad.

Visto esto y que no se hallaba gente por ningún precio fuesen a lo de los cimarrones que tengo dado cuenta a vuestra majestad porque ni hay que comer ni vestir ni camino por donde ir, tiénenlo por cosa de morir en saliendo pero Dios lo hará mejor, yo les entregué al ca-

---

98 *Ibid.*

pitán para que los lleve consigo y sirvan en aquella jornada que será de tanto trabajo y peligro como donde quiera que fueran vueltos, el capitán dará cuenta de ellos y para que se pueda hacer de ello lo que pareciere que conviene al servicio de Vuestra Majestad[99].

Por tanto, si los cimarrones y aquellos españoles se aniquilaban mutuamente no pasaría nada. Es más, se quitaría de en medio a toda esa chusma.

Ursúa, con doce amigos que tenía en Panamá, se pasó a Nombre de Dios y empezó a reclutar gente. Incorporó a sus filas a 200 soldados[100]. Hizo maestre de campo a Francisco Gutiérrez, un sevillano poco ducho en la guerra, pero valiente e ingenioso –dice Aguado– que aprendía rápido, como después se demostró. Sus capitanes de infantería fueron Francisco Díaz y Pedro de la Fuente, quienes ya tenían en aquellas tierras experiencia en la guerra contra los cimarrones. Su alférez fue García de Arce, de quien ya hemos hablado en la parte de este relato que trata de la lucha contra los indios, un gran arcabucero que moriría a manos de Lope de Aguirre. Como cabos de escuadra nombró a Francisco de Cisneros y Pedro de Peralta.

Por aquellos días un mercader llamado Pedro de Mazuelos transportó por el Camino de las Cruces hacia Panamá dos recuas que llevaban unos 4.000 pesos, pero cometió la imprudencia de ir con menos escolta de la que debería así que los cimarrones le asaltaron y se llevaron todo. Eran unos 20 individuos, armados con arcos, flechas, machetes y lanzas finas. Algunos de los asaltantes querían matar a toda la gente del mercader y poner los cuerpos atravesados en el Camino de las Cruces para así causar

99 Del Campo, L., p. 293. Carta del Marqués de Cañete al emperador. Panamá. 16 de mayo de 1556:

100 Dice Luis del Campo que salieron 40 hombres y antes habían salido con Francisco Gutiérrez otros 30 hombres. Eran 200 según SOSA, J.B. y ARCE, E. *Compendio de historia de Panamá*. Panamá. 1911. Citado en Del Campo, L., p. 305.

más terror entre los españoles, pero no se hizo porque no fue permitido por el jefe de los cimarrones, que para dar muestras de su humanidad y benignidad les dejó vivos, llevándose, eso sí, toda la mercancía y las mejores mulas. Dice Aguado que entre otras cosas se llevaron ruanes[101], anjeos[102], machetes, tijeras y cuchillos. Esparcieron por el camino lo que no quisieron y escondieron otras cosas para después volver a por ellas.

Todo se alborotó al llegar la noticia. La justicia, entendiendo que en teoría la defensa pertenecía a Ursúa, se desatendió del asunto. Mazuelo apremiaba a Ursúa para que saliera en busca de aquellos desvergonzados negros, le decía que si recuperaba lo que era suyo le daría una parte.

Ursúa envió a Pedro de la Fuente con 15 soldados con el objetivo de recuperar lo que pudiera del mercader, pero también con la misión de que apresasen a un esclavo vivo para que les confirmase dónde tenían los cimarrones su poblado y fortaleza. Le usarían después como guía por aquellas montañas de Nombre de Dios tan difíciles de atravesar.

Los arrieros guiaron a De la Fuente y sus soldados a la zona donde habían sido robados por los cimarrones y se encontraron con mucha ropa tirada por el suelo. Estando recogiéndola, oyeron voces. El capitán ordenó a todos esconderse. Desde su escondite, pudieron ver a diez negros armados que se dirigían hacia su posición. Cuando los tuvieron a tiro, los españoles, a la voz de *Santiago*, salieron de su refugio y les atacaron, aunque los negros no se amilanaron. Se defendían con presteza y se daban ánimos entre ellos a la voz de *Santiago* primero y después con los gritos de *hoy día, hoy día*. Aquello significaba –aquellos antiguos esclavos no hablaban bien el castellano– que aquel debía ser el día de la victoria.

---

101 Tela de algodón estampada en colores que se fabrica en Ruan, ciudad de Francia (RAE).

102 Especie de lienzo basto (RAE).

Figura 7. La captura de Atahualpa en Cajamarca. Óleo de Juan B. Lepiani, 1920. Museo de Arte de Lima.

Los cimarrones eran sumamente ágiles. Tenían la posibilidad, a su antojo, de esperar a los españoles, atacarlos o huir. En su mano estaba hacer lo que querían por su gran destreza y conocimiento del terreno. Saltaban de piedra en piedra y esperaban a los españoles en lo alto de alguna de ellas, arrojándoles flechas, dardos y piedras cuando querían porque, además, debido a la lluvia que caía, los españoles tenían los arcabuces inutilizados.

Sin embargo, la suerte se alió con los españoles porque tres cimarrones se separaron del grupo y embistieron a otros tres hispanos, que consiguieron matar a dos de ellos. El resto, asustados, huyeron. Había quedado un cimarrón herido en el suelo, que sería rápidamente interrogado. Se le preguntó si había algún poblado de cimarrones cerca a lo que el prisionero respondió que no, pero que había salido otra partida de su gente con unas 15 personas detrás de ellos, que no tardarían mucho en llegar. Con ellos venía el capitán, y un obispo, aparte de más gente muy valiente. O desaparecían rápidamente de allí, o serían todos masacrados, les dijo aquel cimarrón.

Fuentes creyó al prisionero, pero encomendándose a Dios, al igual que todos sus hombres, decidieron esperar a aquellos rebeldes. En la primera refriega habían escapado siete, que ahora se juntarían con los otros 15 negros.

Cuando llegaron los cimarrones, se repartieron flechas y armas y se fueron a por los españoles *dando grandes muestras y alaridos de placer*[103] con la intención de aterrorizar a los españoles y hacerlos huir.

–¡Hoy día, cristianos, Santiago y a ellos! –Gritaban[104]–.

Fuentes y un capitán llamado Vega dispararon sus dos arcabuces y derribaron a los dos cimarrones que llegaban en vanguardia jugándose el tipo. Como uno de ellos era uno de los líderes del grupo perdieron algo de fuerza en su acometida, aunque sin dejar de disparar a los hispanos dardos y flechas. Sin embargo, aquellos dos arcabuces habían hecho más daño del que pensaban los españoles. Ahora se dieron cuenta de que los cimarrones cada vez eran menos peligrosos, y Fuentes dio la orden de dejar los arcabuces y armarse con espadas y rodelas para atacar directamente, lo que hizo que los negros huyeran. Perseguidos, los españoles se hicieron con cinco prisioneros, que nunca fueron socorridos por los otros compañeros. Corrían como almas que lleva el Diablo.

Con aquellos prisioneros se fueron los españoles a Nombre de Dios, donde todo el pueblo se alegró de verlos. Sin embargo, pronto empezaron las disputas entre los españoles. Los antiguos dueños decían tener derecho a que se los restituyeran, los oficiales del rey pensaban que aquellos negros debían ser vendidos en pública subasta para depositar el dinero obtenido en la Caja

103 Aguado, P., p. 85.
104 *Ibid.*

Real, y en contra de todos estaban los soldados, que argumentaban que como eran ellos los que los habían capturado en una guerra justa, debían ser suyos.

Nada de eso sucedió. A los prisioneros se los metió entre rejas y el teniente o juez real los condenó a ser aperreados y después ahorcados. Castigo muy severo, afirma Aguado, porque si aperrear a brutos animales era algo que ya estaba muy mal –ojo, sobre todo si podían ser útiles– mucho peor estaba aperrear a hombres.

Ataron al rollo de la plaza una maroma que llevaron hasta una ventana. La maroma tenía seis colleras de hierro, donde fueron amarrados aquellos infelices. Después, le dieron a cada uno unas delicadas varas. ¿Qué razón tenía aquello? ¿Las varas servían para atraer a los mastines?

Había uno entre ellos, dice Aguado, que era su obispo. Les daba misa y les bautizaba *heréticamente*. Vivían, según este autor, en su abominable superstición. Se les exhortó a volver a la fe católica, pero ninguno, a imitación de los luteranos, quiso hacerlo[105].

Respondió el bárbaro con señales de ánimo endemoniado, que ya deseaba estar muerto, porque con su muerte y la de sus compañeros pretendía haber entera venganza de la gente de aquel pueblo, porque yendo en espíritu a su tierra traerían copia de gente con que de todo punto destruirían y asolarían la ciudad, por lo cual no pensaba apartarse de la religión que él y los suyos tenían, sino en ella entendían vivir y morir.

Los demás negros dieron la misma respuesta que su obispo, y así los verdugos soltaron ciertos mastines, perros de crecidos cuerpos que a punto tenían para este efecto, los cuales, como ya los tuviesen diestros o enseñados en morder carnes de hombres, al momento que los soltaron arremetieron a los negros y los comenzaron a morder y hacer

105 *Ibid.* p. 86.

pedazos, y como los negros tenían en las manos unas delgadas varillas con que se defendían o amenazaban a los perros sin poder con ellas hacelles ningún daño, érales esto ocasión de encender e indignar más los mastines, y así este animal, iracundo más que otro ninguno, con grandísima rabia echaban mano con los dientes y presas de las carnes destos míseros negros, de las cuales arrancaban grandes pedazos por todas partes, y aunque en estas agonías y trabajos de muerte eran persuadidos los negros a que se redujesen a la fe, jamás lo quisieron hacer, y así después de bien desgarrados y mordidos de los perros, fueron quitados de las colleras y llevados a una horca que algo apartada del pueblo tenían hecha, y allí los ahorcaron, con que acabaron de pagar la pena que justamente merecían recibir por su alzamiento y traición[106].

Pocos días después de aquel execrable espectáculo volvieron los cimarrones a asaltar los arrabales de Nombre de Dios. Le quitaron la ropa a la gente que estaba lavando en el río y además lo hicieron a pleno sol, a medio día, cuando la gran mayoría de la gente estaba recogida en sus casas, porque como decía Aguado a aquellas horas el sol era perjudicial para la salud.

Las campanas del pueblo empezaron a tañer. Todo el pueblo se sobresaltó y se juntó porque pensaban que los cimarrones les estaban invadiendo. Sin embargo, estos huyeron y no pudieron ser hallados.

Después de aquello se pusieron en Nombre de Dios guardas y rondas de a pie y a caballo. La *desvergüenza y osadía de los negros*[107] era manifiesta. Salían por donde menos se podía pensar, arremetían contra gente indefensa, *flaca*, y desaparecían. De los prisioneros del capitán De la Fuente se había escogido uno para que les sirviera de guía. Después de ver lo que le habían hecho a sus compañeros no debió de poner muchas

---

106 *Ibid.*
107 *Ibid.* p. 88.

dificultades en hacerlo. Este hombre les contó dónde se encontraba el campamento de los cimarrones, la *ladronera* de los esclavos. Eran unos 300 y tenían un rey –¡que desvergüenza![108]– ladino y españoleado llamado Bayano, que se movía entre formas españolas y guineanas.

Cerca de la posición de aquel asentamiento estaba la de los indios caricua, a quienes los negros habían conquistado por la fuerza. Se habían mezclado con las indias, lo que había llevado al nacimiento de varios mulatos que eran diferentes a los nacidos entre negros y blancos. Estos mulatos, dice Aguado, llamaban a los otros zambahigos, porque no merecían gozar del honroso nombre de mulato[109].

Al gobernador no le había quedado más remedio que respetar a Bayano. Incluso le daba audiencia si aquél venía en son de paz.

De suerte que a él ni a ninguno de los demás esclavos que le acompañaban no había hombre que les hiciese ningún sinsabor ni demasía, guardándoles en todo una fe indigna de semejantes negros y esclavos a quien por la poca que ellos con sus señores y amos habían tenido en guardar la servidumbre como eran obligados, y por las diversas veces que tomando las armas en las manos vinieron contra ellos y contra sus pueblos a destruillos y echallos a perder, no contentándose con el hurto y robo que de la tiránica libertad que tenían y poseían habían hecho, no sólo no se les había de guardar, pero de cualquier forma y con cualquier engaño que pudiesen ser engañados y atraídos como fuese debajo de empeño de palabras y no de otra ninguna razón, era muy bien y se podían sin quebrantar ninguna fe ni ir contra el pundonor e ímpetu que en las treguas

---

108 *Ibid.* P. 89

109 *Ibid.* Los hombres de Bayano, desesperados por encontrar mujeres habían sometido a los indios cariva y les habían quitado sus mujeres. Esto había dado lugar a los zambos, llamados despectivamente *zambahigos*, porque no merecían ni siquiera el nombre de mulatos.

de la guerra se suele guardar, hacer en ellos el castigo que la ocasión les ofreciese[110].

Como decía Aguado, si se podía engañarlos, había que intentarlo. Desde la óptica de los españoles sólo eran esclavos y no merecían ningún respeto. Había que ir a por ellos a su campamento situado cerca de la costa, aunque en una zona de difícil acceso, en la selva.

Ahora le tocaba el turno a nuestro hombre Ursúa. Ordenó este a Francisco Gutiérrez y 30 hombres más que llevaran las provisiones y municiones por mar, mientras él con el resto de la gente emprendía el camino por tierra. En octubre de 1556 salió Ursúa de Nombre de Dios[111] sólo con 40 hombres y casi a la fuerza, por la presión de los vecinos del pueblo que ansiaban librarse de aquellos indómitos esclavos, cuyas fuerzas eran muy superiores.

Los hombres de Gutiérrez llegaron al pueblo señalado en cuatro días, mientras que los de Ursúa, debido al duro terreno que transitaban y que además iban buscando campamentos o cuevas de esclavos, tardaron 18 jornadas.

Ya juntos en la playa, envió Ursúa a Fuentes con otros 25 hombres para que durante tres días fuesen a explorar la zona. El capitán dio al segundo día con el rastro de los esclavos, que los llevaba directamente a una ciénaga poco honda pero muy difícil de transitar. Algunos españoles la consiguieron atravesar, pero fueron descubiertos por un grupo de cimarrones que los hicieron retroceder. Aquellos esclavos fueron a pedir refuerzos y se juntaron en un buen número, alrededor de 90 individuos.

Sin embargo, los arcabuces españoles otra vez mantuvieron alejados a los cimarrones sin dejarles llegar a las manos, al cuerpo a cuerpo. Viendo aquello, los esclavos decidieron sitiarlos para rendirlos por cansancio y por hambre.

---

110 *Ibid.*

111 Ispizua, S., p. 153.

Pasaron ocho días. Ursúa estaba nervioso ante la tardanza de sus hombres así que envió a Francisco Díaz junto a otros 25 hombres a buscarlos. Díaz atravesó la ciénaga por un lugar mejor que por donde habían pasado los hombres de Fuentes, pero no lejos de donde habían pasado estos. Fue a dar a una platanera desde donde oyeron los arcabuces de los españoles. Díaz le dijo a su gente que hiciesen lo que como españoles estaban obligados a hacer[112] y se metieron en la montaña de la forma más silenciosa que pudieron.

Poco después, dieron con una cuadrilla de cimarrones que cogieron por su espalda. Mataron a algunos, pero acto seguido los esclavos se reorganizaron y se juntaron. Los españoles, aunque estaban muy debilitados porque se habían alimentado desde hacía varios días sólo de plátanos y bijaos[113], ahora podían pasar a la ofensiva. Sin embargo, aquella ventaja les duró poco porque aquellos esclavos, en mejor forma física, les hicieron retroceder.

Los españoles armados de arcabuces y los cimarrones con sus ballestas estuvieron peleando hasta entrada la noche, momento en que los rebeldes se retiraron sin saber muy bien –dice Aguado– por qué camino iban, lo que les llevó directamente a los hombres del grupo de Ursúa. Estos, después de la primera turbación al encontrarse con sus enemigos, en palabras de la relación que seguimos, hicieron frente a *aquella chusma*, poniendo freno a su desvergüenza[114].

No obstante, aquellos africanos no se amilanaban ante la poca gente que traía consigo el navarro. La solución a los problemas de los españoles, de nuevo, sería la entrada en escena de los dos grandes arcabuceros que iban en la compañía española, que no eran otros que García de Arce y Juan de Arles. Ellos, y parece que también Ursúa, con los primeros disparos derribaron a tres

112 Aguado, P., p. 91.
113 Platanillos.
114 Aguado, P., p. 92.

africanos, y como estos no las tenían todas consigo por si acaso les había seguido por el otro lado de la ciénaga el primer grupo de españoles, se escaparon hacia la montaña sin ser perseguidos por Ursúa.

El campamento principal de los cimarrones se encontraba a unas 15 leguas del mar. Ursúa deseaba llegar hasta allí, o por lo menos asentarse lo más cerca posible en un terreno propicio. Antes de partir envió a Gutiérrez a Nombre de Dios con la orden de proveerse con botijas de vino mezclado con tósigo o ponzoña y también algunas baratijas, algunas mercadurías con las que atraer a sus enemigos, a aquella *gentuza*, en palabras Aguado[115]. Pensaba Ursúa que ganarles por la fuerza iba a resultar imposible, porque las fuerzas eran muy desiguales y además era muy notable la desenvoltura y destreza que aquellos negros tenían en un terreno que conocían perfectamente. Se movían por allí como querían, como si fueran cabras.

Gutiérrez se tenía que encontrar con Ursúa en un arrecife, cerca del poblado de los esclavos. Salieron Ursúa y su gente cargados con las armas y las vituallas atravesando un camino muy complicado de transitar. No llevaban tanta comida como debían, pensando que podrían conseguirla en los diferentes poblados de esclavos que se encontrarían por el camino, pero no fue así. La travesía fue terrible: ciénagas, pantanos, manglares que los dejaron exhaustos. Tardaron casi 25 días en caminar 25 leguas.

Por fin, llegaron cerca de la playa, a un lugar que se encontraba cerca del poblado de los esclavos y que era fácil de defender. Desde allí podían ver a aquellos negros, que se encontraban en lo alto de una loma, lo que les daba a ellos también una defensa natural. Su fortaleza se encontraba al final de dos caminos repletos de despeñaderos. Al poblado se llegaba por aquellos dos caminos muy estrechos, fáciles de defender solamente con piedras, pero

115 *Ibid.* p. 93.

bien fortificados con palenques al principio de la loma, muy difíciles de desarticular.

Las casas y los bohíos se encontraban en la cima, y contaban con hoyos o silos llenos de comida. Allí se alojaban el rey Bayano y sus soldados porque las mujeres, los niños y la gente inútil estaban en otro campamento tierra adentro, en un lugar muy escondido.

Ursúa, que tenía claro que por las armas no podría vencer a su enemigo, empezó a tratar y a comerciar con ellos, como ya había hecho Bayano con los gobernadores de Panamá y Nombre de Dios, siempre en palabras de Aguado, en *arrogancia de bárbaro*.

Después de algún tiempo, algunos cimarrones se atrevieron a entrar al campamento de Ursúa y algunos españoles en el poblado de Bayano. Pero el rey no se fiaba ni un pelo. Cuando hablaba con Ursúa lo hacía siempre con sus soldados cubriéndole las espaldas, bien armados y atentos.

Ursúa, astuto, quería engatusar a aquellos esclavos. Atraerlos. Embaucarlos con palabras *melosas*. Ursúa le decía a Bayano que él estaba allí para que pudieran convivir en paz las dos repúblicas, la de los negros y la de los españoles. Si ellos nunca habían sufrido ningún daño de los españoles no podía ser por otra razón que Dios lo quería así. A él le habían encargado los ministros de Su Majestad que llevara aquella negociación.

Bayano se tragó el anzuelo y la relación entre ambos líderes se hizo más intensa. Muchos días Bayano comía con Ursúa, que se dirigía a él muy cortésmente, al igual que sus soldados.

Por aquellos días había llegado Gutiérrez con el encargo de su capitán, pero también con más soldados, comida y provisiones nuevas de gran necesidad para los españoles. Ursúa cada vez daba más regalos a Bayano. Un día le comunicó que estaba próximo un día de fiesta en España, muy señalado, y que deseaba ofrecer una comida al rey y a su gente *como amigos y confederados suyos*[116]

116 *Ibid.* p. 95.

en su propio campamento porque de ello, dijo, recibiría gran contento. Bayano, confiado, accedió y pidió a Ursúa que diese a su gente camisas de Ruan, machetes, hachas, bonetes colorados y otras cosas a modo de una especie de tributo, a lo que Ursúa no puso pegas.

Después, Ursúa convocó a su gente. Le dijo a aquellos *señores y compañeros* que tomar las armas no valía de nada con aquellos fugitivos y traidores esclavos que tenían una fortaleza inaccesible en la montaña y en los bosques espesos. Conocían el terreno y se les ponían delante y se iban cuando querían. Sin embargo, había que procurar su disipación y ruina de otra forma o si no, volverse a Nombre de Dios. Allí no podrían aguantar mucho más tiempo porque no tenían con qué mantenerse y el socorro de Panamá o Nombre de Dios sólo podría llegar muy de tarde en tarde. Si se iban, los negros no sólo seguirían asaltando los caminos y matando gente, sino que incluso aquella *chusma de negros* pondría fuego a Panamá y Nombre de Dios.

Lo que para remediar y asegurar todos estos inconvenientes he considerado es, que pues estos esclavos y su caudillo o cabeza, a quien ellos llaman rey, tan confiadamente se comunican y tratan con nosotros debajo de cierta fe que yo les he dado, que aprovechándonos de la ocasión que la fortuna nos ofrece, según que ya yo lo tengo ordenado y concertado, les demos a comer un día a todos espléndidamente y a beber, de suerte que queden embriagados con cierto tósigo que en la bebida se les dará, y allí será preso su rey y muertos los más valientes y principales negros de su compañía, y si algunos escaparen, también habrá modo como los recojamos y traigamos a nuestra sujeción con el menos trabajo y riesgo que pudiéremos.

Ursúa justificaba ante sus hombres el maquiavélico plan de la siguiente manera. Más que nada por si había alguno que pensase que sería indigno de soldados:

He querido decir y tratar esto con toda la compañía, porque por ventura donde tan buenos y experimentados soldados en la arte militar hay, no hubiese alguno tan escrupuloso que le pareciese después de hecho este negocio cosa contra todo el pundonor de la soldadesca y contra toda milicia que debajo de paz y amistad fuesen presos y muertos estos negros, aunque también creo y entiendo que no habrá ninguno tan falto de conocimiento que enteramente no conozca lo que en esto hay, porque con fugitivos y traidores esclavos, ávidos y comprados por nuestros propios dineros, tenemos licencia y facultad para usar de todas las cautelas y dobleces necesarios y convenientes hasta sujetallos y restituillos a la servidumbre a que están obligados y ellos antes tenían, especialmente que esta chusma de negros, contra todas leyes y derechos divinos y humanos, pretenden no solo hacerse señores de esta tierra, donde ni fueron nascidos ni criados ni ningunos mayores suyos la poseyeron, pero constituir y hacer ellos entre sí rey y señor que los gobernase y mantenga en justicia en aquella forma que ellos pretenden y quieren vivir[117].

Y por si todo aquello no fuera suficiente encima aquellos esclavos eran herejes –decía Ursúa– que nombraban obispos para exorcizar y catequizar a sus fieles, así que sólo eso tendría que valer a sus soldados para no dudar en lo que debían hacer sin escrúpulos y sin ninguna pérdida de su honor por ello. Si los esclavos habían quebrantado la fe de la Santa Madre Iglesia ellos tenían derecho a quebrantar su palabra sin miedo, y apresarlos para que recibieran su castigo merecido.

Todos los soldados de Ursúa estuvieron de acuerdo con su capitán. Precisamente cuando estaban en aquella conversación llegó Bayano. Mientras el rey se iba acercando, Ursúa dejó su alocución y salió a recibirle con grandes muestras de alegría. Ursúa invitó a Bayano a dormir allí aquella noche. Cuenta Aguado que cenaron muy bien, que bebieron mucho, se emborracharon

117 *Ibid.* p. 96.

y que al día siguiente los cimarrones volvieron muy contentos a su poblado con varios regalos más del navarro.

En un claro de la playa, casi al pie del cerro donde se encontraba en poblado de Bayano, se acordó hacer la comida. Bayano ordenó construir allí casas o bohíos para los españoles. Fue allí donde convivieron los españoles y los africanos: comían, bebían, saltaban y jugaban al tiro de barra para matar el tiempo. Se emborrachaban a menudo, así que Francisco Gutiérrez tuvo que ir de nuevo a Nombre de Dios para aprovisionarse de más vino y ponzoña –un tósigo que fuera más fino, porque se dieron cuenta que el anterior tenía poca fuerza– y también más regalos para los africanos.

La vuelta de Francisco fue festejada por todos. Muchos negros bajaban al alojamiento de los españoles, algunos españoles subían a la fortaleza de los esclavos con algunos de ellos como si fueran grandes amigos, pero en realidad lo que buscaban era espiar aquella fortaleza y sus defensas. También salían a cazar juntos, estando los españoles muy atentos de explorar todo aquel territorio.

Y llegó el día del convite. Bajó Bayano con 40 de los suyos, los demás se quedaron en sus casas. Muchos de aquellos esclavos no se fiaban ni un pelo de los españoles, pero no pudieron hacer nada más que obedecer a su rey.

Mientras, en el bohío de Ursúa, estaban escondidos varios arcabuceros y rodeleros. Los españoles se mostraban como descuidados, pero internamente andaban muy nerviosos, ansiosos, anhelando la lucha porque sabían que las provisiones se les estaban acabando. Querían de una vez por todas *verse revueltos y a las manos con los esclavos y quitalles de poder algunas riquezas que tenían*[118].

Ursúa se sentó a la mesa con su mejor gente y lo mismo hizo Bayano con los suyos. Dos escanciadores servían vino: uno limpio para los españoles y otro atosigado para los esclavos. Todo

118 *Ibid.* p. 98.

aquello se hizo de forma perfecta, los esclavos no sospecharon nada de la celada que se les venía encima.

Cuando terminó la comida Ursúa dijo que quería dar algunos regalos a los cimarrones que habían comido con él. Se levantó junto a Francisco Díaz y Francisco Gutiérrez y entraron en la recámara de la tienda de Ursúa, donde había gran cantidad de camisas, bonetes, machetes y otras cosas. Los esclavos entraban allí de uno en uno y recibían el regalo que les daban los dos capitanes del navarro, con la correspondiente taza de vino emponzoñado.

Todos estaban borrachos. Fueron pasando hasta que sólo quedó Bayano con tres o cuatro capitanes y otros tantos soldados más. Uno de ellos entró por su regalo, pero Francisco Gutiérrez al ir a darle su camisa le metió en el corazón una daga que llevaba escondida sin dar al esclavo la posibilidad ni de decir esta boca es mía. Cayó como un saco de patatas, en silencio. Entonces llamaron al siguiente esclavo, pero este se dio rápidamente cuenta de la celada.

– ¡Traición, traición! –Gritaba[119]–.

Bayano y los otros que allí estaban intentaron levantarse, pero fueron hechos prisioneros por la gente de Ursúa que estaba en el convite. Los demás españoles, la gran mayoría, subieron a la fortaleza rápidamente y la tomaron sin resistencia alguna porque desde arriba los esclavos vieron lo que estaba sucediendo y nerviosos, no supieron resistir el ascenso de los españoles. Los esclavos a los que la ponzoña no les había hecho efecto huyeron por la parte de atrás de la fortaleza pero los que sí estaban afectados por el veneno andaban *tendidos basqueando*[120] *y meneándose de una parte a otra con rabia y dolor*[121].

119 *Ibid.* p. 99.

120 Tenían bascas en el estómago, algo así como desazón o inquietud, en este caso nauseas del veneno.

121 Aguado, P., p. 99.

A punto de morir, los españoles los remataban sin compasión a cuchilladas. A otros esclavos los cogían por el camino, ya tocados, aunque no del todo, por el veneno, pero sin fuerzas para poder escapar. A aquellos pobres infelices los iban picando con las espadas sin ni siquiera detenerse al pasar. Muchos metían sus espadas en los cuerpos de los desdichados negros hasta la cruz[122] y los iban dejando atravesados.

Tomado el llano y el fuerte, el capitán Pedro de la Fuente junto a 20 hombres persiguieron a los demás esclavos y los alcanzaron en un río que estaba trayendo grandes dificultades a los africanos para pasarlo. Aquellos esclavos se defendieron bravamente, teniendo muy presente que la vida les iba en ello y que no habría ningún tipo de compasión por los españoles. Los arcabuces de estos derribaron a ocho lo que hizo a los demás, desesperados, tirarse al río. Cogidos de las manos unos de otros con gran presteza, llegaron a la otra orilla y no dejaron pasar a los españoles, que tuvieron que volver al fuerte.

Muchos esclavos, hombres y mujeres, los más débiles y los ancianos, se habían vuelto al fuerte. Los españoles reconocieron el lugar y sus proximidades y los hicieron a todos prisioneros. Sin embargo, el botín conseguido había sido escaso. Ursúa pensaba que ya poco pintaba él allí y su gente, que ya no valía la pena una *montería de negros*[123].

Ursúa le propuso a Bayano que reclutara a toda su gente y que fueran con él a Nombre de Dios, donde con el consentimiento de esta ciudad y de la de Panamá se fundaría un pueblo para ellos. Si Bayano aceptaba, de allí en adelante los esclavos que se escaparan serían su responsabilidad, y tendría que tratar de que volvieran con sus amos en tres días y compensar las pérdidas a los arrieros atracados.

122 *Ibid.* p. 99.
123 *Ibid.* p. 100.

Ursúa embaucó a Bayano y este aceptó el trato. Pasados 50 días todos los esclavos estaban reunidos en el fuerte. A los dos meses se dirigieron todos a Nombre de Dios. En el camino Ursúa le quitó las prisiones[124] a Bayano, pero cuando llegaron a Nombre de Dios Bayano fue hecho preso con algunos de sus capitanes.

Sobre cómo terminó Bayano hay diferentes versiones. El rey de los esclavos fue enviado a Lima, donde se encontraba el virrey Hurtado de Mendoza, que había llegado en 1555. Según Aguado, fue bien tratado y enviado a Sevilla, donde vivió varios años sustentado vitaliciamente por el Tesoro Real[125]. También afirmaba esto en una carta de 1582 Alonso Criado de Castilla, Presidente de la Audiencia de Panamá: *fue enviado a estos reinos por la Majestad del Emperador padre gloriosísimo de V.M. señor Nuestro que tiene en el cielo, mandó que se le detuviere en Sevilla dándole lo necesario para su sustento*[126].

Según Fortune, Bayano fue enviado a Perú y de ahí a España, donde acabó sus días en una mazmorra de Madrid[127].

Según Francisco López de Caravantes *Pedro de Orsúa prendió al capitán Vallano en Tierra Firme, que era un negro muy valiente, le llevó a la ciudad de los Reyes en cuya plaza se hizo justicia dél, dejando desecha y castigada la guarida de Vallano y los negros cimarrones que allí se recogían y en premio de este servicio le dio el virrey la gobernación de la provincia de Omagua*[128].

Los demás hombres y mujeres fueron de nuevo esclavizados y enviados a diferentes lugares para su venta fuera de aquel territorio, para que no quedara rastro de tan *mala semilla*[129], como

---

124 *Ibid.* p. 100.

125 *Ibid.* p. 102.

126 AGI. Panamá, 13, R.21, N.137.

127 Fortune, A., p. 159.

128 Citado en Del Campo, L., p. 312.

129 Aguado, P., p. 101.

dice Aguado. Sin embargo, aquella mala semilla ya estaba bien plantada y enraizada, y tardaría muchos años más en morir.

En Nombre de Dios y en Panamá hubo grandes fiestas, se felicitó a Ursúa y se le ofreció grandes sumas de dinero. Viajó el navarro a Perú a finales de 1558. El virrey había escrito a Carlos V desde Sevilla –para embarcarse hacia el Perú– que había en el virreinato más de 8.000 españoles y más de 480 repartimientos. 7.000 de aquellos españoles no tenían trabajo ni querían trabajar. Ni cavar, ni arar, ni nada de nada, porque no habían ido allí para eso[130]. Había que buscar la forma para apartarlos de allí y no había otra mejor que seguir haciendo entradas, expediciones de conquista. Aunque estaban prohibidas, al virrey se le concedió la posibilidad de hacerlas.

En 1559 se pregonó con trompetas a Pedro de Ursúa como gobernador y justicia mayor de la jornada de Omagua y el Dorado. En aquella jornada saldrían unos 300 hombres[131]. Esta gobernación, en términos generales, comprendía desde el lado oeste de los Andes hasta el Atlántico, un territorio inmenso que fue ofrecido a Ursúa por el virrey –aunque no contaba entre los favoritos para aquel puesto– entre otras cosas porque este estaba ya muy harto de todos los viejos conquistadores y de los muchos rebeldes del Perú.

Como vimos al principio de esta historia, el Dorado sería la perdición del navarro.

130 Ispizua, S., p. 100.
131 Almesto, P., p. 66.

8

TIERRA FIRME. LA LUCHA POR LA LIBERTAD Y EL ORO

Ursúa había ofrecido a Bayano y su pueblo la libertad, pero cuando llegaron a Nombre de Dios los soldados les hicieron prisioneros del rey, y fueron vendidos lejos de aquellas tierras para evitar más alzamientos.

«Salió, en tiempos atrás, de Cabo Verde,
cargado de quinientos un navío,
que, para que ganásemos, se pierde
tocando, en esta playa, en un bajío.
Fuerza será que Panamá se acuerde
de cuál fue de estos el gallardo brío,
pues, habiendo arribado a nado en tierra,
a mover la empezaron cruda guerra.

Su Capitán llamábase Ballano,
que fue de quien tomó la tierra el nombre,
cuyo valiente pecho y diestra mano
hazañas intentó de inmortal hombre;
pues hizo en Panamá que el castellano
de su atrevido osar tal vez se asombre;
porque, cual rayo rápido, abrasaba
las estancias campestres que robaba.

Era de formidable aspecto fiero,
corpulento, feroz, basto, membrudo,
de traza, talle y hábito grosero,
de lenguaje bozal, de ingenio rudo;
pero de esfuerzo y ánimo guerrero,
tan ágil, denodado, pronto, agudo,
que, al claro día ni a la noche oscura,
no estaba en parte de él cosa segura[1]».

La tierra tomó el nombre de este guerrero. Su lucha contra los españoles no sería el final de nada, sino el principio. Los cimarrones no desaparecieron, siguieron controlando el Camino Real y también se formaron nuevos palenques cerca de Nombre de Dios. Algunos españoles fueron descuartizados en el Camino Real, otros cayeron por las flechas envenenadas. Seguían haciendo incursiones para robar mujeres de cualquier raza y se las repartían entre ellos, lo que había llevado en 1556 a la prohibición de introducir esclavos en Tierra Firme. Sin embargo, el dinero es el dinero, y esta prohibición duró poco, sólo hasta 1564, cuando se permitió llevar esclavos a Juan de Villoria y Ávila para el descubrimiento del río Darién.

En 1568 Felipe II autorizaba la guerra contra los cimarrones de Tierra Firme a Gabriel Loarte, presidente de la Audiencia de Panamá, y nombraba por capitán general al que era allí el factor y veedor, Pedro Ortega Valencia.

Doctor Loarte, nuestro Presidente de la nuestra Audiencia que reside en la ciudad de Panamá de la provincia de Tierra Firme: sabed que habiéndose visto en nuestro Consejo de las Indias las relaciones que nos habéis enviado y otras que se han recibido, se nos han hecho de los muchos daños, robos o muertes, que en esa Provincia

---

1 Miramontes, Zuázola, J. *Armas antárticas*, 1921. Citado en Fortune, A., p. 167.

han hecho y cada día hacen los negros cimarrones que en ella han andado y andan alzados; y entendida la licencia y confederación que para ello han tomado con corsarios, y los grandes inconvenientes que adelante podían resultar, habiéndose tratado cerca de ello por los del dicho Consejo y consultando, como habemos acordado, que para que los dichos daños cesen, se haga guerra a los dichos negros cimarrones y corsarios, hasta los castigar y deshacer con la gente que se pudiere recoger en esa Provincia e la que hubiere bajado del Perú, y ciento y veinte hombres que acá habemos nombrado y se llevan en esta Armada, y que en todo se proceda por vuestra orden, parecer y acuerdo.

Y así por la buena relación que nos hicisteis de la persona de Pedro de Ortega Valencia, nuestro Factor e Veedor de esa tierra, y de sus servicios y la satisfacción que del teníamos y tenemos de lo que en esto y en otras cosas que antes de ahora le han sido encomendadas nos ha servido, le habemos elegido y nombrado por nuestro Capitán General de toda la dicha gente... de manera que se consiga el efecto que se pretende para el bien de esas Provincias, quietud de los que ella habitan; y los corsarios que en esto han entendido y entienden sean castigados con mucho rigor, para que los demás no tengan atrevimiento a cosas semejantes; y los negros que andan alzados sean deshechos, castigados, y en toda esa tierra haya la seguridad que conviene... Fecho en San Lorenzo el Real a veinte y tres de mayo de mil y quinientos e sesenta y ocho años. Yo el Rey[2].

Es decir, el problema de los cimarrones no había hecho más que empezar. Y ahora, además, entraban en juego los enemigos de España en Europa, los corsarios ingleses y franceses, a los que se sumarían también los holandeses a principios de la nueva centuria. Isabel I de Inglaterra liberaba a sus perros del mar, que entablarían alianzas con los cimarrones.

2 Lucena Salmoral, M. *Leyes para esclavos...*, p. 731. San Lorenzo el Real, 23 de mayo de 1568.

En 1570 los negros rebeldes atacaron Nombre de Dios y lucharon hasta entrar en la ciudad, que se salvó sólo a la casualidad, debido a que llegó un regimiento de soldados de Panamá. En 1571 los robos en el Camino Real y Casa de las Cruces eran habituales. Seguían entrando sin descanso en Panamá y Nombre de Dios a robar hombres negros y también mujeres de las ciudades y de los ríos.

El nuevo virrey del Perú, Francisco Álvarez de Toledo, se reunió con la Audiencia de Panamá para buscar un capitán que fuera con 200 hombres a la zona de Bayano, a 30 leguas de Nombre de Dios. El objetivo que se le asignaba era nada más y nada menos que redujese a los cimarrones de allí y poblara después la zona con españoles.

Se envió al capitán Esteban de Trejo contra aquellos negros, pero en 1571 el cabildo de Panamá confirmaba que los hombres de Trejo no eran suficientes para aquella gran cantidad de rebeldes. Además, los cimarrones se habían unido a los corsarios. Los segundos buscaban oro, los primeros la libertad.

El cabildo de Panamá informó en mayo de 1571 por carta a Felipe II de todo lo que sucedía, pero también envió a Pedro Ortega Valencia a España, para que expusiera de primera mano el problema que había en Tierra Firme y para que intentara que el rey pusiera remedio a todo ello. La alianza entre los cimarrones y los corsarios ponía en peligro el tesoro real.

Ha sido causa para muchos dellos [los corsarios] la certidumbre que en todas partes se tiene de la mucha riqueza que en esta tierra ha habido y de que en esta ciudad [Panamá] se recoge todo el oro y plata y perlas que de Potosí, Chile y las demás partes del Perú se lleva a España, y que desta ciudad se lleva todo ello a la ciudad de Nombre de Dios por el río Chagres desde la casa de Cruces cinco leguas desta ciudad y por tierra lo cual ha dado atrevimiento a muchos corsarios franceses e ingleses y muchos dellos luteranos enemigos de la Santa Fe católica para venir a robar la ciudad de Nombre de Dios y los barcos en que desta ciudad [Panamá] se lleva el oro y la plata por el río Chagres hasta Nombre de Dios y en que de Nombre de Dios se trae hasta la dicha Casa de Cruces la mayor parte de cuantas mercadurías se traen de España y dejando aparte los robos y muertes que en los años próximos pasados han hecho porque ya V.M.g. habrá tenido noticia dellos [...][3].

Los corsarios se habían hecho con el control de la costa de Tierra Firme.

Últimamente en este mes de mayo tomaron los dichos corsarios en el dicho rio Chagres cuatro barcos cargados de mercaderías que valían más de setenta mil pesos y están tan señoreados de toda la costa de Nombre de Dios, Cartagena, [...] Santa Marta y Cabo de la Vela que no se osa navegar desde Santo Domingo acá por temor destos corsarios y se va disminuyendo el trato y comercio de las islas de Barlovento y desta Tierra Firme[4].

¿Y quién se encargaba de la defensa frente aquellos cimarrones y corsarios? ¿El rey? Pues no, los propios vecinos.

No bastan [los vecinos] desta ciudad [Panamá] ni de la de Nombre de Dios ni las contribuciones que los moradores dellas han hecho para los gastos necesarios para asegurar los caminos y para disipar a los cimarrones y de hoy en adelante están imposibilitados para poder contribuir más porque de año y medio que sustentan esta ciudad es a sus propias expensas al general Esteban de Trejo con más de ciento y cincuenta hombres de guerra, el cual en todo este tiempo se ha ocupado de la disipación de cimarrones de que ha resultado [...] muerte de muchos cimarrones [...].

3 AGI. Panamá, 30, N.12. 25 de mayo de 1571.

4 AGI. Panamá, 30, N.12. 25 de mayo de 1571.

Está la tierra y gente della tan estrecha que es imposible poder contribuir como hasta ahora lo han hecho contra cimarrones y corsarios, demás de la grande falta que se ha comenzado a sentir en los bastimentos que de fuera se traen con que así mismo se padece muchas veces hambre y de ocho meses a esta parte en las más casas desta ciudad no se comió pan de trigo en más tiempo de tres meses ni aún mayor sino plátanos por pan[5].

En septiembre de 1571 Felipe II expresaba su voluntad de acabar con aquel problema y establecía una serie de leyes que intentarían atajarlo de una vez por todas.

El que se ausentara cuatro días de su amo recibiría 50 azotes en el rollo de la plaza y tendría que estar allí hasta la noche. Si fueran ocho días y se fuera a más de una legua subiría la pena a 100 azotes y una calza de hierro de doce libras con un ramal, puesta en el tobillo por dos meses. Si se la quitara recibiría 200 azotes y si reincidía sería azotado 400 veces –300 azotes ya eran como matar al reo– y llevaría cuatro meses de calza. Si fuera su amo el que le quitara la calza tendría que pagar 50 pesos y si el esclavo había pasado más de seis meses fuera y hubiera cometido delitos graves, debía ser ahorcado.

Quien hubiera huido[6] menos de cuatro meses y no hubiera tenido contacto con cimarrones debería sufrir la pena de 200 azotes, pero si reincidía sería desterrado y si hubiera tenido contacto con cimarrones los azotes subirían a 300[7].

Los Virreyes, Presidentes y Gobernadores procuren siempre allanar a los negros cimarrones poniendo en su reducción la diligencia posible, y siendo necesario nombren para esto capitanes de experien-

---

5 Aquello era porque los mercaderes no llegaban debido a que sus ganancias se consumían con el nuevo impuesto del almojarifazgo. La Audiencia mandó parar aquel impuesto. AGI. Panamá, 30, N.12. 25 de mayo de 1571.

6 Los dueños debían denunciar la huida del esclavo so pena de 20 pesos.

7 Lucena Salmoral, M. *Leyes para esclavos…*, p. 206-207.

cia, y el gasto que se hubiere de hacer donde no hubiere aplicada alguna imposición o hacienda se reparta en esta forma: la quinta parte de nuestra Real Hacienda, y las otras cuatro entre los mercaderes, vecinos y otros que puedan recibir beneficio y aprovechamiento en lo referido, por la orden que al Virrey, Presidente o Audiencia del distrito pareciere [...][8].

Pero nada paró. No pararon los robos en las ciudades, ni las muertes ni los secuestros de las mujeres negras que lavaban en los ríos. Las ciudades estaban cada vez más endeudadas por los asaltos de los cimarrones, pero también por los de los corsarios. Franceses e ingleses habían entrado en escena. En una carta del año 1571 la Audiencia de Panamá, firmada por su presidente el licenciado Diego de Vera y por los oidores Diego Ortegón, Álvaro de Carvajal y Diego Fernández de Villalta[9], se afirmaba que los corsarios habían tomado muchos barcos de mercancías en la costa y que había sido tanto su atrevimiento que se habían internado en el río Chagres llegando hasta cerca de la Casa de las Cruces.

Tomaron navíos y fragatas que venían de las islas de Barlovento y Cartagena. Entraron incluso con la Flota de Tierra Firme y la Armada de la Guarda en el puerto de Nombre de Dios, así que se presumía que una vez que se fueran los galeones de Tierra Firme los ataques se recrudecerían. Se habían pedido galeras al rey, pero hasta que llegaran la audiencia de Panamá convino en armar algunos barcos para que guarneciesen las costas. Panamá y Nombre de Dios, decían, estaban muy pobres. Vecinos y mercaderes se negaban a dar dinero.

Como decía el propio cabildo secular de Panamá aquel Reino era la llave del Perú, donde iba a parar todo el oro y la plata que llegaba del virreinato, y si se perdía Panamá, todo estaba

8 *Ibid.* p. 743. El Pardo, 12 de septiembre de 1571.

9 1571, 21 de mayo en Panamá, 13, R.11, N.43.

en peligro. Panamá era el centro de las comunicaciones con la metrópoli. Toda la plata que llegaba de Perú tenía que cruzar el istmo, de Panamá a Nombre de Dios. Si no se controlaba ese paso, casi todo estaba perdido. Y eso lo sabían los franceses, que habían empezado sus ataques en las Indias en la primera mitad del siglo, y los ingleses, que ahora entraban en escena.

Uno de los primeros fue John Hawkins, que en 1562 salió con tres galeones y alrededor de 100 hombres. Los ingleses se dirigieron al golfo de Guinea y allí tuvieron la oportunidad de capturar algunos barcos negreros portugueses, de lo que consiguieron unos 300 esclavos negros. Después Hawkins y su gente se dirigieron a Santo Domingo, donde se propuso venderlos. Se presentó ante las autoridades de La Española y les mintió. Les dijo que había sido arrastrado allí por una tormenta, que necesitaba provisiones pero que no tenía dinero con qué pagarlas. Sin embargo, oh casualidad, podría pagarles con los esclavos que llevaba.

El gobernador no se tragó el cuento de los ingleses y decidió enviar a 70 hombres contra él, que consiguieron apresar a dos de sus centinelas. Cuando Hawkins se enteró, propuso al gobernador rescatarlos a cambio de 100 esclavos. Los españoles no tuvieron esta vez muchos problemas en aceptar el trato, así que después de aquello Hawkins pensó en alargar su suerte y quiso venderles todos los esclavos que llevaba. Las autoridades españolas se lo debieron pensar, pero contestaron al inglés que no podían aceptar aquel comercio porque iba en contra de las leyes del rey, las cuales estipulaban que había que pagar las tasas correspondientes para hacer la transacción. No había problema les dijo el corsario, pagaría las tasas que fueran menester.

Hawkins regresó en 1563 a Inglaterra con grandes beneficios. El éxito conseguido le hizo crear una sociedad, en la que participó la misma reina con un galeón, el *Jesus of Lübeck*, y rápidamente quiso realizar otra aventura al año siguiente. Volvió a África y de nuevo consiguió robar otros 400 esclavos a los portugueses, con los que se dirigió en 1565 a Dominica, Margarita y Borburata. En esta última población afirmó al gobernador que necesitaba reparar las naves y aderezarlas pero que para eso tenía que vender esclavos y mercancías. Pagaría las tasas, pero si el gobernador se negaba no le dejaría otra opción que usar la fuerza. Es decir, estaba estableciendo un sistema de coacción bien definido. Comerciaba con los cañones apuntando desde sus barcos por si las cosas se ponían feas. El gobernador tuvo que aceptar la oferta del inglés. Hawkins pagó como Dios manda un 7´5% por las tasas y el almojarifazgo y después siguió sus correrías y piraterías en Curazao, Riohacha, Santa Marta y Cartagena, donde sí encontró resistencia armada. Volvieron a Inglaterra otra vez con pingües beneficios.

En 1568 salió por tercera vez. Pero no siempre iba a tener suerte. Después de volver a hacerse con otros 450 esclavos en África y de pasar por Margarita, Borburata, Riohacha, Santa Marta y Cartagena, donde fue rechazado, quiso volver a Inglaterra, pero el *Jesus of Lübeck* se averió en el Caribe por un huracán. Apresó varios barcos españoles, de donde sacó la información que deseaba: el único puerto donde podría reparar el barco –que tenía 700 toneladas– era el de San Juan de Ulúa, en Veracruz, así que Hawkins puso la proa hacía allí con estos barcos españoles en vanguardia para confundir a las autoridades del puerto.

Hawkins llegó a Veracruz el 14 de septiembre, pero en la ciudad creyeron que el que llegaba era el nuevo virrey, Martín Enríquez de Almansa. Los españoles le enviaron varias barcas para recibirle, pero estas fueron retenidas y sus integrantes hechos prisioneros, así tenía el inglés más argumentos con los que negociar aparte de sus cañones. Hawkins trató de cerrar un acuerdo para que dejaran reparar las naves en la isla gallega, frente a la ciudad, pero aquella vez no le acompañaría la suerte porque mientras estaba allí llegó la verdadera flota del virrey con la armada de Francisco Luján.

La flota de Nueva España tenía 13 barcos, pero sólo la Capitana era un barco de guerra, incluso la Almiranta no estaba preparada para la lucha contraviniendo todas las disposiciones. Los españoles atracaron en Veracruz y se dispusieron a defender la plaza y a luchar. Los españoles hicieron la descarga de las mercancías, una de las más rápidas de la historia, parece ser. Las dos flotas estaban atracadas juntas. Esa noche se reunieron Hawkins y Almansa. Los dos querían saber qué le estaba pasando por la cabeza a su enemigo y llegaron a un pacto que desde el primer momento los dos sabían que sería papel mojado.

El día 23 de septiembre los españoles lanzaron el ataque y Hawkins, a duras penas, consiguió huir. Llegó a Plymouth en 1569. También escaparía de aquella jornada otro personaje que estaba allí presente: Francis Drake.

Francis Drake nació en Crowndale, Devon, entre 1540-45. Su extensa familia, de labradores, fue expulsada de allí por los católicos en 1549 y tuvieron que trasladarse a Kent. Desde aquello, la familia odiaría intensamente a los católicos, un sentimiento que también heredaría Francis.

Drake era sobrino de Williams Hawkins –hermano de John Hawkins–, con el que entró a servir. En 1566 había viajado a América a las órdenes de John Lowell, enviado por los Hawkins, donde pudo ver lo que era Tierra Firme y el negocio de la esclavitud. En 1567 volvió a Inglaterra y se embarcó en el tercer viaje de Hawkins, que acabamos de ver.

Drake pidió autorización al Lord del Tesoro para vengarse de la afrenta sufrida en Nueva España, pero se le negó. Financiado por mercaderes ingleses partió en 1571 con una sola nave, la *Swan*, de 25 toneladas. Salió de Plymouth para investigar la ruta de la plata y el oro de España. Pudo ver cómo se llevaba por mar hasta Panamá y de allí por el Camino Real en recuas de mulas y esclavos hasta Nombre de Dios, donde se depositaba en el almacén del tesoro para que después fuera recogida por la Flota de Tierra Firme, llamada de los Galeones.

Su objetivo era atacar ese almacén del tesoro. Atacar directamente a los galeones era un suicidio. Para eso se necesitaban unas fuerzas navales muy importantes, y él no contaba con aquello. Lo primero que debía hacer era buscar un pequeño puerto que le sirviera de base y lo encontró al este de Nombre de Dios, en una playa a la que llamó Puerto Faisán. Enterró allí provisiones y armas y volvió a Inglaterra, capturando antes algunos barcos entre Nombre de Dios y Cartagena con los que financiar algunos gastos de la expedición.

El 24 de mayo de 1572 volvió a salir Drake de Plymouth en dirección a Nombre de Dios, esta vez con dos naves. La *Pasha*, de 70 toneladas, que quedaba bajo su mando, y la *Swan* –25 toneladas– bajo el mando de su hermano John. Eran 73 hombres[10] que llegaron a Puerto Faisán en julio de 1572. Cuando llegaron se dieron cuenta que las armas y las provisiones que habían dejado allí en la anterior expedición habían desaparecido, se las habían llevado los españoles. Hallaron un mensaje en una placa de metal clavada en un árbol:

Capitán Drake, si te aventuras a volver nuevamente a este puerto sal de prisa porque los españoles que tenías contigo el año pasado han revelado este lugar y se llevaron todo lo que dejaste. Partí de aquí el 7 de julio de 1572. Tu muy querido amigo John Garrett[11].

Drake hizo caso omiso a la nota y ordenó construir una empalizada. Desde allí pudieron ver a una nave inglesa apresar a un navío español. La nave pertenecía a James Rance, su capitán, que le pidió a Drake unirse a él. Drake cogió a los 20 mejores hombres de Rance y los puso bajo su mando. El 20 de julio salió Drake junto a 53 hombres en tres pinazas que habían traído de Inglaterra y una chalupa rumbo a Nombre de Dios.

10 Fortune, A., p. 172.
11 *Ibid.*

Tres días después se encontraban en las islas de los Pinos, unas islas de abetos no muy lejos al Este de la boca del Golfo del Darién.

Cuando llegaron se encontraron algunos negros que estaban cortando leña. Eran cimarrones apresados por los españoles que los habían dejado allí y que no podían escapar por los muchos tiburones que había. Los españoles aparecían por allí de vez en cuando y si la madera no era la que esperaban los azotaban. Drake, astuto, se los ganó para su causa y los desalojó de allí, ganando así importantes aliados, espías y guías. Aquellos cimarrones lo sabían todo. Por dónde circulaba la plata, cuándo llegaban las flotas e incluso qué dotaciones llevaban.

Los cimarrones le dijeron a Drake que Nombre de Dios estaba en estado de sitio, esperando en una calma tensa un ataque cimarrón. Seis semanas antes casi habían conseguido rendirla, pero los españoles esperaban refuerzos de Panamá.

Los galeones de la flota de Pedro Menéndez de Avilés habían partido hacia España a finales de junio de 1572, así que Drake dio orden de atacar la ciudad de Nombre de Dios. El día escogido fue el 9 de julio. Estando los vecinos de Nombre de Dios descuidados entraron en el puerto tres[12] chalupas de ingleses y franceses *a la sorda*, y con unos 80 individuos se apoderaron de la ciudad.

Los ingleses habían conseguido entrar, según el cabildo de Panamá, porque los vecinos eran muy pocos y estaban desapercibidos. Los enemigos eran muchos más. Mataron a dos[13] españoles, hirieron a siete u ocho y robaron cierta cantidad de oro. Ocuparon la ciudad toda la noche hasta que los españoles se juntaron y acometiéndoles les hicieron retirarse al despuntar el día[14].

El ataque no fue mayor porque ciertos españoles consiguieron desbaratar la estratagema de los franceses. Estaban estos re-

---

12 Cuatro chalupas. AGI. Panamá, 30, N.14.

13 Mataron a cuatro o cinco hombres. AGI. Panamá, 30, N.14.

14 AGI. Panamá, 30, N.14.

partidos en dos escuadras que iban haciéndose señas la una a la otra con dos clarines, pero los españoles consiguieron matar a un clarín, lo que hizo a los corsarios retirarse. La respuesta de los españoles había llegado acompañada de la lluvia. Las armas de fuego de los ingleses se inutilizaron con el agua. Los españoles atacaban con armas blancas, así que pudieron parar la acometida de los protestantes. Los piratas se escabulleron a la Isla de los Pinos, llevándose también un navío cargado de vino del puerto.

Drake había fracasado, incluso fue herido. Sin embargo, aún malherido, pudo llegar hasta la tesorería real y maravillarse con la plata que tenía delante. Después de aquello la Audiencia envió cierta gente de guerra y apercibió el reino para su defensa. Así estuvieron hasta la llegada de la flota de Diego Flores Valdés a principios del año de 1573[15].

Poco tiempo después de la fracasada entrada a Nombre de Dios, un esclavo llamado Diego que se había unido a los ingleses en el ataque aconsejó a Drake que se uniera a los cimarrones, ya que no estaban lejos de la boca del Chagres. Drake pidió a Diego que actuara de mediador entre él y aquellos negros y en una reunión llegaron a un acuerdo. La alianza entre los ingleses y los cimarrones estaba servida.

A principios de enero de 1573 los ingleses supieron que la Flota de Tierra Firme había llegado a Nombre de Dios. Drake se reunió con los cimarrones y les dijo que podían atacar a las recuas de mulas que iban con la plata desde Panamá a aquella ciudad.

En febrero de 1573 el cabildo de Panamá, en una carta al Consejo de Indias, hablaba de un reino atemorizado, y de ánimos turbados[16].

Fueron 18 los hombres que partieron a las órdenes de Drake y John Oxenham, acompañados de 30 cimarrones que estaban

15 AGI. Panamá, 30, N.14.
16 AGI. Panamá, 30, N.14.

bajo el mando de un hombre llamado Pedro. Un corsario inglés lo contaba así:

Llegamos a admirar a los cimarrones. No parecía que se agotaran. Llevaban todo nuestro cargamento y armas al igual que los suyos; nos abrían el camino, construían nuestros refugios y procuraban fuego y agua. Cada día comenzamos nuestra marcha a la salida del sol y proseguíamos la marcha hasta las 10 de la mañana, en fila de a uno; luego descansábamos hasta las 12, continuando la jornada hasta las 4 de la tarde.

Con frecuencia dormíamos en barracas, las cuales los cimarrones habían construido para llevar a cabo su tráfico en el río. La mayor parte del tiempo, sin embargo, construían nuestros refugios. Dejaban caer sus cargas en el lugar en donde debíamos acampar, y cortaban de las maniguas leñas y ramas de los árboles. Tres de estas ramas enterraban en la tierra nítidamente arregladas una detrás de la otra y colocaban una transversal de unos 20 pies sobre las horquetas.

*A cada lado de estas colocaban ramas que caían hasta la tierra las cuales cubrían con hojas de palma y plátano, de manera que pareciera el techo de una choza. Se tomaban el cuidado de no cubrir el techo hasta la tierra para que el aire pudiera penetrar. Pero cuando acampábamos en los cerros, donde hacía frío y ventiscos durante la noche, construían los techos más bajos y los cubrían hasta el suelo; hac*ían las paredes más gruesas y só*lo dejaban una puerta abierta al frente.*

Casi siempre construían seis cabañas como esta, cada una dividida en seis panes. Cuando hacía frío, con frecuencia tenían tres hogueras prendidas dentro, lo que las hacia confortables y frescas. El humo encontraba un escape por una abertura en el tejado.

Igualmente obtenían gran cantidad de buenos alimentos. Recogían diariamente en el camino naranjas, guineos[17], *cidra*[18], *piñas*

17 Creemos que se refiere a plátanos.

18 Fruto del cidro, semejante al limón, y comúnmente mayor, de sa-

y papas; pero nos aconsejaron no comiéramos mucha papa y solo cuando habían sido sancochadas. Salían de cacería y traían jabalí, así que teníamos carne asada todas las mañanas[19].

Llegaron a un caserío de cimarrones, que era como una fortaleza. Estaba rodeado de murallas y fosos. Había sido atacado por los españoles, que habían asesinado a mujeres y niños, dice el inglés[20]. Los negros habían huido, pero después se habían rearmado y habían vuelto para matar al traidor cimarrón que hacía de guía a los españoles, a los que torturaron y asesinaron.

Con la ayuda de Pedro, los ingleses aparecieron en el Camino Real cerca de Nombre de Dios. Vieron llegar ocho acémilas cargadas con el tesoro seguidas de dos reatas de 100 mulas[21]. Atacaron, pero descubiertos por la vanguardia de la comitiva hispana la acometida se frustró, y los ingleses tuvieron que batirse en retirada.

El 31 de enero de 1573 atacaron Casa de Cruces, pero se hicieron con cosas de poco valor. Volvieron a entrar 20 ingleses acompañados de 40 negros cimarrones en el camino de Panamá a Nombre de Dios y en la Venta de Chagre, a seis leguas de Panamá, mataron a tres españoles y a un fraile de la orden de Santo Domingo e hirieron de muerte a otros, también a algunos negros que venían por el camino. Quemaron la venta, ardió mucha ropa y mercancías y no se llevaron una mula que venía cargada con 80.000 pesos porque por suerte para los españoles se les avisó antes de la llegada de los enemigos[22].

El cabido de Panamá creía que en un puerto de la costa a 30 leguas de Panamá había un poblado de cimarrones y de ingle-

---

bor agrio, cuya corteza gorda y carnosa (RAE).

19 Fortune, A., p. 174.

20 *Ibid.* p. 175.

21 Lucena Salmoral, M. *Piratas…*, p. 108. Fortune habla de tres recuas de mulas, una de 50 mulas y otras dos de 70.

22 AGI. Panamá, 30, N.14.

ses y que el designio de estos últimos era espiar y considerar las defensas del territorio para llegar después con una gran armada desde Inglaterra, a robar y ocupar la tierra[23].

El reino estaba muy desproveído de armas, sobre todo de arcabuces, debido, según el cabildo de Panamá, a que la tierra era muy húmeda, por lo que en poco tiempo los consumía. También porque estaba prohibido traer armas sin licencia, la cual se daba sólo a ciertas personas y de armas limitadas. Por ello, el cabildo pedía que se les mandasen 200 arcabuces con rapidez[24].

Mientras, Drake y los suyos volvieron a sus barcos. Habían fallado dos veces. Sin embargo, su suerte empezaría a cambiar. En abril de 1573 se encontraron en la costa de Panamá con los barcos del hugonote francés Guillaume Le Testu y resolvieron ir juntos a Nombre de Dios remontando el río Chagres en pinazas para alcanzar el Camino de las Cruces tierra adentro y sorprender así a los españoles.

Esta vez sí pudieron apoderarse de algunas mulas y su tesoro, aunque la mayoría fue puesta a salvo por los arrieros y los soldados. Drake recogió algunas barras y el resto las enterró, pero un francés que andaba borracho fue cogido por los españoles y se fue de la lengua, lo que hizo recuperar a los españoles aquella parte del tesoro.

Drake se había hecho con unos 150.000 pesos en total[25], lo que tampoco era gran cosa. La Audiencia informó a Felipe II por carta de nueve de mayo de 1573 del ataque que se había producido el dos de abril de aquel año a las recuas que iban desde Panamá a Nombre de Dios cargadas con el oro y la plata de su Majestad y los particulares. Según esta relación salieron sobre ellas cierta cantidad de franceses e ingleses y negros cimarrones,

23 AGI. Panamá, 30, N.14.

24 Que por lo menos costaran ocho ducados, pedía el cabildo. AGI. Panamá, 30, N.14.

25 Lucena Salmoral, M. *Piratas*..., p. 109.

sus aliados, *cosa aquí nunca vista e imaginada, para destruir el Reino*[26], decían. Robaron, sin que se pudiera hacer nada para evitarlo, más de 100.000 pesos de oro. Afirmaba la audiencia:

Lo que nos lastima es ver al ojo la destrucción de este reino si su Majestad no lo remedia con brevedad[27].

Aquello se había producido por la unión de los corsarios y los cimarrones, que habían abierto el camino para que los primeros pudieran llegar por tierra a cuatro leguas de Panamá, como habían hecho en enero, matando a muchos españoles y haciendo grandes crueldades con ellos, sobre todo con un religioso, según confesó un prisionero francés. Los corsarios se habían conjurado para robar Nombre de Dios cuando partiera la flota, así que, según la audiencia la seguridad en el Reino no se podría conseguir hasta que no hubiera una escuadra de galeras en la costa.

Drake y Testu se repartieron el botín, pero el francés, oliéndose que los ingleses querrían quitarles su parte no tardó en desaparecer de allí. Drake se fue a Cartagena y después de un pequeño combate se retiraron. Como decía Drake, él *no venía a ganar honra, sino hacienda*[28]. Llegaron a Plymouth el 9 de agosto de 1573.

Felipe II encolerizó. Aquello era un ataque al corazón de su Imperio. Es cierto que no había sido nada serio pero la osadía del pirata inglés en alianza con los cimarrones y los franceses hizo que el rey ordenara la salida de Pedro Menéndez de Avilés para que barriese todas las costas y las limpiase de corsarios.

En 1574 el cronista López de Velasco decía que había más de 3.000 negros cimarrones. En 1575 el oidor Alonso Criado de

26 AGI. Panamá, 33, n.95.

27 AGI. Panamá, 33, n.95.

28 Lucena Salmoral, M. *Piratas...*, p. 109.

Castilla hablaba de 2.500, lo que suponía un 44,5% de los negros[29]. Aquello era demasiado, teniendo en cuenta que ¡en Panamá había unos 500 vecinos y en Nombre de Dios unos 50!

Para Tierra Firme, en total, se calculaban unos 8.629 negros, un número muy superior al de los españoles[30]. Por todo ello la Corona en 1574 volvió a dar un giro radical en sus políticas en relación al cimarronaje. Se ofreció de nuevo a los esclavos huidos una amnistía si volvían motu proprio. Era la segunda, después de la de 1540.

El Rey, por cuanto Diego García Franco, en nombre y como Procurador General de la Provincia de Tierrafirme, nos ha hecho relación que muchos de los negros cimarrones, que andan huidos y alzados, hacen daños y robos en la dicha Provincia, se recogerían y reducirían al servicio de sus amos y a nuestra sujeción si no fuese por causa del temor que tienen del castigo que dellos se ha de hacer, conforme a lo que cerca dello está ordenado, y que si les mandásemos perdonar la pena en que caen se reducirían y vendrían de paz y al conocimiento de la Fe, de que nuestro Señor sería servido, y la dicha Provincia recibiría notable beneficio; y nos suplicó lo mandásemos proveer o como la nuestra merced fuese.

Y visto por los de nuestro Consejo de las Indias fue acordado que debíamos mandar dar esta nuestra carta, e nos hablémoslo tenido por bien, por ende, por la presente damos licencia, poder e facultad, a nuestro Presidente e Oidores de la nuestra Audiencia Real que reside en la dicha Provincia para que si dentro del término que asignaren y pusieren para en que puedan venir a obediencia y reducirse los dichos negros cimarrones, que como dicho es andan alzados en la dicha provincia, vinieren de paz y se redujeren, o algunos dellos, los puedan perdonar por una vez la pena o penas en que por razón de se haber ausentado y andado alzados, y haciendo los dichos daños, hu-

29 Hidalgo Pérez, M., p. 70 y 76.
30 *Ibid.* p. 77.

bieren caído e incurrido, y mandamos al dicho Presidente y Oidores y otras cualquier nuestras justicias de la dicha provincia que a los dichos negros que así vinieren a se reducir y se redujeren dentro del dicho término que les asignare, no les hagan ni consientan hacer mal ni daño alguno, y los reciban y amparen y defiendan, sin embargo de otra cualquier orden que en contrario haya, que nos para en cuanto a esto la damos por ninguna.

Y para que lo susodicho sea público y notorio mandamos que esta nuestra cédula sea pregonada en las ciudades de Panamá y Nombre de Dios, y en las otras partes de la dicha provincia donde conviniere. Fecha en el Pardo a doce de enero de mil y quinientos y setenta y cuatro años. Yo el Rey. Por mandado de S.M. Antonio de Eraso. Señalada del Consejo[31].

Las medidas suaves se combinaron con otras más represivas. El 22 de junio de 1574 las leyes establecían que si un esclavo huía más de cuatro meses –también si había sido raptado– quien lo encontrara se haría con su posesión si el amo no lo había denunciado. Si el que lo encontró no lo quería recibiría 50 pesos de plata ensayada y pasaría a ser posesión de la ciudad, que lo podría utilizar para atrapar a otros negros. Si fuera cogido por otro esclavo, los dos esclavos lo serían del mismo amo –no creemos que se llevaran muy bien después–. Quien ayudara a un cimarrón recibiría la misma pena que aquél. Si fuera una persona libre perdería la mitad de sus bienes, si fuera español implicaría destierro.

En 1575, ¿cuántos esclavos huidos se habían acogido a la amnistía de 1574? Tres personas[32]. Los intentos de pacificación que se le ofrecían a los cimarrones eran rechazados porque no creían en la palabra de los españoles. Cosa bastante lógica por otra parte. Ya habían podido ver cómo cumplían su palabra los españoles

31 Lucena Salmoral, M. *Leyes para esclavos…*, p. 751. El Pardo, 12 de enero de 1574.

32 Hidalgo Pérez, M., p. 75.

cuando se rindieron después de la campaña de Ursúa. Así que el rey volvía a pasar de establecer una amnistía a mandar que se les hiciera la guerra.

Por cuanto habiendo entendido los muchos daños, robos y muertos que han hecho y cada día hacen los negros cimarrones que han andado y andan alzados contra nuestro servicio en la provincia de Tierra Firme, y los corsarios que con ellos andan aliados, para obviar los dichos daños del hacer y castigar los dichos negros y corsarios habemos acordado de mandar se les haga guerra [...].

Primeramente, mandamos que ninguna persona de cualquier calidad que sea no sea osado de encubrir a ningún soldado de los que en la dicha guerra anduvieren, ni tenerle en su casa, ni escondido en el campo, y si llegare a algún hato o estancia, luego sea echado de ella y se dé noticia al nuestro Presidente de la nuestra Audiencia Real de la dicha Provincia o a nuestra justicia más cercana, o al general de la dicha gente, o a los capitanes, para que le prendan y sea castigado.

Así mismo mandamos que ningún español, mulato, ni mestizo, negro, ni zambaígo, esté sin amo en la dicha provincia de Tierra Firme, y ninguna persona sea osado a dar de comer a semejantes hombres, aunque sea en haciendas del campo, como no estén enfermos, sino que los que no estuvieren bien ocupados, sirvan en la dicha guerra o sean castigados.

Item. Que ningún negro horro[33]*, ni mestizo, ni mulato, ni zambaígo, traiga armas, arcabuces, ni ballestas, espada, ni daga, si no fuere sirviendo en la dicha guerra.*

Item. Mandamos que ningún español, ni negro horro, ni otra persona de cualquier calidad que sea, no encubra ningún negro, ni negra, que hubiere estado en el monte y se viniere por temor de la guerra, y el que lo encubriere incurra en pena de cien pesos por la primera vez, para la nuestra Cámara y para el denunciador y juez que lo sentenciare por tercias partes; y la segunda vez la pena sea

---

33 Libre.

doblada; y por la tercera, incurra en destierro de las nuestras Indias, y que los dichos negros y negras que así se vinieren del monte, se remitan luego al nuestro Capitán General de la dicha gente que en la dicha guerra anduviere, para que proceda contra ellos conforme al delito que hubiesen cometido y se pueda informar de ellos de lo que supieren[34].

La guerra continuó. En 1575 el oidor Alonso Criado de Castilla en la *Sumaria descripción del reino de Tierra Firme* decía que Panamá estaba asediada por los negros, y que estos tenían un líder. Andaban por el monte desnudos, decía Criado, con grandes arcos, flechas y unas «lancillas mayores que dardos y machetes». No usaban veneno en las flechas porque no lo conocían. Mataban a quien encontraban y hacían gran daño en estancias y en hatos de ganado. Eran muy violentos y peligrosos, pero más cuando se juntaban con franceses y con ingleses, de quienes se valían de sus armas.

Los ataques corsarios no paraban en las costas y en la boca de río Chagres. En 1577 le llegó el turno a John Oxenham, que había estado a las órdenes de Drake en 1572-73. Su intento era aliarse con los negros de Bayano, ya que ahora se llamaba así la zona donde antes habían estado los primeros cimarrones a las órdenes de aquel rey.

Oxenham salió de Inglaterra con 70 hombres, algunos de ellos veteranos de las jornadas de Drake, en una nave de 140 toneladas. Los ingleses llegaron a Puerto Faisán. El objetivo era restablecer la antigua alianza con los cimarrones de Bayano, sin embargo, ahora intentaron la alianza con otros cimarrones, aquellos que se encontraban en la zona de Portobelo y que estaban liderados por Luis de Mozambique[35], personaje del que hablaremos

34 Lucena Salmoral, M. *Leyes para esclavos...*, p. 767.San Lorenzo, 23 de mayo de 1575.

35 Fortune, A., p. 182.

más adelante. El presidente de la audiencia de Panamá, Gabriel de Loarte, informó a Madrid de esta alianza. También informó el capitán Diego de Frías Trejo, que participó en la guerra.

La opción de hacerse con la plata de los convoyes de recuas en el istmo desde la aventura de Drake se había convertido en una locura, porque las defensas se habían reforzado convenientemente, así que al inglés se le ocurrió dejar su barco escondido en la costa atlántica y cruzar el istmo para fabricar una pinaza en la mar de Sur y atacar la flota que llegaba de Callao a Panamá.

Atacar aquella flota era hacerse con el mejor bocado de la tarta. Como ya hemos dicho, Panamá era la frontera que enlazaba los mercados y las flotas del Pacífico sur y del Pacífico Norte. En el Pacífico Norte, tenía la máxima importancia la ciudad de Acapulco y el Galeón de Manila. Por el Sur, se había creado la Armada del Mar del Sur, que tendría su base en Callao y conectaría con Panamá, haciendo escalas en Trujillo y Paita. A la Armada se unía el navío del oro, proveniente de Guayaquil, con todos los caudales del Reino de Quito. La plata de las minas de Potosí se llevaba a El Callao desde el puerto de Arica y también todas las mercancías de Chile, a través del puerto de Valparaíso.

En teoría, la Amada de la Mar del Sur y la Armada de Galeones que salía de España debían sincronizarse para que llegaran al mismo tiempo a Panamá y Nombre de Dios, pero aquello no sucedió casi nunca. La plata permanecía meses en el istmo expuesta a los corsarios y lo que era peor, al saqueo de los comerciantes y las autoridades españolas[36].

Los ingleses escondieron su nave en Puerto Faisán, dejando con ella cuatro o cinco marineros para custodiarla. Los cimarrones llevaron a los ingleses hasta el río Balzas, que desembocaba en la mar del Sur, a la que llegaron en canoas. Pasaron el istmo desde Acla al Golfo de San Miguel en el territorio Bayano.

---

36 Lucena Salmoral, M. *La flota*..., p. 18.

Hicieron un campamento a orillas del río y construyeron un barco. Se embarcaron con seis negros como guías y siguiendo la corriente llegaron al Pacífico, siendo los primeros ingleses en navegar por aquellas aguas.

Capturaron dos naves que llevaban oro por valor de 170.000 pesos[37], causaron estragos en las Islas de las Perlas, robaron lo que pudieron, liberaron a 70 negros y regresaron al istmo. Desde el Perú el virrey mandó una expedición de castigo con 150 hombres, pero otra partida de soldados, liderada por Pedro Ortega Valencia, no les esperó y se adentró en el territorio Bayano. Los ingleses huyeron llevándose 80.000 pesos de oro, pero fueron perseguidos por los hombres de Valencia, que se encontraron en un río con 30 ingleses y 8 negros y se fueron a por ellos.

El fuerte donde estaban los ingleses fue tomado. Algunos ingleses murieron. Oxenham huyó al pueblo de los negros. En el palenque cimarrón los españoles encontraron más de 100.000 pesos, dinero que después sería repartido entre los particulares y las arcas reales.

Mientras, Trejo, que había sido enviado por el virrey, a pesar de que sabía que Valencia tenía todo más o menos controlado decidió avanzar.

Llegaron al Golfo de San Miguel y dieron con el palenque destruido, llamado Ronconcholón, plaza central de los cimarrones. Trejo capturó a Oxenham y a otros siete ingleses. Afirmó que cuando llegó al Ronconcholón los negros habían quemado el palenque, avisados de su llegada, pero desde la Audiencia de Panamá se decía que había sido quemado por los españoles enviados por la Audiencia al mando del capitán García de Melo.

Aparte de los ingleses capturados quedaban otros 34 ingleses más. En ocho meses de campaña recorrió Trejo la tierra capturando a diferentes ingleses y cimarrones, hasta que creyó que había acabado con la amenaza. Los ingleses fueron ajusticiados,

37 Fortune, A., p. 184.

excepto Oxenham y otros principales que fueron enviados al virrey. Oxenham sería ahorcado más tarde.

Después de esta victoria y el ataque inglés de 1577 se reactivaron las campañas contra los cimarrones de Bayano. Como había sucedido también en 1573, después de la campaña de Drake, también se reactivaron las estrategias de pacificación.

En 1577 el territorio Bayano era grande, cubría gran parte de la zona este del istmo desde el río Chepo, tanto en la zona sur como en la zona Norte. Muchos esclavos se dirigían hacia allí desde la Mar del Sur.

Después de destruir Ronconcholón y otros palenques los cimarrones se dividieron por la zona buscando dónde asentarse. El cimarronaje no había acabado, pero sí la unión entre los cimarrones y los corsarios, como se demostraría en 1596 con el siguiente ataque de Francis Drake. De hecho, Oxenham declaró después que los negros les trataban mal, que no les daban comida ni vestidos. Según la versión de los españoles los cimarrones habían salido escaldados de su alianza con los ingleses por todos los desastres que les habían producido. Según el presidente Loarte, quizá los propios cimarrones habían acabado con los ingleses huidos o estos habrían muerto «consumidos por la tierra»[38].

Después de la campaña de Oxenham el presidente interino de Panamá Don Juan López de Cepeda afirmaba que tener una colonia de cimarrones cerca de la ciudad era vivir bajo una constante amenaza de asalto, afirmaba que era como caminar sobre barriles de pólvora[39].

En 1579 nos encontramos ya con diferentes zonas diferenciadas de asentamientos cimarrones: la zona de Bayano, la de Portobelo y la de Cerro de Cabra, que no se relacionaban entre sí.

Los cimarrones de Portobelo ya existían como comunidad a principio de la década y tenían un rey, ya lo dijimos antes,

38 Hidalgo Pérez, M., p. 75.
39 Fortune, A., p. 184.

llamado Luis de Mozambique. Vivían entre Nombre de Dios y la futura Portobelo, que se fundaría cuando Drake destruyera Nombre de Dios. Estaban cerca de Nombre de Dios, y tenían el río Chagres como frontera. También habían ayudado a Drake en 1572-73.

Con la campaña de Trejo en 1577 en Ronconcholón muchos negros de Bayano habían huido, se habían dispersado y habían llegado a la zona de Luis de Mozambique. Según Trejo, su campaña también había creado fuertes desavenencias internas entre los negros de Bayano, diferenciándose los que apoyaban la alianza con los ingleses y los que no. Entre los primeros se encontraba Antón Mandinga, que era el capitán y caudillo principal de Bayano que negoció la alianza con Oxenham, aunque el rey de Bayano en aquel momento era Domingo Congo. Parece que Mandinga estaba por debajo de la autoridad de este. Congo estaba en Ronconcholón y se arrepintió de la alianza con los ingleses.

El otro gran palenque, el de Portobelo, era de difícil acceso, rodeado de ciénagas y ríos, un poblado con mejores defensas naturales que el de Bayano. Los cimarrones controlaban el monte, los españoles se veían incapaces de competir con ellos, así que iniciaron procesos de negociación en las tres zonas: Portobelo, Bayano y Cabra.

La primera zona donde los españoles negociaron fue en Bayano, en 1579, para después empezar las negociaciones con los negros de Portobelo. Ambas negociaciones, que se superponen en el tiempo, fueron comenzadas por la iniciativa de los españoles, que sencillamente pensaban que les era imposible acabar con ellos por las armas.

Los españoles pensaban que como ahora estos cimarrones de Bayano eran grupos más pequeños y disgregados sería más fácil su reducción, pero estaban equivocados. Las autoridades de la Audiencia enviaron a sus esclavos como intermediarios en las negociaciones con los de Bayano. Estos, enviaron un interlocutor a la ciudad. Después, la Audiencia envió a Pedro Ortega Valencia a negociar con los cimarrones en Venta de Chagre. Entre la delegación de los cimarrones que llegó para hablar con Valencia había dos indios, lo que muestra la coexistencia entre los negros y los indios, más allá de sus propias guerras.

Se envió a Valencia junto a un clérigo que era «querido por los negros» al Real de San Miguel, a 40 leguas de la ciudad, en territorio Bayano, para verse con el rey de los cimarrones. Valencia les propuso la libertad, bajo una serie de condiciones. Si las aceptaban debían moverse a un nuevo emplazamiento para poblarlo bajo el control de los españoles, además de que se debían comprometer a capturar a los negros fugados desde abril de 1579. Los españoles oían rumores de la vuelta de Drake y tenían miedo de una nueva alianza entre los rebeldes y los ingleses. No se podía reparar en gastos.

Sin embargo, las conversaciones no llegaron a buen puerto. La confianza de los negros en los españoles debía ser nula o muy poca, porque los cimarrones prometieron una respuesta y se marcharon a sus palenques. Pasaron los días, y nadie respondió.

Dos meses después, la Audiencia resolvió volver a la guerra, así que otra vez Pedro Ortega Valencia se puso en marcha junto a 200 soldados con la esperanza de pacificar a los negros de Bayano. Esperaba Valencia que a los de Bayano les influyeran las negociaciones que en ese momento se estaban dando con los cimarrones de Portobelo. Se esperaba que si se pacificaba a los de Portobelo esto podía hacer rendirse en los demás.

El tercer grupo de los cimarrones era el de Cerro de Cabra, el menos numeroso y más fácil de pacificar. Sin embargo, cercanos a Panamá, sembraban allí el terror. Los españoles les prometieron un indulto y la libertad si se reducían. Los cimarrones accedieron, se arrodillaron frente al oidor y este firmó el auto de libertad el 16 de mayo de 1579. Eran solamente cinco personas, que si no eran toda la comunidad sí los más importantes a efectos organizativos. Probablemente no consiguieron vivir en absoluta libertad.

El 11 de marzo de 1579 se iniciaron las negociaciones con los cimarrones de Portobelo. Aquellos rebeldes eran peligrosos, sobre todo en el Camino Real. Ponían en peligro el tesoro y también la vida de las personas. No eran tantos como los de Bayano, pero tenían la ventaja de que el territorio les favorecía, porque aquellos escarpados montes hacían muy difícil su captura. Serían cerca de 500[40].

Los españoles afirmaban que habían sido los negros los que habían dado el primer paso para establecer las negociaciones. Enviaron emisarios negros para pedir que un español fuera «al campo», a entrevistarse con ellos. Se eligió a Manuel Criado de Castilla, hermano del oidor.

A aquellas negociaciones fueron 18 negros, que después fueron llevados a la Real Audiencia. Se les trató cortésmente y se les dio ropa. Después, estos 18 negros debían llegar con los demás y firmar el pacto. Posteriormente se les diría dónde podían poblar. Si aquellas negociaciones daban fruto, como decía la Audiencia, *la plata del Perú estaría asegurada*[41].

Los negros de Portobelo aceptaron el trato y se selló la paz.

Los tres procesos se llevaron a cabo paralelamente aquella primavera de 1579. En Bayano se había fracasado. La guerra contra los cimarrones se calculaba que costaba a las arcas reales un millón de pesos[42], así que se decidió no seguir con la opción de la guerra que había ordenado por una cédula de mayo de 1578 Felipe II.

El presidente Cepeda creía que la paz en Portobelo también traería la paz en Bayano y en el resto de las comunidades negras. Los negros de Portobelo serían libres –aunque sujetos a la Coro-

---

40 Hidalgo Pérez, M., p. 133.
41 Hidalgo Pérez, M., p. 136.
42 *Ibid.* p. 140.

na– y se incorporarían a las filas de Pedro Ortega Valencia contra los negros de Bayano, que dos meses después seguían sin decir esta boca es mía después de haber prometido que darían el sí a la reducción.

La esclavitud seguiría, pero aquello era una oportunidad para acabar con un problema serio.

La villa de Santiago del Príncipe, asignada a los negros de Portobelo, fue fundada en el otoño de 1579. Los negros serían libres por ley, pero no tendrían libertad de movimientos ni de acción. Los antiguos esclavos prometían a los españoles lealtad, obediencia, aceptar su control, vivir en paz bajo el cristianismo y combatir a los enemigos del rey, lo que significaba sobre todo defender Nombre de Dios de los corsarios.

Para 1580 la zona estaba pacificada, pero el recelo de los españoles de una nueva alianza entre los corsarios y los ingleses nunca cesaría. Santiago del Príncipe se había concebido como un presidio –un fuerte militar–, que en 1580 había pasado de 30 a 20 soldados españoles[43]. Los antiguos cimarrones debían perseguir a otros cimarrones y también a los corsarios ingleses y franceses. Juan de Tejada quedaba como Justicia Mayor de la villa y Luis de Mozambique como gobernador, supeditado al primero.

También ayudaban los antiguos cimarrones de Cerro de Cabra, que se habían establecido en la misma Panamá y servían como soldados. Los de Santiago del Príncipe tenían prohibido ocultar negros huidos de Nombre de Dios bajo pena de 100 azotes.

Los cimarrones de Bayano debían sentirse desconcertados. La villa de Santiago del Príncipe sería una baza principal en la reducción de los de Bayano por su ayuda militar pero también por la imagen ideal de la villa que se proyectó por la zona.

Los de Bayano nunca se presentaron ante Pedro Ortega Valencia. En 1581 volvía el miedo a los españoles por los rumores de

43 *Ibid.* p. 259.

una nueva alianza militar entre cimarrones e ingleses. ¿Por qué los de Bayano no se habían reducido dos años antes? ¿Por una posible alianza con los ingleses, que habían prometido volver? ¿Por las diferencias que existían en la comunidad de cimarrones? Ahora se pensaba que era porque no se había cumplido lo que se les prometió después de la campaña de Ursúa o de Valencia. Otros pensaban que Valencia no había hecho todo lo necesario para reducirlos a la paz, pero otros creían que había un nuevo culpable, un negro llamado Antón Marchena. Aquello, por lo menos, lavaba la imagen de Pedro Ortega Valencia, un personaje bien visto entre el pueblo.

Por aquel tiempo los negros de Bayano tenían en contra la misma pacificación de los negros de Portobelo y también a los indios cueva, que vivían en el mismo territorio de los cimarrones y que ahora eran aliados de los españoles. La única oportunidad de los de Bayano, quizá, pasaba por la alianza con los ingleses, pero un grupo de unas 24 personas a las que después se unieron otros, liderados por Juan de Angola, se acercaron en febrero de 1581 al Real de San Miguel –antiguo sitio de negociación– y solicitaron, según la versión del presidente López de Cepeda, la paz.

La idea de Cepeda era darles a los que quisieran dejar las armas un sitio para poblar, pero no tan ventajoso como Santiago del Príncipe, como castigo por haber fallado anteriormente a la promesa de paz.

En diciembre de 1581 se pensaba que quedaba poco para el fin de la guerra. Se habían capturado algunos negros y otros se habían adentrado en territorio de indios enemigos de cimarrones. Antón Mandinga había ido con otros muchos al Real de San Miguel para retomar las conversaciones de paz.

En abril de 1582 se informaba a Felipe II de la paz, de la seguridad del territorio y también de la seguridad del Tesoro. Se envió a Pedro Ortega Valencia a buscar a los cimarrones y traerlos a la ciudad para que fueran a poblar el sitio que se les asignara. El oidor Alonso Criado de Castilla ordenó a Valencia que los llevara a Panamá, él mismo los recibió en la Real Audiencia.

> *Llegados al dicho Señor Doctor soltando las armas de las manos todos los dichos negros y postrándose por el suelo en nombre de su Majestad hicieron vasallaje con mucha humildad y alegría a los cuales el dicho señor doctor les acogió tratándoles con amistad y alago y agradeciéndoles el ofrecimiento de paz con que venían*[44].

La primera lista de reducidos de los cimarrones de Bayano se redactó en 20 de enero de 1582. Eran 184 personas, entre los que se encontraban 19 indios y 11 zambahigos.

Los de Bayano poblaron Santa Cruz la Real. Eran unas 300 personas, a tres leguas de Panamá, lejos de los montes de Bayano para su mejor control.

A estos antiguos cimarrones se les encomendó encontrar un nuevo camino entre Panamá y Nombre de Dios porque el camino Real se había convertido en un camino bastante intransitable. Como en la villa de Santiago del Príncipe, debían obediencia a la Corona y tendrían un control social fuerte. Se les dejó elegir jefe, y lo hicieron en la persona de Juan Jolofo. El capitán español Juan de Magan quedó como intermediario entre la Real Audiencia y los antiguos cimarrones, quedando como gobernador y justicia mayor de la villa.

Si lo principal para la reducción de Santiago del Príncipe había sido el daño que hacían en el Camino Real, en caminos y ciudades en general, para la reducción de Bayano fue la amenaza de la unión con los ingleses. Sin embargo, en aquellos momentos lo más importante era acabar de una vez por todas con el problema del cimarronaje, así que el capitán español, acompañado de otros negros, fueron en busca de otros cimarrones. Los españoles se habían encargado de difundir una imagen próspera de

44 Hidalgo Pérez, M., p. 274.

Figura 8. Batalla de Iñaquito y muerte del virrey Blasco Núñez Vela en 1546. Grabado de *Historia General de las Indias*, de Francisco López de Gómara (1554).

las dos ciudades de Santa Cruz y Santiago del Príncipe, aunque realmente eran bastante pobres.

Por aquellos días todo parecía controlado. El cabildo de Panamá, en abril de 1582, se congratulaba de que se había podido acabar con el problema del cimarronaje y le daba las gracias a Felipe II.

Ha sido y es tan grande la merced que de V.M. ha recibido este reino de Tierra Firme, vecinos y moradores del presente y futuros, en mandar V.M acabar por guerra a su costa los negros alzados cimarrones que tanto le han molestado que ni los presentes lo sabremos decir cómo ello es ni los venideros lo sabrán conocer por no haber visto el desasosiego y daños que han causado[45].

45 AGI. Panamá, 30, n.21.

Sin embargo, la alegría duró sólo unos pocos años porque se volvieron a ver banderas negras en las aguas. Los ingleses volvían a aparecer y a infundir el terror.

9

ALONSO DE SOTOMAYOR CONTRA FRANCIS DRAKE. LA DEFENSA DE UN IMPERIO

El siete de septiembre de 1595 partió de Plymouth una armada inglesa con la orden, una vez más, de atacar las posesiones españolas. Estaba liderada conjuntamente por los generales Drake y Hawkins. Por tanto, se componía de un liderazgo conjunto, lo que a la postre sería el primer error de los ingleses. Las tropas de tierra estaban al mando a Thomas Baskerville. En aquella ocasión, como Drake dijo a su gente, no iba a la guerra *como ladrón de noche, sino como general de día*[1].

La flota inglesa era la más poderosa que había cruzado el Atlántico para atacar las posesiones españolas. Era muy superior a la que había saqueado Cartagena y Santo Domingo en 1586: se componía de seis galeones reales más 22 naves de diferentes tamaños y muchas barcazas desmontables que habían sido ideadas por el mismo Drake. Acompañaba todo ello unos 2.500 hombres entre soldados y marineros.

Rápidamente aparecieron las diferencias entre Hawkins y Drake sobre qué debían hacer. Drake quería atacar las islas Canarias antes de dirigirse a las Indias, pero Hawkins pensaba que aquello era un error. Si atacaban las Canarias se perdería el factor sorpresa, que estimaba principal en la operación. Sin embargo, Baskerville se puso de lado de Drake y aseguró que conquistaría la isla de Gran Canaria en pocas horas, por lo que Hawkins tuvo

1 Fernández Duro, C. *Armada*. Tomo III, p. 106.

que acceder. El 6 de octubre llegaron al puerto de Las Palmas y lo atacaron. No tomarían la isla ni en pocas horas ni en pocos días ni nunca, y el fracaso en la campaña se saldó con más de 40 muertos y muchos heridos.

Mientras, los navíos de aviso españoles surcaron las aguas en pos de las principales plazas americanas, para dar noticia de la amenaza que se cernía sobre ellas.

A principios de marzo habían salido juntas de La Habana las flotas de Tierra Firme y la de Nueva España, pero al desembocar en el Canal de las Bahamas les cogió un gran temporal y la Capitana, *Nuestra Señora de Begoña*, que iba comandada por el general Sancho Pardo, se quedó sola y tuvo que volver a Puerto Rico, a donde llegó con grandes dificultades.

Felipe II despachó cinco fragatas de última generación al mando de don Pedro Tello de Guzmán, ligeras y maniobrables, bien artilladas, con la orden de ir a las Indias, embarcar a Sancho Pardo y el Tesoro y volver a España rápidamente.

Los ingleses también habían tenido noticia de aquello y decidieron ir a Puerto Rico a intentar hacerse con aquel tesoro, que se estimaba en unos 3 millones de ducados[2]. Las fragatas de Don Pedro llegaron al mismo tiempo que la armada de Drake y en la isla Guadalupe se toparon con la retaguardia de los ingleses. Combatieron contra siete –nueve dicen otras fuentes– de los buques ingleses y apresaron el navío *Francis*, que contaba con 70 tripulantes, de los que 25 fueron hechos prisioneros. Por ellos se enteraron los españoles que la armada de Drake estaba en el puerto y que su primer objetivo era dirigirse a Puerto Rico para hacerse con el galeón *Nuestra Señora de Begoña*, así que las fragatas de don Pedro forzaron las velas y llegaron a Puerto Rico el 19 de noviembre[3].

---

2 *Ibid.* p. 107.

3 *Ibid.* p. 108.

La ciudad se preparó para la defensa, que contaría en esta ocasión con los 700 hombres del alarde de la ciudad más los 800 de las dotaciones del galeón de Sancho Pardo y las fragatas de Tello de Guzmán, además de la experiencia de sus generales y la artillería de todos aquellos buques[4]. En Puerto Rico había 60 cañones en el puerto, y también 9.000 milicianos[5].

El miércoles 22 de noviembre aparecieron ante la ciudad 23 velas enemigas, precedidas de una carabela y 40 lanchas[6]. Los ingleses llegaron a Puerto Rico y la cañonearon. Aquel día murió Hawkins, que venía muy enfermo. Varias relaciones españolas hablan de la muerte de Hawkins por una bala de los españoles, pero las fuentes inglesas hablan de muerte natural. Puerto Rico estaba mejor defendida que 20 años antes, Drake pudo comprobar que los españoles habían aprendido la lección y habían establecido un cinturón defensivo potente en las grandes plazas.

Después de tres días Drake desistió de atacar la ciudad por más tiempo y los corsarios pusieron rumbo al Cabo de la Vela. Tello de Guzmán salió el 20 de diciembre en dirección a la Península, dejaría el Tesoro en España sin novedad.

Los ingleses salieron escocidos de Puerto Rico y se dirigieron a Riohacha. Cuando los vecinos vieron venir a los ingleses se escondieron en el monte mientras que su gobernador, Francisco Manzo de Contreras, establecía negociaciones con los corsarios. Contreras, muy astuto, prolongó las conversaciones con Drake quince días con mucha habilidad. El gobernador envió al oidor de Santo Domingo Bravo de Acuña a tratar con el inglés sobre el precio del rescate de los puertos y de las perlas con el fin de entretenerle, hasta que se pudiera dar aviso a Panamá y Cartagena de la presencia del enemigo. Cuando el gobernador entendió que ya se habían producido los avisos le dijo a Drake que no

4 *Ibid.* p. 108.
5 Lucena Salmoral, M. *Piratas...*, p. 123.
6 Fernández Duro, C. *Armada*. Tomo III, p. 108.

tenía poderes para rescatar nada sin orden del rey y que además los vecinos no estaban dispuestos a dar sus perlas.

Despechado, Drake le pegó fuego al pueblo y salió hacia Santa Marta, que también fue incendiada, llevándose todas las canoas y negros que pudo[7].

Después la armada se dirigió a Cartagena, pero al ver las defensas que había preparado el gobernador Pedro de Acuña, el inglés se lo pensó dos veces y pasó de largo. Drake sabía que Acuña ya le había defendido el puerto de Cádiz valerosamente con cuatro galeras. Acuña tenía preparada una galera y otra que estaba en construcción que podría estar lista en quince días. Había una compañía de pan y agua que contaba con unos 200 hombres, sin contar a la gente de tierra repartida en cinco compañías de unos 120 o 130 hombres bien armados, aparte de más gente que esperaba que llegara de tierra adentro.

También había dos fuertes y una trinchera con cuatro piezas de artillería donde pensaban podrían desembarcar los ingleses. Además, Acuña se había juntado con los capitanes y oidores y había sacado la hacienda de la ciudad junto a las mujeres y los niños, llevándolos a la montaña. Sólo había dejado en Cartagena a los que pudieran empuñar armas, y había echado un bando dejando claro que a quien abandonase la ciudad se le ejecutaría, para lo que se puso dos horcas y guardas en los caminos de salida de la ciudad[8].

Los ingleses ya llevaban dos reveses serios, en Canarias y Puerto Rico. Un tercer desastre ya sería para Drake demasiado doloroso antes de empezar la verdadera campaña, que no era otra que establecer una base permanente en Panamá. Drake pasó de largo de Cartagena y se centró en su objetivo. Aquel istmo ya era conocido por Drake, que esperaba una nueva alianza con los cimarrones para asestar un golpe espectacular a la monarquía del rey Prudente.

---

7 Caro de Torres, F., p. 62.

8 AGI. Patronato, 258, N.7, G.2, R.1

La Audiencia de Panamá había tenido aviso por reales cédulas que llegaron de España, de 8 de marzo y de 14 de junio de 1595, que una gran armada se estaba formando en Inglaterra y que se componía de generales de mar y tierra.

El presidente de la Audiencia de Santo Domingo, Lope de Vega, había mandado una carta a Cartagena el 19 de noviembre de aquel año, donde avisaba del peligro y hacía referencia de otra carta que les había llegado del gobernador de Puerto Rico y de Sancho Pardo, que habían sido escritas el día 13, por las que se supo cómo había llegado a la isla el General Pardo en busca de la plata del rey y que en la isla de Guadalupe se había encontrado con dos navíos ingleses. Había hundido uno y se había hecho con 26 prisioneros a los que, después de haberles dado tormento, les había sacado la información sobre la armada de Drake y sus planes. Estando en estas diligencias habían aparecido 10 o 12 navíos enemigos y las fragatas españolas se habían largado rápidamente a Puerto Rico[9].

Todo esto se había sabido en la Audiencia de Panamá. Además, los ingleses habían sido descubiertos en el Cabo de la Vela por una fragata que venía de Maracaibo y la misma Audiencia había recibido otro aviso de Cartagena por una carta de 11 de diciembre detallando cómo los ingleses habían saqueado Riohacha, Santa Marta y que se dirigían a Cartagena y Panamá.

Por todo ello la Audiencia dio aviso al virrey el Marqués de Cañete[10] para que enviase bastimentos y municiones, que hacían mucha falta. La única prevención que se hizo en Panamá fue avisar al virrey diciéndole que en Panamá no había presidente ni quien pudiera gobernar en las cosas de guerra y que estaba falta de gente y de municiones. La audiencia suplicaba socorro contra la gran armada que esperaban.

9 AGI. Panamá, 14, R.12, N.68.

10 Octavo Virrey del Perú. García Hurtado de Mendoza, virrey entre enero de 1590 y junio de 1596.

El virrey le encargó la defensa a Alonso de Sotomayor[11] con título de capitán general, que era lo que podía darle. Le dio también una galizabra del rey y algunos pertrechos, con los que llegó a primeros de diciembre.

La ciudad estaba gobernada por los oidores. El más antiguo era Juan del Barrio de Sepúlveda. Sotomayor llegó y presentó las credenciales del virrey, pero los oidores se negaron en un principio a obedecerle. El doctor Del Barrio comenzó a hacer alarde de la gente de la ciudad alistada en tres compañías de infantes y una compañía de caballos. Salió también con insignia de capitán general y maestre de campo Hernando de

11 Alonso de Sotomayor nació en Trujillo (Extremadura) en 1546. Era descendiente de Don Gutierre de Sotomayor, maestre de la orden de Alcántara y fundador de los condes de Belalcázar, que en 1620 eran Duques de Béjar, Marqueses de Ayamonte y Villamanrique (Caro de Torres, F., p. 39). Se crio en Madrid, a los 15 años partió para el socorro de Malta y quedó en Sicilia con plaza de soldado. Fue como tal con el Duque de Alba a Flandes en la rebelión de los holandeses de 1567, donde sirvió. Le fue encomendada por el Duque una compañía de soldados de los tercios viejos. Guió al mismísimo Don Juan de Austria, Gobernador de Flandes, desde París –donde había llegado disfrazado– a Bruselas. Después fue merecedor del hábito de Santiago. Alonso se ofreció para la campaña de Portugal, pero llegado a Badajoz se le ofreció la gobernación y capitanía general de Chile, para lo que se le dieron 600 hombres con los que podía intentar la pacificación de la zona. Fueron con la armada de Flores Valdés, que por circunstancias tuvo que amarrar en las costas de Brasil, desde donde empezaron el camino con gran esfuerzo hasta Santiago de Chile. Siguió la guerra una década hasta que el Virrey García Hurtado de Mendoza, Marqués de Cañete, le llamó al Perú. Dejó a Alonso García Ramón como maestre de Campo y estando en Lima se enteró que le habían ofrecido el cargo de Gobernador de Chile a Martín García de Loyola. Se le hizo a Sotomayor un juicio de residencia del que salió bien parado y después volvió a Lima con la intención de volver a España, pero tuvo allí la noticia de la campaña de Drake para saquear Panamá, a donde fue por orden del Virrey. Después de esta campaña volvió a Portobelo y fue nombrado de nuevo Gobernador de Chile en 1604, pero rehusó el cargo. Accedió al Consejo de indias y en 1609 fue el encargado de dirigir la expulsión de los moriscos del Reino de Granada. Murió en 1610, no queda claro si en Sevilla o Madrid.

Berrio, que llevaba muchos años en el puesto, aunque ahora se encontraba enfermo[12].

Sotomayor, no queriendo empeorar más las cosas, se ofreció como simple soldado y se puso a disposición de la Audiencia para lo que hiciera falta, pidiendo al secretario Pedro González Renjel, eso sí, que quedara todo reflejado por escrito[13]. No pasó mucho tiempo de aquello cuando llegó el aviso de Cartagena que hablaba de la aventura de Pedro Tello de Guzmán, por lo que los oidores decidieron proveer como capitán general del reino a Alonso de Sotomayor, habían cambiado de parecer entre otras razones porque el maestre Hernando del Berrio no estaba en condiciones de actuar.

La Audiencia proveyó sacar dinero de la Caja Real y entregársela al factor de la Real Hacienda Diego Ortega de Funes, con el fin del reclutar gente y sacar los bastimentos necesarios para que se distribuyeran convenientemente.

Sotomayor echó diferentes bandos para que la gente que quisiera alistarse pudiera cobrar su paga. Nombró como capitanes a Mateo de Rivera, Pedro Ramírez de Quiñones y Juan Enríquez Conebit –un flamenco que había estado con Sotomayor en Flandes y Chile[14]–. Como maestre de campo nombró a Jerónimo de Zuazo Casasola, alguacil mayor de la Real Audiencia –que moriría siendo caballero de Santiago y gobernador de Cartagena–, y también formó una compañía de negros horros, muy provechosa y eficaz –decía Caro de Torres– porque trabajaban bien y servían en la guerra como gastadores.

Por los avisos que había tenido, la Real Audiencia había levantado ochenta hombres de guerra antes de que se nombrara a Sotomayor capitán general, y había enviado a cincuenta de ellos a la boca del río Chagres y treinta a Nombre de Dios, pero al

12 Caro de Torres, F., p. 56.

13 *Ibid.*

14 *Ibid.* p. 57.

cabo de tres meses sin noticias del enemigo se había despedido a la mayor parte de ellos[15].

Sotomayor levantó gente en Panamá, pero también en la provincia de Veragua, en las ciudades de Mata y Cubita y en Villa de los Santos, para que, avisados por la gente de la Audiencia, se fuesen a Panamá o a las Ventas del Chagres, que iba a ser la plaza de armas central.

Envió al capitán Ramírez de Quiñones a Nombre de Dios con su compañía en ayuda del alcalde mayor de la ciudad Diego Juárez de Amaya y a Mateo de Rivera con la suya a Portobelo[16].

Como Caro de Torres cuenta, desde hacía años Felipe II había decidido fortificar los principales puertos de las Indias y pasar el de Nombre de Dios a Portobelo, para lo que se había enviado al maestre de campo Juan de Tejeda, a Francisco de Valverde y Bautista Antonelli, ingeniero militar del rey, quienes reconocieron los puertos y volvieron a Madrid con los informes para que el rey diera la orden de empezar las obras.

Se proveyó como comisario de la fábrica a Francisco de Valverde y se encargó al oidor Diego de Villanueva Zapata y a Antonelli que prepararan el desalojo de Nombre de Dios y proveyeran de todo lo necesario en Portobelo, que se convertiría en el nuevo puerto para las descargas de las flotas, y que contaría con las defensas de las fortificaciones planificadas por Antonelli y Tejeda, lo que ya se había empezado a ejecutar por ellos aunque con muchos contratiempos[17]. Hicieron una trinchera cerca del puerto o desembarcadero y señalaron los lugares donde tenían que ir las casas y las bodegas de los vecinos de Nombre de Dios, que debían, obligatoriamente, mudarse allí. Sin embargo, las disposiciones reales no gustaron a los vecinos de Nombre de Dios. No querían mudarse, pretendían que lo que se fortificase

15 AGI. Panamá, 14, R.12, N.68.
16 Caro De Torres, F., p. 57.
17 *Ibid.* p. 58.

mejor fuera la propia ciudad de Nombre de Dios, aunque veían que poco a poco se iba desmontando con la ayuda de negros jornaleros del rey[18].

El general se quiso informar por la gente del lugar de los mejores lugares para la defensa del Reino, pero las opiniones fueron muchas y muy diferentes así que decidió ir él mismo en persona. Dejó en Panamá a los hombres de la Real Audiencia para que fueran disponiendo lo que él les fuera ordenando y salió de Panamá el 26 de diciembre junto a Jerónimo de Zuazo, el ingeniero Antonelli, Francisco Valverde de Mercado –factor y veedor de la Real Audiencia del Reino de Nueva España– y los capitanes Miguel Ruiz de Elduayen, que había sido muchos años factor de la Real Hacienda, y Hernando de Ocampo, a quien nombró su capitán de aventureros. También fueron Francisco Caro de Torres, autor de la relación avanzamos aquí, eclesiástico que había estado en la batalla de las Terceiras, y algunos soldados, entre los que se encontraban veinte soldados «morenos horros».

La idea de Sotomayor era dirigirse al camino de Nombre de Dios y de ahí pasar al río Chagres, que era por donde se esperaba que fuera Drake con sus lanchas, hasta llegar a Casa de Cruces, que estaba a seis leguas de Panamá en un camino bastante llano.

Al día siguiente llegaron a Venta de Chagre, donde se quedaron Zuazo y Valverde. Sotomayor siguió por el Camino Real para reconocer los mejores lugares que se podrían fortificar si los ingleses querían atacar siguiendo el camino desde Nombre de Dios, lo que iba discutiendo con Antonelli y sus capitanes.

En la Venta de la Quebrada reconoció una loma que se llamaba Capirilla, *que estrechan dos quebradas de grande profundidad, de manera que atravesando unos maderos se podía impedir el paso con cualquiera fortificación*[19]. Tomó nota de este sitio, así como de los demás lugares que podían ser a propósito para la

18 *Ibid.* p. 59.
19 *Ibid.* p. 19.

defensa hasta llegar a Nombre de Dios, ciudad donde se encontraba a Diego Juárez de Amaya, alcalde mayor.

Cuando Sotomayor llegó a Nombre de Dios confirmó que el puerto no tenía defensa alguna, así que mandó a Juárez de Amaya que hiciese retirar de allí a los que no podían luchar, a las mujeres y los niños y que sólo se quedase con la gente que pudiera defender la ciudad. Le dio orden de que si los ingleses entraban por allí, les resistiese lo que pudiese y que después se retiraran al campo. Podría replegarse fortificándose en un lugar llamado de las Lagas, o allí donde mejor le pareciese, que él le enviaría gente con el capitán Ramírez de Quiñones, con quien debía gobernarse de mutuo acuerdo.

Estando en Nombre de Dios le llegó el aviso del gobernador Francisco Manzo de Contreras, carta en la que le informaba de que los ingleses estaban en Santa Marta y en Riohacha para hacerse con los cargamentos de perlas. Le enviaba aviso para que a su vez se avisara a Panamá, porque Contreras entendía que la intención de los ingleses era entrar por el río Chagres.

De Nombre de Dios Sotomayor y su gente se fueron a Portobelo, no sin antes dejar encargado a Juárez de Amaya que todos los barcos de allí se enviasen rápidamente al río Chagres. En Portobelo estuvo dos días, donde pudo comprobar que como en Nombre de Dios no había defensas para una armada tan poderosa como la que traían los ingleses, así que mandó que se retirasen los bastimentos y las municiones y que el capitán Mateo de la Rivera permaneciese en la trinchera que había construido el ingeniero Antonelli. Si aparecían los navíos ingleses, si no fueran más de dos –le dijo–, debía defender el puerto, pero que si fuesen más debía retirase con su gente.

Desde Portobelo envió aviso a Jerónimo de Zuazo, que estaba en Venta de Chagre, comunicándole que si apareciese en el puerto de Nombre de Dios la armada enemiga enviase rápido al capitán Juan de Enríquez con cuarenta o cincuenta hombres a la loma de Capirilla, que se encontraba a un cuarto de legua antes de llegar a la Venta de la Quebrada en el camino Real de Panamá a Nombre de Dios, para que en el paso angosto con barrancos a ambos lados que había decidido con Antonelli se fortificase y les defendiese la entrada a los ingleses.

Después mandó Sotomayor que se pertrechase la Casa de Cruces. Acto seguido él, Antonelli y los capitanes Elduayen y Ocampo se dirigieron a la boca del río Chagres, acompañados de algunos capitanes más, soldados, y los oficiales carpinteros que halló en Portobelo.

Mientras, Jerónimo de Zuazo ordenó al capitán Juan Enríquez lo que le había mandado el general. Enríquez y su compañía partieron a Capirilla al mismo tiempo que Sotomayor y los suyos inspeccionaban la boca del río Chagres. En aquella zona era imposible un ataque a los ingleses porque la salida del río era muy ancha, desde las riberas no se podrían atacar las lanchas enemigas con arcabuces así que decidieron ir subiendo por el río para encontrar un lugar adecuado de defensa. Ascendieron hasta la mitad del río, donde descubrieron un lugar más angosto. Aquel sitio era para el general y Antonelli el lugar más propicio para colocar dos plataformas de madera a ambos lados del agua con piezas de artillería que les debían traer desde la Casa de Cruces, y también donde colocar arcabuces y una cadena que atravesase el río. Sería aquel lugar defendido por la compañía del Antonio Carreño. Era el seis de enero de 1596, y fue cuando llegaron los avisos que el enemigo se encontraba en Nombre de Dios.

Por las costas de Nombre de Dios los antiguos cimarrones actuaban de centinelas. Serían los que avisaron de la llegada de Francis Drake en 1596. Juan de Tejada, Justicia Mayor de Santiago del Príncipe, era a quien se había encargado la militarización de la zona a finales de 1595.

El día de Reyes de 1596 se avistaron cuarenta velas. La población civil fue evacuada y la ciudad de Nombre de Dios fue defendida por Juárez de Amaya y sesenta soldados. Los ingleses fueron guiados por un mulato, llamado Andrés Amador, que les condujo a la ciudad. Allí, los españoles pudieron ofrecer alguna resistencia, pero tuvieron que huir finalmente a la sierra de Capira.

En Venta de Chagre Jerónimo de Zuazo tuvo noticia del ataque inglés en el puerto de Nombre de Dios y envió una canoa río abajo para avisar a Sotomayor. A las tres de la tarde llegaron avisos de cómo el enemigo había tomado la ciudad y Amaya se había retirado al camino, aun río que llamaban Panamá[20]. De aquello también sería avisado después Sotomayor por carta de Jerónimo de Zuazo.

Nombre de Dios fue saqueada, sufriendo los desmanes de los ingleses.

En Panamá se respiraba un ambiente de tensa calma. La Audiencia tenía noticias de que los ingleses habían seguido a la gente del alcalde Amaya pero que temiéndose que les pudieran coger por la espalda se habían retirado al río que llamaban la Legua. Después había llegado otro aviso informando que los españoles se retiraban a Capira y que ciertos negros guiaban a los ingleses, pero que estos venían con una gran falta de comida y municiones, muy fatigados por la marcha, con mucha gente descalza y castigada por los aguaceros y el hambre.

La Audiencia se afanaba en recoger a gente de la Mata, los Santos y Veragua, que se pensaban eran buenos arcabuceros.

Como Sotomayor no había salido del río Chagres la Audiencia despachó al capitán Hernando de Liermo Agüero, que tenía a su cargo el presidio de Bayano, con treinta o cuarenta hombres, para que fuera a socorrer a Amaya. Salieron el lunes ocho de enero por la noche, pero después tuvieron noticias que Amaya se había retirado por hambre a la Venta de la Quebrada y que aquel mismo lunes había llegado Juan Enríquez y los suyos al fuerte de Capira, donde se fortificó con sus 36 hombres.

---

20 AGI. Panamá, 14, R.12. N.68.

En ese tiempo Sotomayor y Antonelli se afanaban en fortificar el río, aunque sabían que tenían poco tiempo. Lo normal era que aquella obra durara unos quince días, tiempo que no tenían para nada[21]. Subieron río arriba, a nueve leguas de Casa de Cruces. Allí dejó Sotomayor a Antonelli con todo lo que podría hacerle falta y siguió por el camino de Cruces.

Jerónimo de Zuazo estuvo hasta el nueve de enero en Casa de Cruces. Se afanaba en mandar avisos a las diferentes partes del reino. Después de haber mandado muchas cartas despachó un aviso a la Audiencia de Panamá para que le mandara los 150 hombres que había dejado alistados allí Sotomayor cuando salió. Pedía que se dirigieran a Venta de Chagre a realizar lo que se les ordenase. También mandó llevar 200 mulas a Casa de Cruces y Venta de Chagre y algunos pertrechos con los que construir las fortificaciones que había mandado hacer Sotomayor en el río y en Cruces. También solicitaba que le enviaran todos los negros que se pudiera para enviárselos a Sotomayor y a Antonelli con el fin de que trabajasen de gastadores en las fortificaciones y por último, requería dos lanchas y barqueros, apremiando para todo ello lo mucho que importaba al servicio de Su Majestad.

Jerónimo de Zuazo esperaba noticias de Sotomayor, pero no llegaban, así que salió a las cinco de la tarde hacia Venta de Chagre, dejando prevenido en Cruces al capitán Diego los Ríos, que ese día había llegado junto a sus hombres y cincuenta indios flecheros. Zuazo le había dado la orden de que si fuese menester los mandase –a los indios– junto a Sotomayor, y le sirviesen de gastadores en lugar de los negros.

Llegó Zuazo a Venta de Chagre como a las ocho de la noche, donde tuvo aviso que después del ataque inglés a Nombre de Dios Amaya se había retirado a las Ventas de la Quebrada. Después vino otro chasque[22] con la noticia de que el enemigo, que

21 AGI. Panamá, 14, R.12. N.68.

22 Mensajero indígena.

contaba con 900 mosqueteros y piqueros con seis banderas, estaba también en la Quebrada y que Amaya se había retirado a la fortificación que estaba preparando el capitán Juan Enríquez en Capira, en el paso ordenado por Sotomayor y Antonelli. Aquella noche estuvieron todos fortificando lo mejor posible la posición, un fuerte que desde aquella jornada se llamaría San Pablo de la Victoria.

Juan Enríquez llegó el martes nueve por la noche a Capira[23]. Ese día[24] también había llegado Amaya con los suyos al fuerte, avisando que el enemigo le pisaba los talones. El fuerte se encontraba a unas diez leguas de Nombre de Dios, donde por fin pudo llegar la fatigada gente de Amaya. Aquella noche la pasaron fortificándose, mientras oían las voces de los ingleses en el llano:

> *Haciendo fuegos y regocijos por el contento de la presa que esperaban de la ciudad de Panamá y nombrando a algunos vecinos ricos a quien habían de prender y rescatar por grandes sumas*[25], todo lo cual se oía desde la trinchera de la loma.

Cuando Zuazo tuvo noticia de todo aquello despachó al capitán Liermo Agüero con 32 soldados junto a más gente con la orden de socorrer el fuerte con pólvora, balas, cuerda o lo que necesitaran. También envió al capitán Baltasar Callezo –trabajaba allí de proveedor– para que saliera con bastimentos y municiones de Venta de Chagre. Los dos partirían hacia el fuerte a las cinco de la mañana[26].

El plan de Drake era que una fuerza bajara con él por el río Chagres y otra de 750 hombres fuera con Baskerville por tierra[27].

23 Caro De Torres, F., p. 58. El lunes según la Real Audiencia.
24 AGI. Panamá, 14, R.12.N.68.
25 Caro De Torres, F., p. 58.
26 AGI. Panamá, 14, R.12.N.68.
27 1500 hombres según Caro de Torres. Caro De Torres, F., p. 62.

Los ingleses serían entre 600 y 900 hombres. Los españoles que defendían el fuerte no serían más de 80[28].

El miércoles día diez al amanecer Baskerville dio orden de avanzar. Puso sus banderas en formación de combate y dividió los escuadrones llevando en vanguardia a toda la gente principal, si saber –ni los ingleses ni el mulato que les hacía de guía– que no había ninguna defensa[29]. Al llegar al fuerte se detuvo la vanguardia hasta que se pusieron en orden. Baskerville animó a sus soldados a subir la loma para asaltar la trinchera, que estaba formada por gruesos maderos. Asaltaron los ingleses el fuerte por sus dos bandas de forma valerosa, pero desde arriba les respondía la arcabucería de Juan Enríquez, Ramírez de Quiñones y sus soldados.

> *Habiéndose librado de las balas arremetían a subir por los maderos y desde arriba los mataba Enríquez con una media pica con que hacía maravillas animando a los compañeros*[30].

Hora y media después de que empezara el combate a los españoles les iba faltando munición, pero fue entonces cuando llegó el socorro de la compañía del capitán asturiano Liermo Agüero –que llegó tocando trompetas y clarines–, y las municiones que iban a cargo del capitán Baltasar Callezo, lo que le insufló mucho animo a los españoles, que retornaron con más brío a la pelea.

Cuando el mulato que guiaba a los ingleses oyó que llegaba el socorro de Liermo Agüero, le aconsejó a Baskerville que desistiera de seguir intentando hacerse con el fuerte, porque conocía esos clarines de Agüero. Le dijo que si no se marchaban morirían todos porque sabía que era gran soldado y

28 Hidalgo Pérez, M., p.319.

29 Caro De Torres, F., p. 63.

30 *Ibid.* p. 64.

creía que vendría con el general Sotomayor y sus hombres de Panamá[31].

Agüero y sus hombres consiguieron pasar la trinchera con valor y ya en el otro lado empezaron a dar voces a los ingleses. Mientras, Zuazo, que en aquellos momentos encontraba en la Venta de Pedro Cano –a tres leguas de Nombre de Dios–, tuvo noticia de que la gente del fuerte de Capira estaba pasando necesidad de agua, así que ordenó a un capitán que se hiciese con todas las botijas de agua que pudiese y mandase a dos hombres junto a los arrieros para que lo más rápidamente posible les llevasen agua. Aquello se haría de forma diligente, lo que no fue poca cosa porque para conseguir el agua, que se encontraba a casi una legua del fuerte, había que transitar un camino en muy malas condiciones[32].

Después llegaría a Capira un segundo socorro enviado por Zuazo, lo que por fin hizo retirarse a los ingleses. Los hombres de Baskerville fueron frenados en su acometida al fuerte, y éste dio orden de retirada a Nombre de Dios. Mandó al mulato que se adelantara para avisar de todo a Drake, con la orden de que le enviasen refuerzos por si les seguían, porque su gente iba muy fatigada y no esperaba que pudieran resistir a los españoles.

Los ingleses tuvieron más de 190 muertos y 200 heridos. Fallecieron en la acometida tres capitanes, y entre los heridos hubo dos capitanes y muchos oficiales, alférez, sargentos y gente *granada.*[33].

De parte de los españoles hubo siete muertos y seis heridos, uno de ellos el capitán Liermo Agüero, que al salir por un callejón del fuerte con parte de su gente fue herido en el brazo de un mosquetazo[34].

---

31 *Ibid.* p. 64.

32 AGI. Panamá, 14, R.12.N.68.

33 Entre muertos, heridos y despeñados, dice Caro de Torres, hubo más de 500, sobre todo de gente principal. Caro De Torres, F., p. 64.

34 AGI. Panamá, 14, R.12.N.68.

Figura 9. John Gabriel Stedman / Francesco Bartolozzi - *Narrative of a five years' expedition, against the revolted negroes of Surinam, in Guiana, on the wild coast of South America, from the year 1772, to 1777* (volume 2), Londres.

Aquella noche llegó al fuerte de Capira Jerónimo de Zuazo. Cuando comprobó que el enemigo se había retirado definitivamente convocó una junta con el alcalde Amaya y los capitanes. Se acordó que como el fuerte era pequeño se retirase la compañía del capitán Luis Delgado a un lugar que estaba a media legua del fuerte y se fortificase allí lo mejor que pudiese.

Zuazo volvió a la Venta de Pedro Cano con la intención de dejar allí los bastimentos y las municiones y poner en orden a toda la gente que allí estaba, que había salido de Nombre de Dios. Había que curar a los heridos y proveerles de medicinas. No tenían noticias de Sotomayor. No sabían si al enemigo se le pasaría por la cabeza volver a atacarles. Sin embargo, como a las cinco de la tarde tuvieron aviso que los ingleses se dirigían a Nombre de Dios, por lo que Zuazo dio orden a Amaya y a ciertos capitanes que les siguiesen para espiar sus movimientos. Había que saber lo que tramaban y a dónde pensaban dirigirse.

Mientras, Sotomayor, que se encontraba en el río Chagres, tuvo noticia que Amaya se había retirado de Nombre de Dios, y, por cierto, con casi ninguna resistencia con el enemigo, lo que había sido ordenado por él. Dejó a cierta gente a cargo del capitán Carreño para que siguieran con las labores de fortificación y partió con su gente y algunos negros horros, sólo orientados por la *aguja de marear*, por en medio de la montaña, sin camino alguno. Salieron después al Camino Real en busca del fuerte de Capira. A cuatro leguas de él se encontraron con un soldado, llamado Juan Nuñes:

–Albricias Señor general, que hemos muerto en la trinchera más de 200 ingleses y van huyendo los demás por la vuelta de Nombre de Dios aprisa, que Juan Enríquez lo ha hecho como valiente capitán y todos hemos peleado y yo he muerto más de 20 ingleses[35].

35 Caro de Torres, F., p. 65.

Por dar aquella noticia se llevó Núñez al bolsillo una cadena de oro. A medianoche Sotomayor y su gente llegaron al fuerte de Capira. El general consoló a Amaya por la pérdida de Nombre de Dios, animó también al capitán Agüero por su herida y despachó a Juan Vaquero, negro horro, a para que junto a otros negros fueran siguiendo al enemigo.

Aquellos negros mataron a más de 30 enemigos que se encontraron fatigados por los caminos[36]. También se hicieron más prisioneros de los que habían quedado en la trinchera del fuerte, por quienes se supo que Drake se había embarcado hacia el río Chagres. Eso era lo que se esperaba que hicieran.

Con aquellas informaciones, Sotomayor despachó a Hernando de Ocampo y a Caro de Torres para que dieran aviso en Panamá de todo lo que había ocurrido. La plata de la ciudad se debía juntar toda en un navío que estaba en el puerto de Perico, y la ciudad debía ser defendida por la compañía de caballos del capitán Juan de la Fuente y la gente del capitán Gonzalo Vázquez. La demás gente debía dirigirse a Casa de Cruces para que la verdadera defensa se efectuara allí y no en Panamá, donde sería más difícil protegerse.

Sotomayor dejó a los hombres necesarios en el fuerte y partió también para Casa de Cruces, vía Venta de Chagre. Cuando los enviados del general llegaron a Panamá se formó un gran alboroto en la ciudad. Antes de su llegada el miedo había cundido porque no tenían noticias de Sotomayor[37], pero cuando llegaron los enviados se alegraron al saber que por lo menos había un plan de defensa.

A Casa de Cruces también se dirigieron Juan del Barrio Sepúlveda, el oidor más antiguo de la Audiencia de Panamá, y Francisco del Alfaro, fiscal de la Audiencia, acaudillando a todos los vecinos de Panamá –más de 300 hombres– que se dirigieron

36 *Ibid.*

37 *Ibid.* p. 66.

allí con valor. Mientras, por la noche, se embarcaba en una galizabra más de cinco millones en barras de plata del rey y de los particulares[38].

En Casa de Cruces, Sotomayor dio orden de ir a Chagres a Sepúlveda. Le ordenó que fuera junto a dos compañías y los negros de Santa Cruz la Real. El general partió a la Venta de Pedro Cano, donde llegaron a media noche. Allí se encontraba Zuazo con un prisionero inglés que había sido enviado por el alcalde Amaya. Este había ido por su propia voluntad con una banderilla en señal de paz. El prisionero fue interrogado por Sotomayor para intentar conocer de primera mano el designio que traía Drake y las órdenes que llevaba de la reina Isabel I.

El inglés confirmó que la orden era hacerse con Panamá y que para eso se había enviado a la gente por tierra a las órdenes de Baskerville. Cuando fuera llegando se le enviaría más gente. Si no podía llegar entonces volvería a Nombre de Dios y entrarían todos por el río Chagres con 1.600 hombres en 22 lanchas artilladas[39].

Cuando amaneció Sotomayor ordenó que las compañías de socorro que había llevado Zuazo se dirigieran a Chagres. Aquella noche fueron allí Sotomayor, Zuazo, Francisco de Valverde y demás capitanes pero a la madrugada siguiente volvió el general a Casa de Cruces. Al poco de salir de Chagres el general, llegaba allí el oidor Sepúlveda con la mayor parte de su gente de Panamá, pero cuando se enteraron que el general había ido a Casa de Cruces le volvieron a seguir.

Tuvo noticia Sotomayor que los ingleses cuando salieron del desastre del fuerte de Capira habían hecho alto en una loma y que después habían salido directos a Nombre de Dios. Drake se encontraba embarcado para dirigirse al día siguiente a Chagres. Cuando Drake –el capitán Francisco, como se le llama

38 *Ibid.* p. 67.

39 AGI. Panamá, 14, R.12.N.68.

en las cartas de la Audiencia– supo que sus hombres habían fracasado en el fuerte, le pegó fuego a Nombre de Dios. Era el 12 de enero. Después se embarcó con toda su gente y al día siguiente salió con dos compañías para poner fuego a Santiago del Príncipe, donde se encontraban los cimarrones reducidos de la parcialidad de Portobelo, porque aquellos negros le habían matado más de 25 hombres de los que iban a hacer aguada por aquella parte[40].

Los cimarrones resistieron a los ingleses como pudieron en un paso propicio, incluso mataron a un capitán de los mejores que tenía Drake, que decían era sobrino de la mismísima reina. Luis de Mozambique había rehusado la alianza de Drake. La alianza entre los negros y los ingleses había pasado a la historia, aunque algunos negros todavía se resistían a los españoles y les servían de guías, al igual que algunos esclavos de Nombre de Dios[41].

Al fin, los negros dejaron la ciudad y se fueron al monte. Desde allí perpetraban emboscadas contra los ingleses. Aquella táctica había sido ordenada por Juan de Tejada. Los ingleses eran tantos que los españoles y los negros no tenían cómo resistirles. Les aguantaron algunas embestidas, pero tuvieron que huir. Incluso los negros se llevaron algunas cabezas de varios ingleses como trofeo.

Santiago del príncipe ardió, pero los negros acosaron a los ingleses y los persiguieron hasta que se fueron. Caro de Torres, que recordemos escribe su relación en 1620, escribía:

[...] esta nación, que si tuviese disciplina serían valerosos, porque es gente que no tiene temor a la muerte y para pasar los trabajos de esta tierra muy a propósito; y en esta ocasión, así los horros como los esclavos sirvieron con lealtad y mostrando coraje contra los ene-

40 AGI. Panmá, 14, R.12. N.68.
41 Hidalgo Pérez, M., p. 321.

migos por ser herejes y ellos aficionados a la ley evangélica más que los indios, y ser para más trabajo[42].

El domingo 14 apareció en el puerto de Nombre de Dios un barco que venía de Cartagena para avisar a la ciudad de la llegada de los ingleses, pero al ver que había barcos enemigos se dio la vuelta. Drake dio orden de que lo persiguieran dos lanchas, pero tuvieron de desistir de su intento. El navío de aviso tomó tierra junto al río Francisca. Sin embargo, las noticias que traían ya no tenían mucho sentido porque avisaban de que el enemigo había salido de Santa Marta y no se sabía dónde se dirigía.

El lunes 15 de enero a las nueve de la mañana los ingleses salieron de Nombre de Dios, se embarcaron y ya no volvieron a salir a tierra, a no ser los hombres que hacían aguada.

Sotomayor mandó hacer como a cuatro leguas de Chagres, en un lugar del camino que se llamaba la loma de Santa Catalina, un fuerte llamado San Alisando. La traza se haría según los modelos de Antonelli, y allí se debería quedar la compañía del capitán Liermo Agüero junto a la compañía del capitán Juan Enríquez.

Por otro lado, Sotomayor envió orden a Portobelo, donde se encontraba el doctor Diego de Villanueva, para que hiciese retirar de allí a la compañía de Mateo de Rivera y se dirigiese a Venta de Chagre. Consideraba el general que el interior era un lugar de mejor defensa contra una armada como la de Drake que el puerto de Portobelo, ya que este no estaba fortificado y no tenía una artillería suficiente.

Sotomayor establecía así tres puntos de defensa básicos contra los ingleses. El primero en el mismo río Chagres, si conseguían pasar ese punto le esperarían donde mejor pudieran atacarles, sobre todo en Casa de Cruces. Si entraban por el camino Real la defensa se haría desde Venta de Chagre.

42 Caro de Torres, F., p. 67.

Los espías de Sotomayor se encontraban en muchos caminos, y todos iban dando cuenta de lo que hacía el enemigo si lo veían. Las prevenciones que había hecho Sotomayor eran muchas, allá por donde entraran se encontrarían con resistencia, y si entraban por el río los españoles estaban confiados en detenerles. La Audiencia también había proveído de gente, bastimentos, armas y municiones de la mejor manera que nunca se había hecho en las Indias[43], acudiendo a todo el fiscal del rey Don Francisco de Alfaro, los jueces oficiales de la Real Hacienda y en general todos los españoles, incluso gente de otras naciones[44].

En todo el mes de enero no se supo nada de los ingleses, aunque se pensaba que su intención era llegar a Portobelo y bajar desde allí hasta Panamá por el río Chagres. Sotomayor estuvo hasta el día 25 en Casa de Cruces, asistiendo personalmente a las obras que se hacían en el río, hasta que acompañado del oidor Sepúlveda y el fiscal Alfaro se dirigieron de nuevo a Panamá. En Casa de Cruces quedaba Zuazo y su gente.

Se seguía discutiendo qué harían los ingleses. No los habían visto volver a Cartagena ni dirigirse al Cabo de San Antón para desembocar y marchar a Inglaterra. Era una época mala para navegar por aquellas costas, pero se pensaba que podían dirigirse a Nicaragua, a Veragua, o a otros lugares. También tenían la opción de aderezarse lo mejor que pudieran esperando mejor tiempo o dirigirse al Cabo de Camarón o a Jamaica para buscar bastimentos hasta que el tiempo les fuera propicio para volver a Inglaterra, pero por lo que se supo en los interrogatorios a prisioneros ingleses y también a algunos españoles que habían sido capturados y que consiguieron huir, su intento parecía ser dirigirse a Veragua. Pensaban en Panamá que desde allí podían ir a Nueva España, pero también que podían intentar pasar al mar del Sur con lanchas y con ellas y los navíos que pudieran tomar,

43 AGI. Panamá, 14, R.12. N.68.

44 AGI. Panamá, 14, R.12. N.68.

podrían ir a Panamá y hacer el daño que pudiesen por aquellas aguas. También hablaban de Lima, y las defensas que tenía.

Sin embargo, la opción que se creía más probable era que se escondieran y que atacaran de nuevo por el río Chagres, aunque eran conscientes de lo que arriesgaban. Quizá les valdría la pena, porque eso subiría su reputación y le darían a la reina lo que buscaba.

Entre todas estas conjeturas, el miércoles siete de febrero a las tres de la tarde surgió la armada inglesa en el puerto de Portobelo. Eran 21 navíos, más las lanchas y el patache de Melchor Juárez que habían tomado en Veragua[45]. Portobelo quedaba a su merced, porque, como ya dijimos, el puerto no tenía defensa alguna, sólo una trinchera de madera donde se guardaban los pertrechos. Tampoco había apostada ninguna artillería, así que la gente que allí había se esfumó a la montaña.

El viernes nueve por la mañana llegó aviso a Panamá que la armada enemiga se encontraba en Portobelo. Se tocó a las armas y Sotomayor se puso a caballo y partió hacia la plaza de la ciudad. El maestre de campo Jerónimo de Zuazo también se encontraba en Panamá. Estaba en la cama, enfermo, pero se levantó y se dirigió también a la plaza. Cuando Sotomayor le vio le dijo que se fuera de nuevo a casa, que no tenía salud para hacer nada, pero Zuazo le respondió que los hombres de su linaje no anteponían la salud y su cuidado al servicio del rey. Sotomayor reconoció su valor y a las dos de la madrugada partió el maestre hacia Venta de Chagre, llegando antes de que amaneciese. Allí despachó a la gente: al fuerte de San Pablo envió a la compañía de Ramírez de Quiñones con setenta hombres y al fuerte de San Alisando al capitán Mateo de Ribera y a parte de la gente del capitán Juan Enríquez con cincuenta soldados. A las tres de la tarde la defensa estaba preparada, y proveídos los fuertes de bastimentos y municiones.

---

45 AGI. Panamá, 14, R.12. N.68.

Mandó Sotomayor echar bando que toda la gente fuera a sus banderas, las cuales él en persona sacó de Panamá una a una, las de la ciudad y las de fuera, y los ordenó ir a Venta de Chagre. El mismo general se dirigió allí seguido de la gente de la ciudad, donde se habían quedado las mujeres y los niños. A las doce de la mañana había con Sotomayor más de 300 personas, aparte de los que estaban en los fuertes, y seguía llegando gente. Se llegarían a juntar más de 400 hombres[46].

Cuando tocaron a las armas también salieron a la plaza de Panamá los oidores, el doctor Sepúlveda y el licenciado Salazar acompañados del fiscal Alfaro, que fueron proveyendo mantenimientos y municiones. Iban apremiando a la gente para que todos salieran de la ciudad. Había dejado Sotomayor en la retaguardia al fiscal con la orden de que la gente que quedaba en la ciudad se dirigiera a Venta de Chagre.

Despachó Sotomayor al alcalde Amaya y sus hombres a Nombre de Dios para que se dirigiesen al fuerte de San Pablo junto la compañía del capitán Ramírez de Quiñones y también a otros hombres para que fueran a Portobelo a reconocer la armada del enemigo y le trajeran aviso de ella y de las intenciones que llevaban.

Envió al río Chagres y al fuerte que allí había al capitán Ramón de Vergara con 100 soldados para defender aquella parte con seis piezas de artillería adicionales a las que había allí y también envió a otro capitán a Cartagena para que diera aviso que los ingleses estaban en Portobelo. Debía cerciorarse de que si llegaba la armada de Tierra Firme se dirigiera a Portobelo a entablar batalla. Por último, ordenó que de los soldados que había en Nombre de Dios salieran ocho con algunos negros de Santiago del Príncipe a reconocer la armada inglesa y que contactaran con el capitán Mateo de Ribera y les diese otros cuatro soldados para el mismo reconocimiento.

---

46 AGI. Panamá, 14, R.12. N.68.

Todas las prevenciones contra los enemigos eran pocas, Sotomayor era muy consciente de la importancia que tenía Panamá para la Carrera de Indias y los tesoros que venían del virreinato del Perú, así que no paraba de resolver las cuestiones defensivas. El sábado día diez ordenó a 16 soldados que se juntaran con los de Nombre de Dios y procurasen coger a algún inglés para interrogarle sobre sus intenciones. Mandó que cada día al amanecer se contaran los barcos y las lanchas enemigas y dieran aviso si faltaba alguna, de manera que cada noche tuviera el general noticias de todo.

También ordenó a algunos indios reconocer la bahía de San Miguel de la Borda, y envió a algunos soldados a reconocer el río Gatún, que entraba en el de Chagres dos leguas y media río arriba, porque dijo un soldado que por allí también se podía entrar en el camino, aunque era difícil. Era principal la ayuda de Panamá, así que mandó que la gente que allí había proveyese de bastimentos, municiones, alpargatas y todas las mulas posibles para la caballería y los bagajes, por si fuese necesario mover el ejército o parte de él.

El lunes día doce por la noche volvieron los soldados que se habían despachado a Portobelo. Le dijeron al general que la armada inglesa estaba junta y que eran 21 navíos, pero que les parecía que había pocas lanchas y poca gente. Le contaron que el día que llegaron los ingleses algunos habían salido a tierra y que se habían hecho con todo lo que pudieron, que fue unas herramientas que había en algunas casas y un poco de maíz del que había sido quemado por los españoles pero que no había llegado a arder.

También el día doce por la noche tuvo Sotomayor otro aviso de Nombre de Dios. Se le comunicaba que había llegado allí un hombre que parecía un marinero con cartas de los prisioneros españoles y un salvoconducto de Drake. Sotomayor despachó algunas mulas para ir a buscar al hombre, que llegaron el día trece a Venta de Chagre. El marinero se llamaba Gregorio Méndez, era un portugués que traía orden para tratar de los recates de Francisco Flores en 4.000 ducados y también de dos regidores de Riohacha y de un oidor de Nombre de Dios llamado Aragonés en 2000 ducados. Sotomayor se negaría a darlos.

En la confesión que se le tomó declaró que Drake había muerto a la entrada de Portobelo. También había muerto otra mucha gente de la armada principal y de la ordinaria, y cada día iban muriendo más.

Aquel día también llegó un hombre llamado Francisco Cano del camino de Nombre de Dios, a quien habían hecho los ingleses prisionero junto a esa ciudad. Le habían enviado para que guiase al portugués. Cano confirmó la muerte de Drake y que venía la armada inglesa muy quebrantada, sin ánimo ni fuerzas para hacer daño ni posibilidad de ir a Panamá porque era Drake el que más había insistido en ello, pero con su muerte aquel plan se había desbaratado.

Con todas estas informaciones, Sotomayor mandó a un capitán que tomara 36 soldados y seis soldados más del fuerte del San Pablo y se juntase con los soldados que había en Portobelo. Serían así unos sesenta en total, y debían hacer emboscadas a los ingleses que bajaran a tierra. Cada día debían darle aviso por chasques que dejasen en el camino de todo lo que ocurriese.

El martes día trece Sotomayor hizo consejo. Juntó a Zuazo, Alfaro, capitanes, personas principales y vecinos para explicarles las prevenciones y las diligencias que había ordenado, así como la situación en la que se encontraba el enemigo. Quería que todo el que pudiera le dijese si debía hacer algo más que a él se le había escapado.

Acordaron entre todos que como la armada enemiga no podía hacer más daño del que ya había hecho el primer día y la gente enviada era suficiente para emboscarles, el grueso del ejercito permaneciera en Venta de Chagre, porque desde allí se podrían defender bien si tiraban gente a tierra. Sólo se enviarían cien hombres a la Venta de Pedro Cano para desde allí acudir a lo que surgiese con más rapidez. Quedarían allí –recordemos que esta venta estaba a tres leguas de Nombre de Dios –por si la armada de Tierra Firme tuviese que ir a Portobelo, por si el resto del ejercito viniese con necesidad de gente o por si se produjera una batalla naval, para tener a la gente prevenida y puesta en tierra.

Sotomayor envió aquellos hombres el miércoles catorce con otro capitán. La mayoría de la gente que fue eran vecinos de Panamá, casi todos casados, pero fueron de buen ánimo y con determinación. Entonces llegó un soldado que había sido hecho prisionero en Francia y que había llegado con la armada inglesa que confirmó la muerte de Drake y que los planes habían sido acometer por el río Chagres hasta Panamá, pero que después de la muerte de Drake las diferencias en la armada habían aflorado. Dijo que había sucedido como general a Drake su segundo, Thomas Baskerville, pero que la gente estaba cansada, desanimada, quebrantada y sin bastimentos. Padecían mucha hambre y sólo pensaban en aderezar y reparar su armada. Sus intenciones eran hacer aguada y recoger leña para volver a Inglaterra.

También decía que muchos ingleses estaban ofendidos con Drake porque se sentían engañados, y que la reina también les había mentido. Les habían hecho muchas promesas de riquezas, les habían dicho que sería una empresa fácil, pero se habían dado cuenta de que no era así. En las tripulaciones se tenía sospecha que la muerte de Drake se había precipitado sobre todo por los malos sucesos que habían tenido, lo que le había llevado a estar en cama más de cien días[47].

Con toda esta información, Sotomayor ordenó a Liermo Agüero que tomase consigo a treinta soldados y se dirigiese a Portobelo para sumarse con la gente que por allí había, y que juntos hiciesen al enemigo todo el daño que pudiesen.

47 AGI. Panamá, 14, R.12. N.68.

Después llegó un inglés que había sido hecho prisionero en la playa de Portobelo mientras buscaba granos de maíz para comer que corroboró todo lo dicho. Además, afirmó que sólo había en tierra dos compañías que hacían guardia a los marineros que bajaban a coger agua y leña. Sotomayor volvió a hacer consejo y resolvió que estando los ingleses juntos en Portobelo no había que defender otras partes del reino. Ordenó que fuera más gente a Portobelo con bastimentos y municiones. Mandó allí dos compañías, una de ellas la del capitán Mateo de Ribera. Después el general escribió a Liermo Agüero que la gente de Ribera le seguiría y se vería con él en Portobelo y que no acometiesen a los enemigos si no era por causa de fuerza mayor.

El día 16 por la mañana dio la orden de marchar a Portobelo. Los que voluntariamente quisieran ir podrían hacerlo. Entre todos, serían unos cien hombres, incluidos Zuazo, el fiscal y algunos vecinos de la ciudad. Dio también Sotomayor orden al alcalde Amaya, que se encontraba en el fuerte de San Pablo, que le siguiese la mayoría de su gente.

El sábado hicieron noche en la otra parte de la sierra, donde tuvieron aviso que los ingleses habían quemado los bohíos que había en el puerto de Portobelo y que habían llevado a toda la gente a las naos sin dejar que nadie bajara a tierra, porque 26 ingleses que iban en una chalupa fueron muertos por los españoles, que habían hecho a dos prisioneros. Los españoles espiaban a los ingleses desde las montañas cercanas.

Después el capitán Juan Guerrel había matado a seis ingleses y capturado a otro que había saltado en una barca. La armada se encontraba ya con las vergas en alto.

Con aquel aviso dio orden el general que toda la gente que fuese llegando parase allí sin pensar en ir más allá y que Amaya y el capitán Mateo Ribera hiciesen alto en el Boquerón, que tomaba el camino entre Nombre de dios y Portobelo. Sotomayor, con Zuazo, el fiscal y demás capitanes tomaron el camino de

Portobelo con la gente de a caballo, donde llegaron como a las nueve de la mañana.

En el camino tuvo aviso que el enemigo había echado en tierra a todos los prisioneros españoles que había tomado en Riohacha y Tierra Firme, salvo algunos por lo que pensaba pedir rescate, y que también había liberado a muchos esclavos.

Los ingleses se hicieron a la vela el domingo 18 de febrero, por lo que Sotomayor no paró hasta llegar a Portobelo, donde vieron la armada y pudieron contar 18 velas. Todo estaba quemado, incluidos varios navíos. Después pusieron rumbo a Inglaterra. Drake había muerto el 28 de enero de 1596. La disentería había hecho estragos en la armada inglesa.

Sotomayor volvió a la estancia de Melchor Juárez, a media legua de Portobelo, donde estaban recogidos los españoles y los que echaron a tierra los ingleses. Dejaron en Portobelo centinelas para que fueran informando de la posición de la armada inglesa. Sotomayor avisó a Panamá y a los que estaban camino de Portobelo que se dieran media vuelta al camino de Nombre de Dios y pararan allí. Después mandó a otro capitán con 25 soldados ir a Nombre de Dios porque parecía que los ingleses podían dirigirse a esa ciudad. Si intentaban desembarcar debía atacarles y hacerles el máximo daño posible.

En la tarde y noche siguientes el general, el maestre de campo y el fiscal estuvieron tomando declaración a todos los prisioneros que los ingleses habían liberado. Mandó Sotomayor a la gente volver al Boquerón, donde fueron él mismo y su compañía, que pararon en los ranchos donde habían estado el día antes. Después salieron hacia Nombre de Dios, y ordenó a Amaya que si enemigo se le ocurría entrar por allí debía avisarle y él debía acudir donde más conviniese. La demás gente debía parar en la Venta de Pedro Cano.

El miércoles volvió el general a Venta de Chagre dejando en Pedro Cano a la compañía de Mateo de Ribera y orden para recoger bastimentos y municiones para ellos, también debían dejar bastimentos en Nombre de Dios. Los demás debían volver a Venta de Chagre. Allí llegó la repuesta al aviso que se había dado a Cartagena diciendo que la ciudad quedaba bien prevenida y fortificada, pero que se presumía que la armada enemiga iba en dirección a Inglaterra.

Y así era. Los ingleses pusieron rumbo a Plymouth, derrotados una vez más.

La armada enemiga vuelve con gran menoscabo y destrozada con muchos navíos y gente principal al menos, porque de 27 navíos que sacó de Inglaterra sacó sólo los 18 de Puerto Velo, que los nueve ha dejado o pedido de esta manera:

Las fragatas de España le tomaren uno.

En la Dominica mataron otro.

En Guadalupe quemaron otro.

Otro se le perdió de Puerto Rico a Río de la Hacha.

En el Escudo de Veragua quemó otro.

Dos echó a fondo Drake en el Río de la Hacha.

En Puerto Velo echaron a fondo dos.

Estos además del patache de Melchor Juárez que tomó en el Escudo de Veragua que también echó a fondo en Puerto Velo.

La armada debió de sacar de Inglaterra 3000 hombres de guerra y mar, aunque publicaban y echaban fama de 5000 y ahora no lleva 2000 porque le han muerto en Puerto Rico, Tierra Firme y de enfermedades más de 1000 y entre ellos muchas cabezas y personajes conocidos de calidad y gran reputación especialmente Francisco Drake[48].

Al saber que la gran armada inglesa estaba en las Indias, en España se aprestaron ocho galeones y trece naves menores que guardaban 3000 hombres de mar y guerra. Como general iba Bernardino de Avellaneda, Juan Gutiérrez de Garibay

48 AGI. Panamá, 14, R.12. N.68.

como Almirante y Joanes de Villaviciosa como capitán de bandera[49].

La armada recaló en Cartagena bastante tocada debido a un temporal, pero Bernardino de Avellaneda, al tener noticias de Baskerville, decidió no perder tiempo y continuar con las bombas achicando agua en algunos barcos en dirección a Cuba, que se creía podría estar en peligro. El día 11 de marzo de 1596 llegaron a la isla de los Pinos, donde estaban los ingleses haciendo aguada. La armada española los siguió, aunque sin contar nunca con el barlovento, disparando a los ingleses cañonazos de reto que los ingleses obviaron, huyendo de la batalla.

Sin embargo, se quedaron rezagados en la armada inglesa dos galeones, uno grande de 300 hombres y un patache de 25 tripulantes, que fueron hechos prisioneros a costa de un navío español que fue volado y que tuvo 80 muertos o heridos[50]. Fueron persiguiendo a los ingleses, pero dejaron de hacerlo en el canal de las Bahamas.

Don Bernardino se volvió a La Habana a esperar la flota de Tierra Firme con la plata del rey y de los particulares, que llevaban también al Marqués de Cañete y a Alonso de Sotomayor.

Los ingleses llegaron a Inglaterra con ocho de los 28 barcos que habían salido en la campaña, a la vez que llegaba a Sanlúcar de Barrameda una de las mayores flotas de Indias, llevando 20 millones de ducados para el rey y los particulares[51].

En la derrota de los ingleses había tenido mucho que ver los ataques de los negros cimarrones. Nombre de Dios había quedado arrasada. El 26 de enero de 1596 la Audiencia había decidido que no se reedificase Nombre de Dios, en contra de la opinión de los vecinos.

49 Fernández Duro, C. *Armada*. Tomo III, p. 114.

50 *Ibid.* p. 115.

51 *Ibid.* p. 116.

Figura 10. *Asesinato de Francisco Pizarro*. Óleo de Manuel Ramírez, 1877. Museo del Prado.

Fundada en 1510, tenía un clima bastante malsano. Después del ataque de Drake se abandonaría definitivamente la ciudad y se fundaría Portobelo, una urbe con mejor clima que estaba más cerca de la desembocadura del Chagres. Era un sitio más a propósito, que estaba siendo acondicionado defensivamente por el ingeniero italiano Juan Bautista Antonelli, que había llegado en 1594. Sería el nuevo puerto que se encargaría de recepcionar las flotas y todos los tesoros del Perú.

Santiago del Príncipe fue repoblada pero su final llegaría en 1597, cuando sus moradores se fueron a las cercanías de Portobelo, a una nueva villa llamada Santiago del Príncipe de los Mogollones, que nacería también con gente de Santa Cruz la Real. Su libertad de movimientos tampoco sería real, sino limitada. Estaban controlados. Podían elegir alcaldes, alguacil e incluso un gobernador negro, aunque esto era algo ficticio. Luis de Mozambique ostentaba el título honorífico de gobernador, tenía 110 años, pero el verdadero gobernador era un capitán español. Para 1620 no habría en la villa más de doce o trece vecinos, y en aquella década desaparecería.

Portobelo se fundó el 20 de marzo de 1597. Los vecinos de Nombre de Dios tuvieron que dejar el lugar y Portobelo se empezó a poblar en junio. A principios del siglo XVII contaba ya con 450 personas libres y 316 esclavos[52].

El modelo de villas de negros reducidos no trajo el fin del cimarronaje. Incluso a veces alentó la resistencia de los negros cimarrones de las montañas. Tampoco cesó nunca la desconfianza en los esclavos y en su posible alianza con los ingleses.

En 1597 el cimarronaje seguía creciendo, pero no se podía de dejar de traer esclavos porque se necesitaba aquella mano de obra. En 1601 los ingleses de William Parker saquearon Portobelo. A principios de siglo seguían los cimarrones robando esclavos de Panamá y de la propia Portobelo. Los negros mogollones, aunque servían a los españoles y actuaban como mercenarios, se identificaban más con los cimarrones.

El cimarronaje continuó. Los españoles nunca pensaron en abandonar la esclavitud. El problema, para los hispanos, estaba en el entorno más que en la propia esclavitud. Se pensaba que los indios del Darién acogían a los cimarrones, aunque también los mataban. El gobernador del Santiago del Príncipe, Diego Chumacero de la Vega, en 1606 sometió a los cimarrones de Pierdevidas, en la costa de la Mar del Norte, pero el cimarronaje no hacía más que aumentar, y también la desconfianza de los españoles en los negros. En 1608 se volvió al proyecto de ciudades libres en Santa Cruz la Nueva, a media legua de Santa Cruz la Real, pero el tiempo dejaría claro que sólo habría una forma de acabar con el cimarronaje.

Poner fin a la esclavitud.

---

52 Hidalgo Pérez, M., p. 321.

10

APÉNDICES

Extraídos del libro de Manuel Lucena Salmoral, *Leyes para esclavos, el ordenamiento jurídico sobre la condición, tratamiento, defensa y represión de los esclavos en las colonias de la América española*

Apéndice 1. Requerimiento, de Palacios Rubio. 1513

Yo Pedrarias Dávila, su criado y mensajero y capitán, vos notifico y hago saber cómo mejor puedo que Dios Nuestro Señor, uno y eterno, crio el cielo y la tierra, e un hombre e una mujer, de quien nosotros e vosotros, e todos los hombres del mundo, fueron e son descendientes e procreados, e todos los que después de nosotros vinieren; mas por la muchedumbre de la generación que destos ha sucedido desde cinco mil e más años, que el mundo fue criado, fue necesario que los unos hombres fuesen por una parte y otros por otra, e se dividiesen por muchos reinos e provincias, porque en una sola no se podrían sostener, ni conservar.

De todas estas gentes Nuestro Señor dio cargo a uno, que fue llamado Sant Pedro, para que de todos los hombres del mundo fuese señor e superior, a quien todos obedeciesen, y fuese cabeza de todo el linaje humano, donde quier que los hombres viviesen e estuviesen, e en cualquier ley, secta o creencia, e dióle a todo el mundo por su reino señorío de jurisdicción.

E como quier que le mandó que pusiese su silla en Roma, como en lugar más aparejado para regir el mundo, más también le permitió que pudiese estar e poner su silla en cualquier otra parte del mundo, e juzgar e gobernar a todas las gentes, cristianos, moros, judíos, gentiles e de cualquier otra secta o creencia que fuesen. A este llamaron papa, que quiere decir admirable, mayor, poderoso y guardador, porque es padre y gobernador de todos los hombres.

A este Sant Pedro obedecieron e tomaron por señor, rey e superior del universo mundo los que en aquel tiempo vivían, e así mismo han tenido a todos los otros papas que después dél fueron al pontificado elegidos; ansí se ha fecho y continuado hasta agora, e se continuará hasta que el mundo se acabe.

Uno de los pontífices pasados, que en lugar deste subcedió en aquella silla y dignidad que he dicho, como señor del mundo, hizo donación destas islas e Tierra Firme del mar océano a los dichos reyes e sus sucesores en estos reinos, que son N.N.S.S. con todo lo que en ellas hay, según se contiene en ciertas escrituras que sobre ello pasaron, según dicho es, que podéis ver si quisiéredes; así que Sus Altezas son reyes e señores destas islas e Tierra Firme por virtud de la dicha donación, e como a tales reyes e señores algunas islas e tierras, e casi todas a quien esto ha sido notificado, han recibido a sus Altezas, e les han obedecido e servido e sirven como súbditos los deben hacer, e con buena voluntad e sin ninguna resistencia, luego sin dilación, como fueron informados de lo susodicho, para que les predicasen e enseñasen la Santa Fee, e todos ellos de su libre e agradable voluntad, sin premia ni contradicción alguna se tornaron cristianos, e lo son, e sus Altezas los recibieron alegre e benignamente, e así los mandó tratar como a los otros sus súbditos e vasallos; e vosotros sois tenidos e obligados a hacer aquesto mesmo.

Por ende como mejor puedo vos ruego e requiero, que entendáis bien esto que vos he dicho, e toméis para entenderlo e deliberar sobre ello, el tiempo que fuere justo, e reconozcáis a la Iglesia por señora e superiora del universo mundo, al Sumo Pontífice, llamado papa, en su nombre, e al Rey e a la Reina nuestros Señores en su lugar, como superiores e señores e reyes destas Islas e Tierra Firme, por virtud de la dicha donación; e consintáis e deis lugar que estos padres religiosos vos declaren e prediquen lo susodicho.

Si ansí lo hiciéredes haréis bien e aquello a que sois tenidos e obligados en sus Altezas, e yo en su nombre; vos recibirán e con amor e caridad, e vos dejarán vuestras mujeres, hijos e haciendas libres sin servidumbre, para que dellas y de vosotros hagáis libremente todo lo que quisiéredes e por bien tuviéredes, e no vos compelerán a que vos tornéis cristianos, salvo si vosotros, informados de la verdad, os quisiéredes convertir a nuestra Santa Fee Católica, como lo han hecho casi todos los vecinos de las otras islas: e allende desto Su Alteza vos dará muchos privilegios e exenciones, e vos hará muchas mercedes.

Si no lo hiciéredes, o en ello dilación maliciosamente pusiéredes, certifícoos que, con el ayuda de Dios, yo entraré poderosamente contra vosotros, e vos haré guerra por todas las partes e manera que yo pudiere, e vos sujetaré al yugo e obediencia de la Iglesia e de sus Altezas, e tomaré vuestras personas, e de vuestras mujeres e hijos, e los haré esclavos, e como a tales venderé e dispondré de ellos como su Alteza mandare, e vos tomaré vuestros bienes, e vos haré todos los males e daños que pudiere, como a vasallos que no obedecen, ni quieren recibir a su Señor, e le resisten e contradicen.

E protesto que las muertes e daños que dello se recrescieren sean de vuestra culpa, e no de su Alteza, ni mía, ni de estos caballeros que conmigo vinieron. E como lo digo e requiero pido al presente escribano que me lo de por testimonio signado e a los presentes ruego que dello sean testigos. Firmado del Obispo de Palencia, e del Obispo frey Bernaldo, e de los del Consejo, e de los Frailes Dominicos[1].

1 Lucena Salmoral, M. *Leyes para esclavos…*, p. 554.

Apéndice 2. Real Orden por la que se prohíbe esclavizar a los indios. 1526

En conformidad de lo que está dispuesto sobre la libertad de los indios es nuestra voluntad y mandamos que ningún adelantado, gobernador, capitán, alcaide, ni otra persona de cualquier estado, dignidad, oficio o calidad que sea, en tiempo y ocasión de paz o guerra, aunque sea justa y mandada hacer por Nos, o por quien nuestro poder hubiere, sea osado de cautivar indios naturales de nuestras Indias, islas y Tierra Firme del Mar Océano, descubiertas, ni por descubrir, ni tenerlos por esclavos, aunque sean de las islas y tierras que por Nos, o quien nuestro poder para ello haya tenido y tenga, y esté declarado que se les pueda hacer justamente guerra o lo matar, prender o cautivar, excepto en los casos y naciones que por las leyes de este título estuviere permitido y dispuesto, por cuanto todas las licencias y declaraciones hasta hoy hechas, que en estas leyes no estuvieren recopiladas, y las que se dieren e hicieren, no siendo dadas y hechas por Nos, con expresa mención desta ley, las revocamos y suspendemos en lo que toca a cautivar y hacer esclavos a los indios en guerra, aunque sea justa y hayan dado y den causa a ella, y al rescate de otros indios que aquellos hubieren cautivado, con ocasión de las guerras que entre sí tienen.

Y asimismo mandamos que ninguna persona en guerra, ni fuera de ella, pueda tomar, aprehender, ni ocupar, vender, ni cambiar por esclavo a ningún indio, ni tenerle por tal con título de que le hubo en guerra justa, ni por compra, rescate, trueque o cambio, ni otro alguno, ni por otra cualquier causa, aunque sea de los indios que los mismos naturales tenían, tienen o tuvieren entre sí por esclavos, so pena de que si alguno fuere hallado que cautivó o tiene por esclavo algún indio, incurra en perdimiento de todos sus bienes, aplicados a nuestra cámara y fisco, y el indio o indios sean luego vueltos y restituidos a sus propias tierras y naturalezas con entera y natural libertad, a costa de los que así los cautivaren o tuvieren por esclavos.

Y ordenamos a nuestras Justicias que tengan especial cuidado de lo inquirir y castigar con todo rigor, según esta ley, pena de privación de sus oficios y cien mil maravedís para nuestra cámara al que lo contrario hiciere y negligente fuere en su cumplimiento[2].

Apéndice 3. Donde se revoca la cédula de 1530 y se vuelve a permitir la esclavitud bajo determinadas circunstancias. 1534

Don Carlos, etc. [Aquí se traslada la R.C. del 2 de agosto de 1530]. Y agora somos informados de muchos y de las más principales partes de las dichas Indias, por cartas y relaciones de dichas personas que tienen buen celo al servicio de Dios y nuestro, que de la guarda y observancia de lo contenido en la dicha nuestra carta y de no se haber fecho esclavos en guerras justas, se han seguido más muertes de los naturales de los dichos indios y han tomado ellos mayor osadía para resistir a los cristianos y les hacer guerra, viendo que ninguno dellos era preso, ni tomado por esclavo, como antes lo era, y nuestros súbditos cristianos, viendo los daños, heridos y muertes que reciben en guerra de los dichos indios, y que de los matar a todos ningún beneficio reciben, ni dejan en los pueblos haciendas para enmienda de sus gastos y daños, temen la dicha guerra y la dejan de hacer por les haber prohibido lo que de derecho y por leyes de nuestros reinos está permitido; y asimismo resultaban otros inconvenientes de no se permitir por vía de rescate, ni en otra manera, la contratación de los dichos esclavos, pues por experiencia se había visto que estando esclavos en poder de los mismos naturales permanecían en la idolatría y otros vicios y costumbres abominables, que antes solían tener y guardar, y que todo esto cesaría sacados de su poder y teniéndolos por esclavos nuestros súbditos cristianos, en cuyo poder más fácilmente serían instruidos en nuestra santa fe católica y dejarían de cometer

2 Lucena Salmoral, M. *Leyes para esclavos…*, p. 574.

los dichos vicios y pecados, y demás de esto el trato y comercio de los dichos nuestros súbditos, ansí españoles cristianos, como indios, acrecería, y que sin ello no podrían poblar ni sostener en la dicha tierra, lo cual por nos visto, acatando lo mucho que la provisión desto importa al servicio de Dios y nuestro y bien de los naturales de las dichas Indias, y de los otros nuestros súbditos españoles que han ido y van a poblar a ellas, hubimos mandado a los del nuestro Consejo de las Indias que platicasen entre sí para ver la mejor forma y manera que se podía y debía tener, así en el hacer de la guerra, cómo en los que hubiesen de cautivar en ella, y en la contratación de los esclavos por rescate; los cuales, después de lo haber visto y consultado con nos, acordamos para el remedio de todo ello, y para excusar los dichos inconvenientes, debíamos mandar dar esta nuestra carta y nos tuvímoslo por bien, por la cual ordenamos y mandamos que agora y de aquí adelante, cuando nuestra merced y voluntad fuere, se guarde así en el hacer de la dicha guerra, como en las otras cosas que de uso serán contenidas la orden siguiente:

–Primeramente ordenamos y mandamos que cada y cuando acaeciere que algunos de vos, los nuestros gobernadores y capitanes, y otros nuestros súbditos españoles, hiciéredes guerra justa, conforme a las ordenanzas e instrucciones por nos dadas, y acaeciere que en la tal guerra justa, fecha por nuestro mandato o por las personas que nuestro poder especial para ello tuvieren, prendiéredes algunos de los dichos indios, los podáis tener por esclavos y contratarlos como habidos en la guerra justa, con tanto que los indios que así se tomasen por esclavos en cualquier de las provincias de Tierra Firme no los puedan sacar a vender, ni contratar a las islas de las dichas Indias, ni a alguna dellas; y así mismo que las mujeres que fueren presas en la dicha guerra, ni los niños de catorce años abajo, no puedan ser cautivos, pero permitimos y damos licencia a los dichos nuestros gobernadores y capitanes y a otros nuestros súbditos que así prendieren a las dichas mujeres y niños en la dicha guerra que se puedan servir y sirvan dellos en sus casas por naborías y en otras labores como de personas libres, dándoles el mantenimiento y otras cosas necesarias,

y guardando con ellos lo que por nos está proveído y mandado cerca del tratamiento de las dichas naborías.

–Otro sí, ordenamos y mandamos que vos, los dichos nuestros presidentes y oidores de las dichas nuestras Audiencias, y vos, los dichos nuestros gobernadores, y cualesquier de vos en vuestra jurisdicción, luego que esta nuestra cédula recibiéredes, hagáis que en todos los pueblos de las provincias de vuestra gobernación que están de paz y sujetos a nos, ante escribano público se haga matrícula de los esclavos que halláredes que los caciques y otros indios de cada pueblo tienen entre sí por esclavos, declarando el nombre de cada esclavo y del señor cuyo es, y ansí mismo el nombre de su padre o madre del tal esclavo, y si él confesare ser esclavo le hagáis herrar con el hierro de nuestra marca, para que dende en adelante sea habido y conocido por tal esclavo[...].

–Otro sí, porque puede acaecer que a nuestro servicio y población de la dicha tierra convenga que se haga guerra a algunos pueblos de las dichas Indias que se alzaren por delitos particulares, y que si para lo hacer se esperase nuestra licencia resultaría de la dilación desto grande daño e inconveniente, permitimos que concurriendo el parecer del nuestro gobernador y oficiales y prelado y dos religiosos de los más principales que hubiere en la dicha provincia o de la mayor parte, para que se pueda y deba hacer justamente guerra, y en ella prendieren algunos de los dichos indios, que los nuestros súbditos naturales españoles que así los prendieren los puedan tener y guardar y servirse dellos por naborías, hasta tanto que envíen la relación e información verdadera y bastante ante los del nuestro Consejo de las Indias o ante el presidente y oidores de una de las dichas nuestras Audiencias do fuere la tal provincia sujeta, y por ellos visto se determine si los presos en la dicha guerra han de ser esclavos o no; y lo que ansí se declare y determinare se guarde y cumpla, y que entre tanto no se pueda enajenar las personas que así cautivaren, so las dichas penas.

–Otro sí, porque somos informados que los dichos caciques y señores de los dichos indios, antes que fuesen sujetos a nos acostumbra-

ban a hacer los dichos esclavos por causas injustas y livianas, lo cual es contra toda razón y derecho natural, y en esta costumbre diz que permanecen agora, de que se sigue gran daño a la república y particulares de las dichas Indias, que están so nuestro servicio y amparo, ordenamos y mandamos que vos, los dichos nuestros presidentes y oidores y otras nuestras justicias y prelado y oficiales, cada uno en sus jurisdicciones, vos informéis de las causas porque los tales caciques e indios han fecho y hacen entre sí esclavos, y en las que hallaredes ser justas y conforme a derecho y leyes de nuestros Reinos, les permitid que de aquí adelante lo puedan hacer, y no de otra manera alguna, dándoles para ello declaración, y así dada, hagáis que por lengua de intérpretes se les diga y de a entender lo que así decláredes, y no permitiréis ni daréis lugar que por otra causa alguna se hagan esclavos entre ellos, so las penas que para ello les pusiéredes, las cuales nos por la presente les ponemos y habemos por puestas; y asimismo proveeréis que la declaración que sobre esto hiciéredes por escrito por otra manera se de a entender en cada uno de los pueblos de las provincias do se hiciere la dicha declaración, para que tengan dello noticia los dichos indios y no puedan ser, ni sean, fechos esclavos indebidamente, y la copia de la declaración, con testimonio del cumplimiento della, enviaréis en los primeros navíos ante los del nuestro Consejo de las Indias, para que nos lo mandemos ver y proveer cerca dello lo que convenga al servicio de Dios y nuestro y bien de la República, de los naturales de las dichas Indias y provincias.

–Otro sí, permitimos que concurriendo el parecer de la justicia y oficiales y prelado o religioso para que convenga sacar la tal provincia algunos de los dichos indios que se cautivaren por esclavos, guardada la forma susodicha, los puedan sacar y contratar a las islas y otras partes de Tierra Firme que por ellos fuere declarado, sin embargo de la prohibición de lo en estas ordenanzas contenido. Y porque lo contenido en esta nuestra carta venga a noticia de todos y ninguno pueda pretender ignorancia, mandamos que sea pregonada en las gradas de la ciudad de Sevilla y después en las plazas y lugares acostumbrados de las ciudades, villas y lugares, así de las dichas islas,

como de cada una de las otras provincias de la Nueva España y de toda la costa de la Tierra Firme; y si fecho el dicho pregón alguna o algunas personas fueren o pasaren contra ello, procederéis contra ellos por todo rigor de derecho y conforme a esta dicha nuestra carta; y mandamos que las personas que agora y adelante hubieren de entender en el examen de los dichos esclavos y guarda del dicho hierro no puedan llevar, ni lleven, por razón dello, directa ni indirectamente, por si, ni por interpuestas personas, derechos algunos, so pena que si los llevaren lo paguen con las sentencias para la nuestra Cámara y fisco, pero permitimos que las personas que pusieren la señal con el dicho hierro de nuestra marca puedan llevar los derechos que por vos las dichas justicias fueren tasados, con tanto que no puedan exceder, ni exceda, de real y medio de plata por cada un esclavo, y el escribano que en lo susodicho se ocupare [cobre] sus derechos conforme al arancel de cada una de las dichas provincias, y no más, so las dichas penas[3].

Apéndice 4. Breve de Paulo III por el que faculta al arzobispo de Toledo a excomulgar a quienes esclavicen a los indios. Mayo de 1537

Dilecto hijo nuestro, salud y bendición apostólica. Ejerciendo con el mayor amor el oficio pastoral con las ovejas que por celeste disposición se nos ha confiado, tanto nos afligimos con su pérdida, como nos regocijamos con su aumento, y no sólo alabamos sus buenas obras, sino que interponemos difusamente los esfuerzos de la mediación apostólica, a fin de que disfruten de los acontecimientos agradables.

Hasta nuestros oídos llegó que nuestro queridísimo hijo en Cristo, Carlos, emperador de los Romanos, siempre Augusto, que es también rey de Castilla y León, para reprimir a quienes encendidos de codicia muestran un espíritu inhumano contra el género humano,

3 *Ibid.* p. 614.

prohibió con un edicto público a todos sus súbditos el someter a esclavitud o privar de sus bienes a los indios occidentales o meridionales. Nosotros, pues, atendiendo a que los indios, aunque estén fuera del seno de la Iglesia, no están privados, ni se les puede privar, de su libertad, ni de la posesión de sus cosas, ya que como hombres y, por tanto, capaces de fe y salvación, no deben ser destruidos con la esclavitud, sino atraídos a la vida con las predicaciones, buenos consejos y otros medios, y deseando reprimir los atrevimientos tan perjudiciales de esos hombres, a fin de que los indios no se exasperen con las injurias y daños, y se muestren más rebeldes a abrazar la fe de Cristo, encargamos y confiamos, por medio de las presentes, a tu circunspección, en cuya rectitud, cautela, piedad y experiencia de estas y otras cosas tenemos confianza especial, que asistiendo por ti mismo, o por medio de otro u otros, con la protección de una eficaz defensa a los citados indios en todas las circunstancias antes mencionadas, prohibidas rigurosamente a todas y cada una de las personas de cualquier dignidad, estado, condición, grado y grandeza que sean, bajo pena de excomunión «latae sententiae», *en la que incurrirán* «ipso facto», *y de la cual no pueden ser absueltos sino por Nos, o por el Romano Pontífice que para entonces sea, a excepción de los que estén en trance de muerte, y previa satisfacción, el que intentara reducir de cualquier modo a esclavitud a los mencionados indios o despojarles de sus bienes de alguna manera y vayan más lejos, contra los que no obedezcan a la declaración, de que incurran en la citada excomunión, instituyendo, ordenando y disponiendo otras medidas necesarias para lo susodicho y con ella relacionadas, según parezca que así conviene a tu sabiduría, probidad y religiosidad. En todo lo cual te concedemos por las presentes plena y libre facultad, sin que obsten cualesquiera que se den en contrario.*

Dado en San Pedro de Roma, bajo el anillo del Pescador, en 29 de mayo de 1537, año 3º de nuestro Pontificado[4].

---

4 *Ibid.* p. 634.

Apéndice 5. Breve de Paulo II por el que afirma que los indios no se pueden reducir a la servidumbre. Junio de 1537

Paulo, papa tercero, a todos los fieles cristianos que las presentes letras vieren, salud y bendición apostólica.

La misma Verdad, que ni puede engañar, ni ser engañada, cuando enviaba los predicadores de su fe a ejercitar este oficio, sabemos que les dijo: id y enseñad a todas las gentes. A todas dijo, indiferentemente, porque todas son capaces de recibir la enseñanza de nuestra fe. Viendo esto, y envidiando el común enemigo del linaje humano, que siempre se opone a las buenas obras para que perezcan, inventó un modo nunca antes oído, para estorbar que la palabra de Dios no se predicase a las gentes, ni ellas se salvasen. Para esto movió a algunos ministros suyos, que, deseosos de satisfacer a sus codicias y deseos, presumen afirmar a cada paso que los indios de las partes occidentales, y los del mediodía, y las demás gentes que en estos nuestros tiempos han llegado a nuestra noticia, han de ser tratados y reducidos a nuestro servicio como animales brutos, a título de que son inhábiles para la fe católica y, so color de que son incapaces de recibirla, los ponen en dura servidumbre y los afligen y apremian tanto, que aún la servidumbre en que tienen a sus bestias apenas es tan grande como la con que afligen a esta gente.

Nosotros, pues, que aunque indignos, tenemos las veces de Dios en la tierra y procuramos con todas fuerzas hallar sus ovejas que andan perdidas fuera de su rebaño, para reducirlas a él, pues es este nuestro oficio, conociendo que aquestos mismos indios, como verdaderos hombres, no solamente son capaces de la fe de Cristo, sino que acuden a ella, corriendo con grandísima prontitud, según nos consta, y queriendo proveer en estas cosas de remedio conveniente, con autoridad apostólica, por el tenor de las presentes, determinamos y declaramos, que los dichos indios y todas las demás gentes que de aquí adelante vinieren a noticia de los cristianos, aunque estén fuera de la fe de Cristo, no están privados, ni deben serlo, de su libertad, ni del dominio de sus bienes, y que no deben ser reducidos a servidumbre, declarando, que los dichos indios, y las demás gentes, han de ser atraídos y convidados a la dicha fe de Cristo con la predicación de la palabra divina y con el ejemplo de la buena vida.

Y todo lo que en contrario de esta determinación se hiciere, sea en sí de ningún valor, ni firmeza, no bastante cualquiera cosa en contrario, ni las dichas, ni otras, en cualquier manera. Dada en Roma, año de 1537, a 9 de junio, en el año tercero de nuestro pontificado[5].

Apéndice 6. Bula del papa Paulo III por la que se prohíbe esclavizar a los indios. Junio de 1537

Paulo, Obispo, siervo de los siervos de Dios. A todos los cristianos que las presentes letras vieren, salud y bendición apostólica.

El excelso Dios, de tal manera amó al género humano, que hizo al hombre de tal condición que no sólo fuese participante del bien, como las demás criaturas, sino que pudiese alcanzar y ver cara a cara el Bien sumo inaccesible, y como quiera que, según el testimonio mismo de la Sagrada Escritura, el hombre haya sido creado para alcanzar la vida y felicidad eternas, y esta vida y felicidad eternas ninguno la pueda alcanzar, sino mediante la fe de Nuestro Señor Jesucristo; es necesario confesar que el hombre es de tal condición y naturaleza que puede recibir la fe de Cristo, y que quien quiera que tenga la naturaleza humana es hábil para recibir la misma fe, pues nadie se supone tan necio que pueda obtener el fin, sin que de ninguna manera alcance el medio sumamente necesario.

De aquí es que la verdad misma, que no puede engañarse, ni engañar, sábese que dijo al destinar predicadores de la fe al oficio de la predicación Euntes docete omnes gentes. *A todas dijo, sin ninguna excepción, como quiera que todos son capaces de la doctrina.*

---

5 *Ibid.* p. 635.

Lo cual viendo y envidiando el émulo del mismo género humano, que se opone a todos los buenos, a fin de que perezcan, escogió un modo hasta hoy nunca oído, para impedir que la palabra de Dios se predicase a las gentes para que se salvasen, y excitó a algunos de sus satélites, que deseosos de conocer su codicia se atreven a andar diciendo que los indios occidentales o meridionales deben reducirse a nuestro servicio como brutos animales, poniendo por pretexto que son incapaces de la Fe Católica, y los reducen a esclavitud, apretándoles con tantas aflicciones, cuantas penas usarían con los brutos animales de que se sirven.

Por tanto Nosotros que, aunque indignos, tenemos en la tierra las veces del mismo Señor Nuestro Jesucristo, y que con todas nuestras fuerzas procuramos reducir a su aprisco las ovejas de su grey de él, que nos han sido encomendadas, y que están fuera de su aprisco, teniendo en cuenta que aquellos indios, como verdaderos hombres que son, no solamente son capaces de la fe cristiana, sino que, como nos es conocido, se acercan a ella con muchísimo deseo, y queriendo proveer los convenientes remedios a estas cosas con autoridad apostólica, por las presentes letras determinados y declaramos que, sin que contradigan cosas precedentes, ni las demás cosas, que los dichos indios y todas las otras naciones que en lo futuro vendrán a conocimiento de los cristianos, aún cuando estén fuera de la Fe, no están, sin embargo, privados ni inhábiles para ser privados de su libertad, ni del dominio de sus cosas; más aún pueden libre y lícitamente estar en posesión y gozar de tal dominio y libertad, y no se les debe reducir a esclavitud, y lo que de otra manera haya acontecido hacerse sea írrito, nulo y de ninguna fuerza y valor, y que los dichos indios y otras naciones sean convertidos a la dicha Fe de Cristo por medio de la predicación de la palabra de Dios y del ejemplo de la buena vida del que se la predicare, y que a las copias de las presentes letras firmadas de la mano de algún notario público, y corroboradas con el sello de alguna persona constituida en dignidad eclesiástica, se ha de prestar la misma fe.

Despachada en Roma, en San Pedro, el año de la Encarnación del Señor de mil quinientos treinta y siete, a los 22 de junio, de nuestro Pontificado año tercero[6].

Apéndice 7. Real decreto por el que se manda poner en libertad a los esclavos que lo fueron injustamente. 1541

El Rey. Licenciado Vaca de Castro, del nuestro Consejo, Caballero de la Orden de Santiago. Nos somos informados que en esa provincia algunos españoles que en ella residen, sin guardar la orden, forma y manera que por nos está mandado, han hecho algunos indios esclavos y los han diz que herrado en los rostros, de que Dios nuestro señor ha sido deservido, y queriendo proveer en ello, visto por los del nuestro Consejo de las Indias, fue acordado que debía mandar dar esta nuestra cédula para vos, y yo túvelo por bien, porque vos mando que os informéis y sepáis qué indios se han hecho esclavos en esa provincia, y los que halláredes que se han hecho injustamente, y sin guardar las instrucciones y provisiones que por nos cerca dello están dadas, los pongáis en libertad, para que como personas libres hagan de sí lo que quisieren y por bien tuvieren, y si dellos se hubieren pagado a nos el quinto, hagáis que se vuelva a quien lo hubiere dado, y si por rescate o en otra manera se hubieren hecho así mismo esclavos, los pongáis también luego en libertad, para que como libres hagan de sí lo que quisieren, y no fágades en de al por alguna manera[7].

Apéndice 8. Las Leyes Nuevas. 1542

Don Carlos, etc. Sépades que habiendo muchos años he tenido voluntad y determinación de nos ocupar despacio en las cosas de las

---

6 *Ibid.* p. 636.
7 *Ibid.* p. 657.

Indias, por la grande importancia dellas, así en lo tocante al servicio de Dios nuestro señor y aumento de su santa fe católica, como en la conservación de los naturales de aquellas partes y buen gobierno de sus personas, aunque hemos procurado desembarazarnos para este efecto, no ha podido ser por los muchos y continuos negocios que han ocurrido, de que no nos hemos podido excusar, y por las ausencias que de estos Reinos yo el Rey he hecho por causas tan necesarias como a todos es notorio, y dada que esta frecuencia de ocupaciones no haya cesado este presente año, todavía hemos mandado juntar personas de todos estados, así prelados, como caballeros y religiosos, y algunos del nuestro Consejo, para platicar y tratar las cosas de más importancia de que hemos tenido información que se debían mandar proveer, lo cual maduramente altercado y conferido y en presencia de mí el Rey diversamente platicado y discutido, y finalmente habiéndome consultado el parecer de todos, me resolví en mandar proveer y ordenar las cosas que de yuso serán contenidas, las cuales demás de las otras ordenanzas y provisiones que en diversos tiempos hemos mandado hacer según por ellas parecerá, mandamos que sean de aquí adelante guardadas por leyes inviolablemente.

... Item ordenamos y mandamos que de aquí adelante por ninguna causa de guerra, ni otra alguna, aunque sea so título de rebelión, ni por rescate, ni de otra manera, no se pueda hacer esclavo indio alguno, y queremos sean tratados como vasallos nuestros de la Corona de Castilla, pues lo son...

... Como habemos mandado proveer que de aquí adelante por ninguna vía se hagan los indios esclavos, ansí en los que hasta aquí se han fecho contra razón y derecho y contra las provisiones e instrucciones dadas, ordenamos y mandamos que las Audiencias llamadas las partes, sin tela de juicio, sumaria y brevemente, so la verdad sabida, los pongan en libertad, si las personas que los tuvieren por esclavos no mostraren título como los tienen y poseen legítimamente, y porque a falta de personas que soliciten lo susodicho los indios no queden por esclavos injustamente, mandamos que las Audiencias pongan las personas que sigan por los indios esta

causa y se paguen de penas de cámara y sean hombres de confianza y diligencia.

... Porque nos ha sido hecha relación que de las pesquerías de perlas, por haberse hecho sin la buena orden que convenía, se han seguido muertes de muchos indios y negros, mandamos que ningún indio libre sea llevado a la dicha pesquería contra su voluntad, so pena de muerte, y que al obispo y el juez que fuere a Venezuela ordenen lo que les pareciere para que los esclavos que andan en la dicha pesquería, así indios, como negros, se conserven y cesen las muertes, y si les pareciere que no se puede excusar a los dichos indios y negros el peligro de muerte, cese la pesquería de las dichas perlas, porque estimamos en mucho más, como es razón, la conservación de sus vidas, que el interés que nos puede venir de las perlas[8]*...*

Apéndice 9. Se prohíbe que se lleven a indios esclavos que no sean negros. 1543

El Príncipe. Nuestros oficiales que residís en la ciudad de Sevilla, en la Casa de la Contratación de las Indias. Nos somos informados que algunas personas a quien nos hemos dado y damos licencia para pasar esclavos negros a las Indias, han pasado entre ellos algunos mulatos y otros que no son negros, de que se han seguido y siguen muchos inconvenientes, y porque conviene que en esto haya mucho recaudo yo vos mando, que no dejéis pasar a las dichas nuestras Indias por virtud de las tales licencias generales, ni en otra manera, ningún esclavo que no sea negro, aunque sea mulato, sino fuere con expresa licencia nuestra [...]. Fecha en Barcelona, a primero de mayo de mil y quinientos y cuarenta y tres años. Yo el Príncipe. Por mandado de Su Alteza Juan de Sámano. Señalada del Consejo[9].

---

8 *Ibid.* p. 660.
9 *Ibid.* p. 661.

Apéndice 10. Se prohíbe llevar indios libres o esclavos a España. 1543

... Nos somos informados que los españoles y personas que residen en las Indias, cuando vienen de ellas a estos Reinos, traen a ellos muchos indios e indias naturales de aquellas partes, unos so color de diligencias generales que habemos dado a algunas provincias y otras personas particulares y otras que se les han dado los virreyes y audiencias y gobernadores y otras nuestras justicias de las dichas nuestras Indias, y otros con color que dicen que los dichos indios se quieren venir de su voluntad, y otros pretendiendo que son sus esclavos, los cuales demás del inconveniente grande que se sigue a la población de las dichas Indias por sacarse de ellas sus moradores, se ha visto por experiencia que antes que lleguen a estos Reinos, y después de llegados a ellos, los más de los dichos indios se mueren, por ser diferente la calidad de las partes por donde pasan de estos Reinos a su naturaleza, y ser ellos de flaca complexión, y demás de esto, salidos de poder de las personas que los traen, se pierden, por no tener industria para ganar de comer en estas partes, y se han seguido y siguen otros muchos daños e inconvenientes, en detrimento de las personas y vidas de los dichos indios e indias, de que Dios Nuestro Señor y Nos habemos sido deservidos, y queriendo proveer en el remedio de ello, para que agora, ni de aquí adelante, ninguna, ni algunas personas, vecinos, estantes y habitantes en las dichas nuestras Indias, islas y Tierra Firme del mar Océano, de cualquier calidad y condición que sean, non sean osados de traer, ni enviar, ni traigan, ni envíen, de las dichas nuestras Indias, indios, ni indias, algunos, aunque tengan licencia para ello de Nos e de nuestros gobernadores e justicias, agora sean de los que pretenden tener por esclavos y verdaderamente lo fueren, o de los que fueren libres, no embargante que los dichos indios o indias digan que se quieren venir con ellos de su voluntad, y que sea ansí, so pena que cualquier persona o personas que contra el tenor y forma de esta nuestra carta trajeren o enviaren indio o indios algunos, li-

bres o esclavos, de las nuestras Indias, o dieren consentimiento, favor y ayuda para ello, caigan e incurran en pena de cien mil maravedís, la cual se reparta en esta manera: la tercia parte para nuestra cámara y fisco, y las otras dos tercias partes para el acusador y juez que lo sentenciare, y demás de la dicha pena, caigan e incurran los que contra esta nuestra carta pasaren en pena de destierro perpetuo de las dichas nuestras Indias, demás que a su costa sean vueltos a las provincias e islas de donde los hubieren sacado, en las cuales dichas penas, a los que en ellas cayeren, los condenamos y mandamos que sean ejecutados en sus personas y bienes sin otra sentencia ni declaración alguna, sin embargo de cualesquier licencias generales o particulares que hayamos dado para traer los dichos indios, las cuales Nos, por la presente, revocamos y damos por ningunas y de ningún valor y efecto, y la persona que viniere o pasare contra lo susodicho, si no tuviere bienes en que se pueda ejecutar la pena de los dichos cien mil maravedís, mandamos que le sean dados cien azotes públicamente en cualquier parte donde fuere tomado, demás del dicho destierro, y ansí mismo prohibimos y mandamos a los dichos nuestros visorreyes, presidente y oidores y nuestros gobernador y justicia de las dichas nuestras Indias que agora, ni en ningún tiempo, no den licencia alguna para traer de aquellas partes a estos Reinos indio, ni indios, algunos, esclavos, ni libres, so pena de privación de oficio, no embargante cualesquier cédulas que les sean presentadas en que les mandamos que den las dichas licencias, ansí generales como particulares, las cuales Nos, como dicho es, revocamos y damos por ninguna y de ningún valor y efecto, y mandamos a cada uno de los susodichos en su jurisdicción, según dicho es, que ansí lo guarden, cumplan y ejecuten, y lo hagan guardar y cumplir y ejecutar en todo y por todo en las personas y bienes de las que contra ello o parte de ello fueren o pasaren, teniendo de ello muy especial cuidado como de cosa muy importante al servicio de Dios Nuestro Señor y Nuestro, y bien de los naturales de aquellas partes y población de ellas[10].

---

10 *Ibid.* p. 665.

Apéndice II. Fragmento. Leyes contra los cimarrones. 1571

En la Provincia de Tierra Firme han sucedido muchas muertes, robos y daños, hechos por los negros cimarrones alzados y ocultos en los términos y arcabucos, y para remediarlo mandamos que al negro o negra ausente del servicio de su amo cuatro días le sean dados en el rollo cincuenta azotes, y que esté allí atado desde la ejecución hasta que se ponga el sol; y si estuviere más de ocho días fuera de la ciudad una legua, le sean dados cien azotes, puesta una calza de hierro al pie, con un ramal, que todo pese doce libras, y descubiertamente la traiga por tiempo de dos meses y no se la quite, pena de doscientos azotes por la primera vez, y por la segunda otros doscientos azotes y no se quite la calza en cuatro meses, y si su amo se la quitare, incurra en pena de cincuenta pesos, repartido por tercias partes iguales que aplicamos al Juez, denunciador y obras públicas de la ciudad, y el negro tenga la calza hasta cumplir el tiempo.

A cualquier negro o negra huido y ausente del servicio de su amo que no hubiere andado con cimarrones, y estuviere ausente menos de cuatro meses, le sean dados doscientos azotes por la primera vez, y por la segunda sea desterrado del Reino; y si hubiere andado con cimarrones le sean dados cien azotes más.

Si anduvieren ausentes del servicio de sus amos más de seis meses con los negros alzados o cometido otros delitos graves, sean ahorcados hasta que mueran naturalmente.

Cualquier vecino o morador de aquella Provincia [Panamá] o que tuviere en administración su hacienda, si se le fuere o ausentare negro o negra del servicio, tenga obligación a lo manifestar y declarar dentro de tercero día ante el escribano de cabildo de la ciudad. Y si el amo del negro no lo manifestare dentro del dicho tiempo, incurra en pena de veinte pesos de oro, aplicados por tercias partes al Juez, denunciador y obras públicas; y el escribano de cabildo no lleve ningunos derechos por la manifestación; y si no la asentare, incurra en pena de dos pesos para los presos de la cárcel, y tenga un libro aparte donde asiente las manifestaciones[11].

11 *Ibid.* p. 740. El Pardo, 11 de febrero de 1571.

BIBLIOGRAFÍA

LIBROS Y REVISTAS

Aguado, P. *Historia de Venezuela. Tomo II*. Freeditorial. https://freeditorial.com/es/books/historia-de-venezuela-tomo-ii--2.

Albi de la Cuesta, J. De *Pavía a Rocroi. Los Tercios españoles*. Despertaferro Ed. Madrid. 2017.

Alcalá-Zamora, J. *España, Flandes y el mar del Norte (1618-1639)*. Centro de estudios políticos y constitucionales. Madrid. 2001.

Almesto, P. *Relación de la jornada de Omagua y el Dorado*. Ed. Álvaro Baraibar. New York. Idea. 2012. Dadun.unav.edu/bitstream/10171/29703/1/Batihoja_04_libro.pdf

Ballesteros, M., Bravo, C. y López, Lorenzo E. *La conquista del Perú*. Cuadernos de Historia 16, nº 52. Madrid, 1985.

Cabot, J.T. *La vida y la época d Felipe II*. Planeta, 1997.

Campo del, L. *Pedro de Ursúa, conquistador español del siglo XVI*. Ed. La acción social. Pamplona. 1970.

Caro Baroja, J. *El señor inquisidor y otras vidas por oficio*. Altaya. 1996.7.

Caro de Torres, F. *Relación de los servicios de Don Alonso de Sotomayor*. Madrid. 1620.

Casas de las, B. *En defensa de los indios*. Biblioteca de la cultura andaluza. Sevilla, 1985.

Cerezo Martínez, R. *Las armadas de Felipe II*. San Martín. 1989.

Chaunu, P. *Sevilla y América siglos XVI y XVII*. Publicaciones Universidad de Sevilla número 65. 1983.

CIEZA DE LEON, P. *Crónica del Perú.* Parte III. Poner año. http://www.biblioteca-antologica.org/es/wp-content/uploads/2018/03/CIEZA-DE-LE%C3%93N-Cr%C3%B-3nica-del-Per%C3%BA-III.pdf [Consultado el 15-12-2024].

COLÓN, C. *Carta a los Reyes Católicos.* 1493.

DESPERTAFERRO ESPECIAL XVIII. *La Armada española II. La era de los descubrimientos.*

DESPERTAFERRO ESPECIAL XXII. *La Armada española III. El Atlántico, siglo XVI.*

DÍAZ DEL CASTILLO, B. *Historia verdadera de la conquista de la Nueva España.* Alianza universidad. Madrid, 1989.

DOMÍNGUEZ ORTIZ, A. *Estudios Americanistas.* RAH. Madrid. 1998.

ELLIOT, J. H. *El viejo mundo y el nuevo.* Altaya. 1996.

ESTETE, M. *Noticia del Perú.* cervantesvirtual.com/obra-visor/poesía-popular-alcances-y-apendice-indices 0/html/p0000012 . htm#1_71 [Consultado el 15-12-2024].

EXQUEMELIN, A. O. *Piratas de América.* Cónicas de América. Dastin Historia. 1678 (1ª ed.).

FERNÁNDEZ ÁLVAREZ, M. *Corpus documental de Carlos V.* Tomo IV. Salamanca. 1975.

FERNÁNDEZ ÁLVAREZ, M. *Felipe II y su tiempo.* Espasa. 1998.

FERNÁNDEZ ÁLVAREZ, M. *Sombras y luces de la España imperial.* Espasa. 2004.

FERNÁNDEZ DURO, C. *Armada española desde la unión de los reinos de Castilla y Aragón.* Tomo II. Madrid. 1896.

FERNÁNDEZ DURO, C. *Armada española desde la unión de los reinos de Castilla y Aragón.* Tomo III. Madrid. 1898.

FERNÁNDEZ DURO, C. *Disquisiciones náuticas.* Madrid. 1877.

FORTUNE, A. *Los negros cimarrones en la Tierra Firme y su lucha por la libertad.* Obras selectas. Compilación y prólogo de Gerardo Maloney. 1970.

GARCÍA BAQUERO GONZÁLEZ, A. *Andalucía y la Carrera de Indias (1492-1824).* Biblioteca de la Cultura Andaluza. Sevilla. 1986.

GARCÍA CÁRCEL, R. *La Inquisición.* Biblioteca del el Sol. 1990.

GARCÍA DE GABIOLA, J. *La conquista de las Canarias: un ensayo bélico para América.*

Garcilaso de la Vega. *Historia general del Perú. Comentarios reales de los incas, parte I.* Edición digital. http://biblioteca.clacso.edu.ar/clacso/se/20190904031821/Comentarios_reales_1_Inca_Garcilaso_de_la_Vega.pdf. [Consultado el 15-12-2024].

Garcilaso de la Vega. *Historia general del Perú. Comentarios reales de los incas, parte II.* Córdoba. 1617. Edición digital corregida 2011. http://.org/materiales-didacticos-inca-garcilaso/files/materialadicional/historia_general_del_peru.pdf. [Consultado el 15-12-2024].

Hidalgo Pérez, M. *Una historia atlántica en el Panamá del siglo XVI. Los negros de Portobelo y la villa de Santiago del Príncipe.* Universitat de Barcelona. 2018.

Ispizua, S. *Los vascos en América. Lope de Aguirre.* Biblioteca de autores vascos, 9. Madrid, 1918.

Jerez, F. *Verdadera relación de la conquista del Perú.* 1534. Biblioteca virtual universal. 2003. https://biblioteca.org.ar/libros/645.pdf.

Jos, E. *La expedición de Ursúa al Dorado y la rebelión de Lope de Aguirre.* Ed. V. Campo. Huesca. 1927.

Kamen, H. La *Inquisición española.* Biblioteca de Historia de España. Barcelona, 1997.

Kamen, H. *Una sociedad conflictiva: España, 1469-1714*, Altaya, 1996.

López de Gómara, F. *Historia general de las Indias. Tomo II.* Biblioteca Saavedra Fajardo 2015. Transcripción de la edición de Amberes, 1554. http://web.seducoahuila.gob.mx/biblioweb/upload/gomarahistoria2.pdf.

Lucena Salmoral, M. *La flota de indias.* Cuadernos de Historia 16. Nº 74.

Lucena Salmoral, L. *Leyes para esclavos. El ordenamiento sobre la condición, tratamiento, defensa y represión de los esclavos en las colonias de la América española.* 2000.

Lucena Salmoral, M. *Piratas, corsarios, bucaneros y filibusteros.* Síntesis. 2010.

Lynch, J. *Los Austrias (1516-1700).* Biblioteca Historia de España. RBA. 2005.

Menéndez Pidal, R. Historia de España. *La España de los Reyes Católicos (1474-1516).* Vol. I. Suarez Fernández, L. y De Mata Carriazo Arroquia, J. Espasa-Calpe, Madrid. 1989.

Menéndez Pidal, R. *La España de los Reyes Católicos (1474-1516).* Vol. II. Tomo XVII, por Suárez Fernández, L. y Fernández Álvarez, M. Espasa-Calpe, Madrid, 1969.

Mira Caballos, E. *Francisco Pizarro, una nueva visión de la conquista del Perú.* Crítica. 2022.

Mira Caballos, E. *Hernán Cortés. Una biografía para el siglo XXI.* Crítica. Barcelona, 2021.

Motley, J. L. *The Rise of the Dutch Republic*, 1555-84.

Parker, G. *Felipe II.* Altaya, 1996.

Pazzis Pi Corrales, M. *Tercios del mar: historia de la primera infantería de marina española.* La esfera de los libros. 2019.

Piedrahita, L. F. *Historia general de las conquistas del nuevo reino de Granada. A la S.C.R.M. de Don Carlos Segundo, Rey de las Españas y de las Indias.* Bogotá. 1881.

Sagrada Biblia. Traducción «vulgata latina» por P. José Miguel Pelisco. Dispuesta y publicada por Don Félix Torres Amat. Ed. Carolina, Madrid, 1968.

Santa Clara, P. G. *Historia de las guerras civiles del Perú (1544-1548) y de otros sucesos de las Indias.* Tomo I. Madrid. 1904.

Thomas, H. *El imperio español. De Colón a Magallanes.* Biblioteca Historia de España. RBA. Barcelona, 2004.

Vázquez, F. *Relación verdadera de todo lo que sucedió en la jornada de Omagua y Dorado que el gobernador Pedro de Orsúa fue a descubrir por poderes y comisiones que le dio el Virrey Marqués de Cañete desde el Pirú por un rio que llaman de las Amazonas… trátase así mismo del alzamiento de Fernando de Guzmán y Lope de Aguirre y las crueldades de estos perversos tiranos.* Biblioteca Nacional. Madrid. MSS/3191.

Veitia y Linaje, J. *Norte de contratación de las Indias Occidentales.* 1672.

V.V. A.A. *Gran Historia Universal. Vol. XIV.* La *América Prehispánica.* Edilibro. Navarra. 1997.

V.V. A.A. *Gran Historia Universal. Vol. XV. Los Reyes Católicos y el Descubrimiento.* Edilibro. Navarra. 1997.

VV. AA. *Historia de Iberoamérica.* Tomo II. Historia Moderna. Cátedra. 2008.

V.V. A.A. Historia de América latina. *El espacio económico en el Caribe.* Accesible en https://www.academia.edu/34800095/VOL_I_CAP_14_CARIBE_ESPACIO_ECONOMICO. [Consultado el 15-12-2024].

ARTÍCULOS

Aguilera Calderón, R. *La antropofagia en el Nuevo Mundo. De lo global a lo local en las crónicas del siglo XVI.* Revista Historia 2.0, Conocimiento histórico en clave digital, Año V, Número 9. Bucaramanga (COL.).Junio de 2015.
http://historiaabierta.org/historia2.0.

Aparicio-Ordás González García, L.A. *El origen de la violencia en las sociedades humanas: violencia simbólica, violencia fundadora y violencia política.*

Bermúdez de Castro, J.M., Carbonell, E., Gómez, A., Mateos A., Martiñón-Torres, M., Muela, A., Rodríguez, J., Sarmiento, S., Varela, S. *Paleodemografía del hipodigma de fósiles de homininos del nivel TD6 de la Gran Dolina (Sierra de Atapuerca, Burgos). Estudio preliminar.*

Blasco Martínez, A. *Razones y consecuencias de una decisión controvertida: la expulsión de los judíos de España en 1492.* Kalakorikos, 10. 2005.
https://dialnet.unirioja.es/servlet/articulo?codigo=1356206

Cuesta Domingo, M. *La Casa de la Contratación.* U.C.M. Consultar en: https://armada.defensa.gob.es/archivo/mardigitalrevistas/cuadernosihcn/39cuaderno/cap01.pdf.

García Fuentes, L. *El tráfico de negros hacia América.*
https://es.scribd.com/document/139095206/GARCIA-Lutgardo-El-trafico-de-negros-hacia-America.

Joerg Baten, Giacomo Benati, Arkadiusz Soltysiak. *Violence trends in the ancient middle east between 12000 and 400 BCE. Nature human behaviour.* 9/10/2023. Http://doi.org/10.1038/s41562-023-01700-y [Consultado el 15-12-2024].

Limón Olvera, S. *Sacrificio y poder entre los incas.* Centro de Investigaciones sobre América Latina y el Caribe, Unam. Dimensión

Antropológica, año 24, vol. 70, mayo/agosto, 2017.
Martínez Shaw, C. *El Pacífico de los ibéricos.* Revista Despertaferro especial XV. Mayo 2018.
Nowack, K. *Los caníbales del inca: culturas de las tierras bajas americanas en la imaginación incaica y española.*
Pazzis Pi Corrales, M. *La armada de los Austrias.* Consultar en: https://roderic.uv.es/bitstream/handle/10550/34344/23-52.pdf?sequence=1&isAllowed=y.
Pazzis Pi Corrales, M. *La marina de los Austrias: aproximación historiográfica y perspectiva investigadora.* Consultar en: https://armada.defensa.gob.es/archivo/mardigitalrevistas/cuadernosihcn/56cuaderno/cap04.pdf. [Consultado el 15-12-2024].
Peralta y Sosa, J. M y Peralta Regalado, J. M. *Oro y sangre en Cajamarca.* Revista de Historia Norba. Vol. 18. 2005.
Pizarro Zelaya, A. *Leyes de Burgos: 500 años.* Diálogos Revista electrónica de Historia. Vol. 14. Número 1. 2013.
Sáenz-López Pérez, S. *Las primeras imágenes occidentales de los indígenas americanos: entre la tradición medieval y lo inicios de la antropología moderna.* Universidad Complutense de Madrid. Anales de Historia del Arte. 2011. Volumen extraordinario 463-481, p. 466.
Schroedl, A. *La Capacocha como ritual político. Negociaciones en torno al poder entre Cuzco y los curacas.* Bulletin de l'Institut français d'études andines, vol. 37, núm. 1, Lima, 2008.
Silvia Quevedo K. y Eliana Dura N. S. *Ofrendas a los dioses en las montañas: santuarios de altura en la cultura inka.* Boletín del Museo Nacional de Historia Natural. Museo Nacional de Historia Natural, Santiago. Chile.
Toasije, A. *La esclavitud en el XVI en los territorios hispánicos.* 2008. https://publicaciones.unirioja.es/ojs/index.php/ brocar/article/view/1614 /1512.
Torregosa Martín, T. *Las Leyes Nuevas y su aplicación en el Perú.* 2015. https://rua.ua.es/dspace/bitstream/10045/47863/1/Las_Leyes_Nuevas_y_su_aplicacion_en_el_Peru_TORREGROSA_MARTIN_TOMAS.pdf. [Consultado el 15-12-2024].
Torres Arancivia, E. *La violencia en los Andes. Historia de un concepto, siglos XVI-XVII.* Universidad católica del Perú. Instituto Riva Agüero. 2016.

VIÑES, H. *Pedro de Ursúa. Aspectos de una mitificación.* http://sehn.org.es/wp-content/uploads/2017/08/20124.pdf.

ZUDAIRE HUARTE, E. El *capitán Pedro de Ursúa, señor de Ursúa.* https://dialnet.unirioja.es/servlet/articulo?codigo=15648. [Consultado el 15-12-2024].

Habría que empezar de nuevo.
Partir de la raíz del indio.
Ir al origen puro sin conceptos ya hechos.
Sólo así encontraremos la América no descubierta,
la América del vientre claro y los jocundos pechos,
la América con su propio idioma cantador,
galopando su libertad de yegua joven bajo cielo.

Óscar Castro, *El descubrimiento de América* (1937).

El trabajo editorial en este libro
concluyó con su impresión
en marzo de
2025.